collection DataPro

Business Intelligence : le recueil des besoins

La boîte à outils du business analyst

ISBN : 978-2-409-02498-6
Imprimé en France

Editions ENI
ZAC du Moulin Neuf
Rue Benjamin Franklin
44800 St HERBLAIN
Tél. 02.51.80.15.15
Fax 02.51.80.15.16

e-mail : editions@eni.fr
http://www.editions-eni.com

Auteur : Eva POLINI
Collection **DataPro** dirigée par Émilie VILLETORTE

eni

Table des matières

Avant-propos

Chapitre 1
Importance du recueil des besoins

Chapitre 2
Un peu de théorie...

Chapitre 3
Quelles informations recueillir et quand ?

Chapitre 4
Méthodes de modélisation

Chapitre 5
Activités de recueil des besoins

Chapitre 6
Parties prenantes

Chapitre 7
Techniques de modélisation

Chapitre 8
Limitations

Chapitre 9
Recueil des besoins et gestion de projet

Chapitre 10
Pour aller un peu plus loin

Avant-propos

1. Introduction

Définir correctement le besoin est le premier pas vers une solution. Plus de 50 % des échecs des projets décisionnels sont imputables à une mauvaise définition des besoins ; la littérature dans le domaine est quasi inexistante. Sur les étagères des librairies, vous trouverez pléthore de livres techniques, sur l'architecture, dédiés à un langage spécifique, à la gestion de projets. Rien en revanche sur l'étape cruciale du recueil des besoins et le métier de *business analyst* (et la maîtrise d'ouvrage) pour le décisionnel. Ce livre a vocation de pallier ce manque.

2. Le public visé

Le livre servira de vade-mecum pour les *business analysts*, la maîtrise d'ouvrage, les chefs de projets et les développeurs. Il sera précieux pour choisir la ou les bonnes approches pour recueillir le besoin. Les modeleurs, architectes, responsables de tests et qualité, les chefs de produits, les consultants techniques et les acteurs fonctionnels trouveront ici des outils pour comprendre les problématiques de la construction d'une solution décisionnelle.

3. Les prérequis

Il n'y a aucun prérequis pour lire cet ouvrage. En fonction de vos centres d'intérêt et de vos problématiques du moment, vous pourrez trouver des informations qui vous permettront de creuser les sujets pertinents.

4. Les objectifs

En détaillant la théorie du recueil des besoins, le livre vous montrera pourquoi chaque étape est importante. Même si au quotidien, il est difficile d'implémenter la théorie de manière stricte, la garder en tête vous permettra de comprendre les impasses qu'il vous faudra accepter et d'en évaluer les risques.

Il propose également des outils et des méthodologies variés qui vous permettront de diversifier vos pratiques d'ingénierie des besoins. En expliquant les avantages et les inconvénients de chaque outil, vous pourrez adapter votre pratique au contexte de votre projet.

Grâce à des analogies dans divers domaines (gastronomie, sauvetage en mer...), ce livre vous offre des moyens pour faciliter la communication entre les parties prenantes fonctionnelles et techniques. La complexité des projets décisionnels et la variété des parties prenantes rendent souvent la compréhension mutuelle difficile.

C'est aussi un ensemble de portes vers divers domaines (modélisation, architecture, qualité de données, gestion de projets...) qui offrira une introduction et des éléments clés du domaine pour en comprendre les enjeux.

Enfin, il vous donnera les clés pour construire un système décisionnel pérenne et agile et dont les utilisateurs pourront tirer le meilleur parti. Il ne s'agit pas seulement de livrer une plateforme, mais aussi une solution qui sera adoptée par le plus grand nombre et assez versatile pour s'adapter aux besoins futurs.

5. La structure du livre

Dans un premier temps, le livre montrera l'importance du recueil des besoins en s'attardant sur la définition, les enjeux, le processus décisionnel, les coûts, les risques et les mythes.

Ensuite, il détaillera le "quoi", les différentes étapes de l'ingénierie du besoin : l'élicitation et la capture, la modélisation, la spécification, la priorisation, la traçabilité et les dépendances, l'évaluation de l'impact, les négociations et l'assurance qualité.

Dans un troisième temps, l'ouvrage expliquera quels types de besoins recueillir et quand le faire. Il s'attardera sur les protagonistes qui produiront la solution, sur le processus de fabrication d'une plateforme décisionnelle, et abordera les questions du timing (quelle information est utile? Quand est-ce qu'elle l'est ?) et enfin la granularité du besoin.

Il dépeindra ensuite un panorama des activités possibles : c'est le "comment". Outre les *workshops* et les interviews qui sont couramment utilisés, ce quatrième chapitre ajoutera quinze cordes à votre arc et autant d'opportunités de comprendre réellement les besoins de votre organisation. Le sixième chapitre évoquera les différents acteurs du projet et ceux en dehors pour répondre à la fois au besoin des parties prenantes et de l'organisation. Il répondra à la question "qui ?"

Viendra le temps de faire le lien avec les autres grands domaines. Comment choisir une modélisation de données et une gestion de projets adaptées ? Quels sont les besoins en matière de qualité de données, de gouvernance et d'architecture ?

En tant qu'autrice, j'espère que ce livre vous servira de mémento au quotidien et qu'il trouvera sa place sur votre bureau.

Chapitre 1
Importance du recueil des besoins

1. Introduction

L'ingénierie des besoins est un domaine nécessaire à tous les développements logiciels. Elle l'est encore plus dans le cadre d'une l'implémentation d'une solution décisionnelle. Nous verrons dans quelle mesure l'exercice du recueil des besoins est important : les spécificités des projets décisionnels, leurs principaux écueils, les coûts induits et les risques, les mythes.

2. Définition du besoin

Commençons par notre domaine. Qu'est-ce qu'un besoin et quels sont les différents types de besoins ?

Dans ce livre, les termes "exigence" et "besoin" sont interchangeables. Ils correspondent à la traduction du terme anglais *requirement*. L'utilisation d'un mot ou de l'autre n'est là que pour répondre à des contraintes de lisibilité. Selon le consortium IEEE, un *requirement* est :

- une condition ou une capacité nécessaire à un utilisateur pour résoudre un problème ou atteindre un objectif,
- une condition ou une capacité nécessaire qui doit être atteinte ou réalisée par un système ou un composant d'un système pour remplir un contrat, un standard, une spécification ou tout autre document formel.

Les besoins peuvent émerger d'un utilisateur, d'un groupe d'utilisateurs, de contraintes techniques, légales, de standards de l'industrie...

Il existe plusieurs façons de classifier les besoins.

3. De l'importance du recueil des besoins

Pour pouvoir développer une solution décisionnelle et que celle-ci soit utilisée, il faut comprendre à quels besoins elle répond, comment la solution les supportera et comment ses fonctionnalités seront développées.

Le recueil des besoins : l'élicitation, la modélisation, la spécification, la priorisation, la gestion des dépendances, l'évaluation de l'impact, les négociations et le contrôle de la qualité des exigences sont autant de points importants pour le succès d'un projet et d'un produit.

Comprendre la question c'est détenir 50 % de la solution. En effet, il y a toujours de nombreuses routes pour arriver à des résultats semblables. Il va falloir en choisir une, et avant de s'engager, il est préférable de savoir quelle route emprunter.

Quelques chiffres sur l'importance de l'ingénierie des besoins.

3.1 Du côté de la recherche de l'ingénierie des besoins

Certaines études ont montré que l'inadéquation entre les développements et les besoins, d'une part, et les changements de besoins (changement de scope), d'autre part, sont deux facteurs importants dans l'échec des projets (Timothy G. Olson – *Successful Strategies to Improve Your Requirements* – NDIA 2005 Systems Engineering Conference.)

Le rapport Chaos (1995) établit que l'ingénierie des besoins contribue pour 42 % de la réussite globale du projet. Et que les échecs sont liés à ce processus pour 43 %.

Taimour (2005) explique qu'une mauvaise planification, une mauvaise gestion des interdépendances, un besoin de mauvaise qualité ou changeant, un changement de sponsor du projet sont les principales causes d'échecs.

Le projet SMART (2014) a identifié les principales causes de succès et d'échecs d'un projet logiciel.

Le recueil des besoins est la raison des projets ayant été terminés avec succès dans une proportion allant de 29 % (*Clear Statement of Requirements, User Involvement*) à 40 % (*Clear Statement of Requirements, User Involvement, Realistic Expectations, Clear Vision & Objectives*).

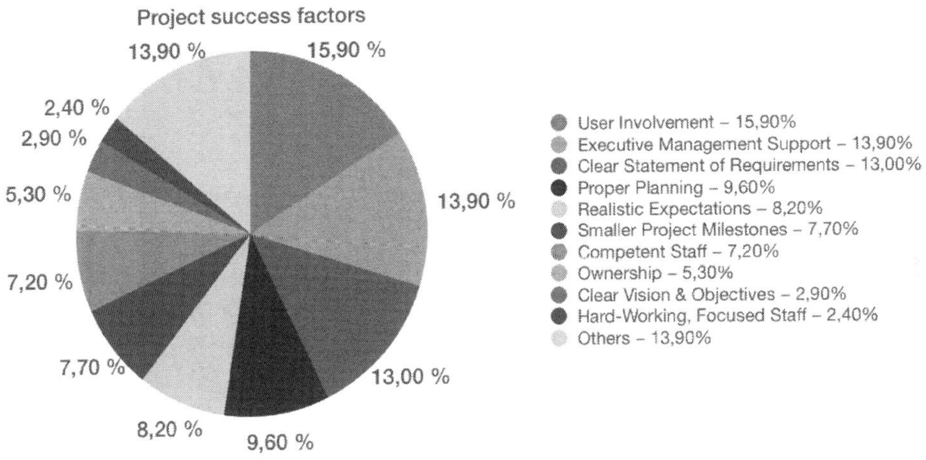

Facteurs de succès des projets selon l'étude SMART requirement 2014

Pour les projets terminés avec un succès partiel (*challenges*), le recueil des besoins en est la raison dans une proportion allant de 37 % (*Lack of User Input, Incomplete Requirements and specifications, Challenging requirements*) à 48 % (*Lack of User Input, Incomplete Requirements and specifications, Challenging requirements, Unrealistic Expectations, Unclear Objectives*). On peut noter également que les trois premières causes de problèmes sont liées à la gestion des exigences.

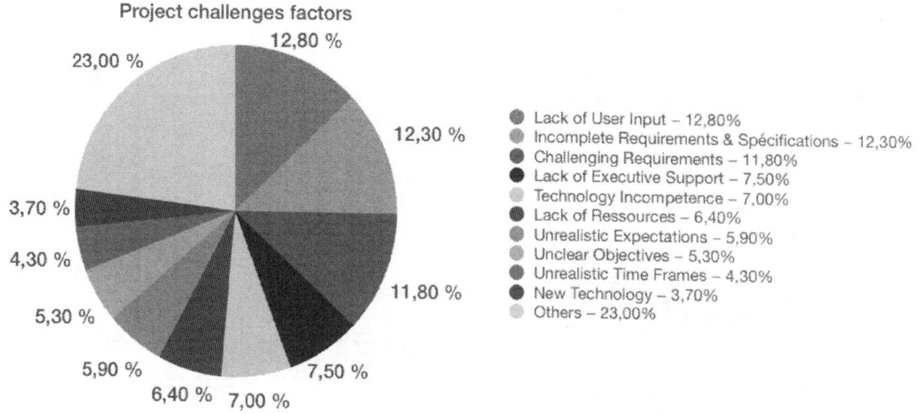

Facteurs de challenges des projets selon l'étude SMART requirement 2014

Le recueil des besoins est la cause des projets qui ont échoué dans une proportion allant de 34 % (*Incomplete Requirements, Lack of User Involvement, Changing requirements*) à 52 % (*Incomplete Requirements, Lack of User Involvement, Changing requirements, Unrealistic Expectations, Didn't Need Any Longer*). On peut noter également que les trois premières causes de problèmes sont liées à la gestion des exigences.

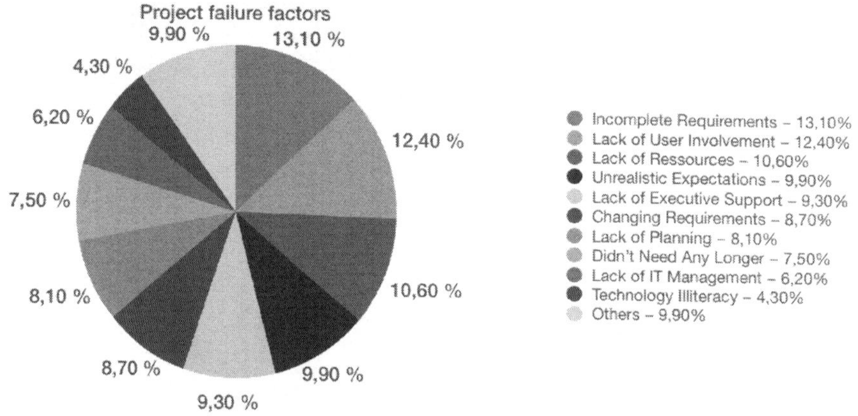

Facteurs d'échec des projets selon l'étude SMART requirement 2014

3.2 Du côté de la gestion de projets

Allons voir maintenant ce qu'en pensent les spécialistes de la gestion de projets. Selon le PMI (*Project Management Institute*), 37 % des échecs des projets sont liés au processus de recueil des besoins.

83,8 % des projets décisionnels échouent complètement ou partiellement en manquant les dates butoirs, dépassant le budget ou les deux en même temps. Selon la même étude (Karl E Wiegers - *Inspecting requirements*), 80 % des réfections de solutions et 50 % des erreurs dans les projets peuvent être imputées à un problème de recueil des besoins.

52 % des projets coûtent le double de ce qui a été budgété initialement.

Selon PMI toujours (rapport *Pulse of the profession* 2017), à la question : "parmi les projets débutés dans votre organisation les douze derniers mois et qui ont échoués, qu'elles sont les principales causes d'échecs ?", le panel interrogé répond dans l'ordre : le changement dans les priorités de l'organisation, le recueil des besoins imprécis, un changement dans les objectifs du projet, une communication inadéquate.

Concernant les projets qui sont arrivés à leur fin, les directeurs exécutifs du *Standish Group Survey IT* relèvent trois critères : l'implication des utilisateurs, le support du management et une définition claire des besoins.

Pour la tendance des dernières années, le Projet Smart (2014) établit que les managers estiment que les projets échouent plus fréquemment qu'il y a cinq ou même dix ans.

3.3 Conclusion

Quel que soit le point de vue, l'ingénierie des besoins paraît être la clé de voûte pour le succès des projets. Une bonne expression des besoins permettra de maximiser les chances d'avoir un ROI positif du projet, de terminer le projet, que la solution soit utilisée et pérenne dans le temps.

4. Processus décisionnel

Le système décisionnel est souvent opposé aux systèmes opérationnels.

Le premier est là pour supporter un processus décisionnel. Il permettra d'accéder à des informations centralisées, homogénéisées, historisées. L'organisation des données est optimisée pour des requêtes de masse interrogeant un gros volume de données.

Les seconds ont pour vocation de supporter un processus métier. Ils sont optimisés pour permettre à l'utilisateur d'accéder à une ou un petit nombre d'informations en temps réel.

La frontière est de plus en plus perméable entre les deux types de systèmes qui autrefois s'opposaient de manière plus évidente. C'est notamment le cas avec les systèmes d'analyse de risques bancaires et les systèmes d'assurance.

Cependant, une constante reste. Le système décisionnel est un support à la décision. Il implique donc que le process de décision soit défini même s'il est protéiforme. Il existe une grande variété de façons de prendre une décision : allant de l'automatisme total à l'intuition en passant par le processus collectif...

En réalité, le processus sous-jacent est identique, certaines façons donnant plus de poids à certaines étapes ou, à l'inverse, en faisant l'impasse.

4.1 La théorie

Dans le cadre de cet ouvrage, on verra l'intervention de la solution et des données dans le processus de décision des parties prenantes fonctionnelles.

Le processus de décision est itératif. Il se présente donc sous la forme d'un cycle de huit étapes : l'éveil, la compilation des informations, l'identification du problème, la définition des buts, l'énumération des idées de la solution, la sélection de la solution, son exécution et l'évaluation. Suivant le résultat de l'évaluation, on pourra démarrer un nouveau cycle.

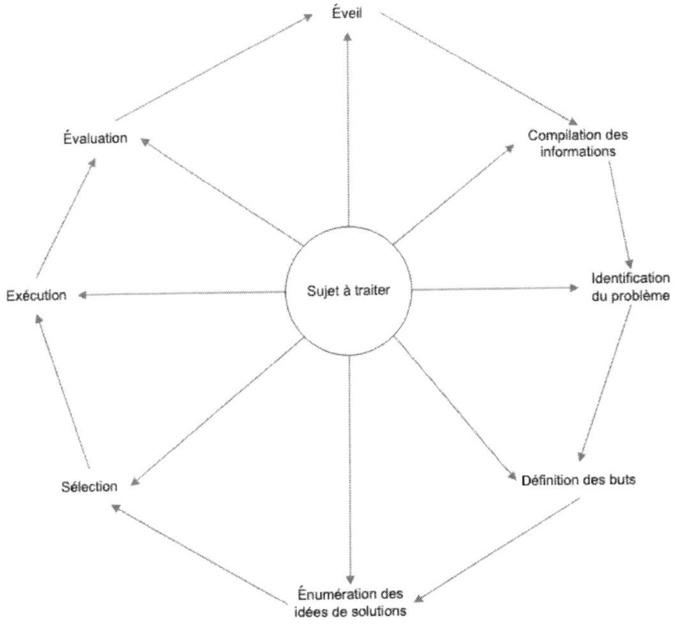

L'**éveil** : la phase d'éveil est la phase d'initiation du process. On a l'idée plus ou moins précise qu'il y a un problème à résoudre (ou on veut vérifier s'il existe).

La **compilation des informations** : on cherche maintenant à vérifier le contexte, valider les informations obtenues et confirmer leur rapport avec le problème considéré. C'est souvent dans cette phase que les utilisateurs vont employer les systèmes décisionnels. Le rapport et l'analyse leur permettront d'avoir de la visibilité sur le problème envisagé initialement.

L'**identification du problème** : il faudra ensuite organiser toutes les informations (provenant du système décisionnel ou non), leur contexte, leur crédibilité afin de spécifier le problème qu'il faudra résoudre.

La **définition des buts** : une fois le problème défini, on élaborera une définition de la résolution. Que veut dire ne plus avoir le problème ?

L'**énumération des solutions** : on envisagera ici diverses approches et options pour résoudre le problème. On définira leurs avantages et leurs inconvénients.

La **sélection** : il faut maintenant faire un choix parmi les hypothétiques options en fonction des objectifs, avantages, inconvénients, conséquences...

L'**exécution** : on mettra à exécution cette ou ces options afin de tenter de résoudre le problème initial.

L'**évaluation** : on évaluera le résultat obtenu par rapport aux objectifs définis précédemment. S'ils ne sont pas en phase, on initiera un nouveau cycle.

4.2 Le système décisionnel en support

Le système décisionnel ne vient pas toujours en support des décisions. Il peut intervenir à différentes étapes, partiellement ou complètement (cas d'une décision complètement automatisée). Voici quelques exemples d'intervention.

L'**éveil** : ici le système peut déclencher une routine. Dans le cas d'un processus complètement automatisé, ce sera l'évènement déclencheur de la prise de décision.

La **compilation des informations** : l'utilisateur pourra interroger le système décisionnel. Cela peut aussi prendre la forme d'un automate allant chercher des données dans diverses sources.

L'**identification du problème** : dans la forme automatisée du processus de décision, l'identification aura la forme d'un algorithme avec une logique d'identification (par exemple : cas passant/non passant).

La **définition des buts** : dans un processus manuel, c'est dans cette étape que l'utilisateur peut définir les indicateurs de succès.

L'**énumération des solutions** : cette étape est rarement supportée par un système décisionnel.

La **sélection** : lors d'une décision métier, l'utilisateur choisira quel processus capturer, c'est la phase de sélection des sources de données.

L'**exécution** : c'est l'implémentation du processus métier. Les données commencent à affluer.

L'**évaluation** : le système décisionnel permettra de comparer grâce aux rapports, à un système d'analyse avant/après.

Lorsque le système décisionnel est bâti, il est rare (voire impossible) d'avoir la liste des cas d'utilisation. Il faudra alors bâtir une solution répondant (avec ou sans améliorations) au plus grand nombre. Avec le succès croissant des plateformes de *reporting* en self-service, l'équipe de projet ne connaîtra pas les questions métiers auxquelles les utilisateurs auront à répondre. Il faut donc avoir une analyse assez conceptuelle pour permettre une variété de cas d'utilisations.

5. Coûts et risques

On parle ici des risques liés à une mauvaise gestion des exigences : que l'on ne maîtrise pas bien le processus et les besoins ambigus ou que l'on fasse complètement l'impasse sur cette étape.

Plusieurs types de coûts sont possibles : les coûts et risques pour le projet, pour la solution livrée et pour les utilisateurs.

On parlera ici indifféremment des coûts ou des risques. Les coûts ne sont pas uniquement pécuniaires et les risques sont des coûts hypothétiques.

5.1 Les coûts pour le projet

Une recherche effectuée par Boehm et Papaccio (*Understanding and controlling software cost : fixing error cost*) montre que les coûts de la correction d'une erreur augmentent exponentiellement en fonction de la phase du projet.

L'explosion des coûts

Il sera de 1 USD lors d'une correction en phase de définition des besoins, le coût moyen passera à 5 USD en phase de design, 10 USD lors d'une correction pendant les développements, 20 USD pendant les tests et jusqu'à 200 USD pour une correction après la mise en production.

Cette étude, bien qu'un peu ancienne, a été mise à jour et il semble que le ratio reste stable, mais les coûts ont, eux, tendance à augmenter.

Les projets dont les délais sont serrés et les organisations poussant pour des livraisons rapides sont dans une zone à risque concernant des erreurs sur les recueils des besoins. En effet, poussant les équipes à livrer plus vite, on optera pour la solution la plus rapide et donc celle qui sera la moins fiable. Le recueil des besoins et les tests sont en général les premières étapes qui passent à la trappe. Ces pratiques font multiplier le nombre de bugs par quatre.

L'explosion des délais

L'adage dit : "si on n'a pas le temps de faire les choses correctement, on n'aura pas le temps de les corriger". La solution la moins chère sur le long terme est le plus souvent de faire les choses correctement dès le départ.

Si l'on doit changer et patcher la solution livrée, les délais explosent souvent. Il faut alors réaliser une première version, une seconde, corriger les bugs, vérifier les montées de versions, faire des tests d'intégration... Cette surcharge peut représenter un volume de travail substantiel. Il sera donc difficile de maintenir les délais ou alors cela sera au prix d'une qualité dégradée et de compromis sur l'utilisabilité du projet.

Si le temps et le budget sont très contraignants, il est souvent préférable de réduire le scope plutôt que de tenter de tout faire, et que chaque fonctionnalité soit insatisfaisante ou inutilisable.

La démotivation et la confiance

Lorsque les besoins ne sont pas capturés de manière adéquate, il est fort probable que les utilisateurs auront des difficultés à adopter la solution. Les coûts et les efforts seront donc reportés sur la gestion du changement. Il y a aussi fort à parier qu'avec le temps, les utilisateurs perdront confiance dans la capacité de l'équipe à délivrer.

Côté équipe technique, il est fréquent de voir des personnes se démotiver. Cela impactera la productivité et la qualité des développements. En effet, les développeurs auront le sentiment de travailler "pour rien", que l'utilisateur "change d'avis tout le temps" et que finalement on construit "un monstre" ou "une usine à gaz". En moyenne un développeur passe 60 % de son temps à corriger des erreurs.

5.2 Les coûts pour la solution

En plus des coûts du projet, il existe aussi un impact sur la solution.

Il y a évidemment les efforts de réfection et de correction qui patcheront la solution. Ainsi, il sera plus difficile de construire un produit cohérent et sans bugs. La qualité des fonctionnalités livrées sera diminuée.

Certaines fonctionnalités livrées seront inutiles pour les utilisateurs. En effet, si le besoin réel n'est pas capturé, il arrive que la fonctionnalité livrée soit inutilisable.

Certaines fonctionnalités ne seront pas livrées du tout. Soit parce qu'elles ne sont pas capturées, soit parce que noyée dans l'ensemble des exigences, elles ne sont pas priorisées.

La solution sera plus complexe. Il faudra alors compter avec les différentes versions et corrections de l'architecture initiale parce qu'elle n'aura pas été pensée globalement et que les utilisateurs et les développeurs trouveront des solutions de contournement.

Qui dit solution complexe dit maintenance complexe. Dans ce domaine les coûts peuvent être importants, car ils sont à envisager sur le long terme. Certains risques peuvent survenir comme le refus de supporter la solution par l'éditeur du logiciel ou le fournisseur.

La dette de modélisation vient s'ajouter à ces coûts et risques.

5.3 Les coûts pour les parties prenantes fonctionnelles

Les coûts et les risques pour les parties prenantes peuvent être difficiles à mesurer, mais importants, voire colossaux.

Ils sont variables en fonction du type d'impact. Ce sont les impacts pour les parties prenantes fonctionnelles du projet, les utilisateurs finaux, les clients ou/et les bénéficiaires de votre organisation, la collectivité...

Dans cette catégorie de coûts, vous trouverez tout d'abord l'impact pour le business (vos parties prenantes fonctionnelles). Il vous faudra évaluer l'impact de ne pas pouvoir accéder à l'information ou que celle-ci ne soit pas de qualité suffisante (qualité de données, fréquence de mise à jour, disponibilité, granularité...). Cela peut être une simple gêne, baisse de performance, mais aussi la perte de marchés. Les coûts peuvent être très variés en fonction du type de business et des décisions que votre solution supportera.

Il y a aussi un coût en formation, si la solution ne répond pas complètement aux besoins ou si elle devient complexe. Il faudra donc ajouter ce coût de formation pour les utilisateurs. Les utilisateurs peuvent ici ne pas adopter la solution, ou l'adopter, mais l'utiliser de manière erronée.

Dans les coûts cachés pour le business, on peut ajouter la manipulation des données hors de la plateforme de restitution. C'est souvent le cas lorsque quelqu'un demande à exporter dans Excel. Il est fréquent que les données exportées servent de base pour des analyses et que la solution réponde partiellement aux besoins des utilisateurs. Il faudra alors compter les coûts liés au temps passé à compléter la solution voire à maintenir la solution de contournement.

Côté relations interpersonnelles, les parties prenantes dont les besoins ne seront pas pris en compte de manière adéquate développeront une frustration durant le projet. Il se peut qu'elles aient l'impression de ne pas avoir été écoutées et que peu importe l'effort fourni, la solution ne résoudra pas leurs principaux problèmes.

Les différentes parties prenantes risquent alors d'être moins coopératives, cela peut apporter un climat délétère. Ce sentiment de défiance vis-à-vis du projet peut faire baisser la productivité de façon substantielle.

Enfin, suivant les projets, il peut y avoir des coûts ou des risques d'une catégorie que je nommerai "les monstres". Il s'agit des risques (espérons pour vos projets qu'ils restent à un stade de risques) liés à l'image de marque de l'entreprise, les risques légaux, vitaux...

L'image de marque, ce sont tous les coûts liés à la publication de données erronées ou à l'incapacité de produire les données. Cela peut aller de justifications sur le marché, des informations à délivrer aux clients, aux médias... Cela concerne aussi les décisions prises à partir de (ou sans) la solution que vous livrez.

Les risques légaux : pour tous les *reportings* réglementaires, les ordres de tribunaux... il y aura des risques d'amendes, de perte de licence et de fermeture de business, d'incarcération de dirigeants.

Enfin, suivant votre domaine d'activité, le coût peut également se compter en nombre de vies. Les décisions adéquates n'ont pas pu être prises à cause d'un manque de données ou d'identification du problème de façon préventive. Dans cette catégorie rentrent assez souvent les systèmes décisionnels des pouvoirs publics, santé, laboratoires, gestion des risques climatiques...

6. Mythes

Les mythes sont ici les idées qui favorisent un statu quo et empêchent d'améliorer nos pratiques au quotidien. Loin de vouloir atteindre un idéal, se poser les bonnes questions permet déjà d'envisager des alternatives.

6.1 "Les utilisateurs changent d'avis"

Avec les variantes suivantes : "ils ne savent pas ce qu'ils veulent", "ils ne comprennent pas leur propre besoin"...

...Ou alors, le besoin exprimé n'est pas associé avec la stratégie métier des utilisateurs. Si vos besoins sont "flottants", ils ne sont pas ancrés et pas justifiés par un besoin métier, il est alors facile de les changer. Il sera beaucoup plus compliqué de changer une exigence si elle répond à une stratégie, une tactique et un processus opérationnel des parties prenantes fonctionnelles.

...Ou alors vos parties prenantes sont expertes dans leur domaine (marketing, finance...), mais pas en design de solution pour supporter leur quotidien. Lorsque Steve Jobs a lancé son iPhone, peu de futurs utilisateurs auraient été aptes à définir les fonctionnalités d'un smartphone. Elles étaient alors définies en prenant en compte une vision, une problématique des utilisateurs et les capacités d'innovation de l'entreprise. De la même façon, il est souvent difficile pour vos utilisateurs de décrire les caractéristiques de la future solution.

...Ou alors vos parties prenantes ont une réelle justification au changement. La stratégie change, le management change, le marché change, le processus métier change, donc le système décisionnel doit s'adapter. Lorsqu'on voit apparaître ce genre de changement, il est rare que les développeurs ou les analystes pensent que leurs parties prenantes font les girouettes.

Oui, les changements sont inévitables lors d'un projet, encore faut-il qu'ils soient signifiants pour la réalisation de l'objectif global défini.

6.2 "Ne pas livrer dans les délais : c'est normal"

Voici l'une de mes histoires préférées. L'histoire de Tchouri et Rosetta, une mission spéciale de l'Agence Spatiale Européenne (ESA, *European Space Agency*).

En 1993, un groupe de scientifiques fait approuver le projet par la Commission européenne.

La discussion, selon moi, aurait pu ressembler à celle-ci :

Les scientifiques : "On a trouvé une super comète : 67P/Tchourioumov-Guérassimenko. On voudrait aller se poser dessus pour aller faire un prélèvement."

L'Europe : "À quoi ressemble votre comète ?"

Les scientifiques : "Elle fait 3,5 km par 4 km, mais on ne visera qu'une zone de 1 km^2. Elle se balade à une vitesse de 135 000 km/s, a une rotation de 2,4 heures. La bonne nouvelle c'est qu'elle ne passera pas trop loin de nous en 2014 : seulement 650 millions de kilomètres."

L'Europe : "mmmm...Et vous comptez y arriver comment ?"

Les scientifiques : "Ben techniquement… nous on sera à la retraite. Mais on va mettre sur le coup plus de 500 ingénieurs, de 50 entreprises dans 14 pays."

L'Europe : "mmmm…Vous allez faire comment ?"

Les scientifiques : "Déjà, on inventera quelques technologies en cours de route. On envoie une sonde, qui après avoir parcouru 7,9 milliards de kilomètres, va se mettre en orbite et lâcher un petit atterrisseur nommé Philae sur la comète. Il va se poser sur ce sol dont la matière est inconnue."

L'Europe : "Allons-y !".

Alors oui, le projet n'a pas eu que des succès, il y a eu un report de lancement, des extensions de budgets et Philae a rebondi en atterrissant.

Mais ils ont atteint l'objectif à la seconde près après 21 ans de projet, un projet sans antécédents, avec des équipes multiculturelles, des défis techniques en pagaille.

Loin de moi de penser que tous les projets devraient être gérés comme cela. Mais se dire que c'est possible permet de mesurer la marge de progression et de se poser les questions sur les pratiques quotidiennes.

"Il faut toujours viser la lune, car même en cas d'échec, on atterrit dans les étoiles" - Oscar Wilde.

6.3 "Tous les besoins doivent être formalisés"

Commençons par une fable :

"Un ingénieur, un physicien expérimental, un physicien théoricien et un philosophe se promenaient dans les montagnes d'Écosse. Quand ils atteignirent un sommet, ils aperçurent un mouton noir sur une crête avoisinante.

– On voit que les moutons écossais sont noirs, déclara l'ingénieur.

– Il serait préférable de dire que certains moutons écossais sont noirs, dit le physicien expérimental.

Le physicien théoricien réfléchit un instant et dit :

– Il serait plus correct de dire qu'au moins un des moutons écossais est noir.

– D'un côté, du moins, corrigea le philosophe."

Gérard Szymanski, La métaphore, voie royale de la communication, InterEditions, 2014.

Là encore c'est un mythe, il n'est pas nécessaire de formaliser et d'écrire chaque exigence, et, à l'inverse, écrire le besoin ne garantit aucunement le succès. Ce qui garantit le succès, c'est que toutes les parties prenantes comprennent la même chose concernant le besoin. Il faut alors être sûr que tout le monde est sur "la même longueur d'onde" (tout le monde s'accorde sur le diagnostic des moutons écossais, ou a minima, conçoit et concède les différences).

Il existait une publicité pour une chaîne nationale française dans laquelle deux personnes discutaient du film "La marche de l'empereur". La première décrivait la migration des oiseaux ainsi : "des empereurs qui marchent sur la banquise". L'autre imaginait une kyrielle de Napoléons se promenant sur la glace.

Le moyen le plus efficace de réaliser le recueil des besoins serait la télépathie ; cette technique n'étant actuellement pas disponible, nous allons devoir nous contenter de communiquer.

Entre ce que l'on pense, ce que l'on dit, ce que l'on entend et ce que l'on interprète, il y a plein d'étapes pendant lesquelles le contenu du message peut changer.

Le plus important est donc que le message ne soit pas trop modifié lors de la communication. Formaliser et écrire les besoins permet de figer cette information afin d'y revenir ultérieurement. Cela facilite aussi la transmission d'informations nombreuses et complexes.

Écrire le besoin n'est donc pas une fin en soi, mais cela aide quand même beaucoup.

6.4 "Les utilisateurs et leur représentant définissent les fonctionnalités de la solution"

Les utilisateurs (ou les parties prenantes fonctionnelles) vont être aptes à définir leurs problématiques métiers. Le besoin fonctionnel, les fonctionnalités de la plateforme ont cependant besoin d'être conçus en collaboration avec les équipes techniques.

Définir les fonctionnalités de la solution demande plusieurs capacités. Il sera, tout d'abord essentiel de comprendre les besoins et les problématiques auxquels elle devra répondre. Ensuite, il faudra connaître les limites techniques, les capacités actuelles des plateformes et les capacités d'innovations des équipes et de la plateforme, mais aussi les contraintes et les caractéristiques des données. Finalement si l'objectif est de maximiser la valeur ajoutée, il vous faudra ajouter une dose de créativité et une vision. Ces caractéristiques ne sont pas si faciles à réunir dans une même personne.

Faisons un parallèle avec la médecine. Quand vous allez rendre visite à votre généraliste, vous décrivez d'abord vos problèmes, les symptômes et les points douloureux. Ensuite il y a une phase de collaboration avec le médecin. Ici, vous répondez aux questions, précisez les symptômes et le laissez vous ausculter. Puis, il définira les médicaments à prescrire et comment répondre à votre problème.

En estimant que l'utilisateur doit être capable de définir les fonctionnalités de la plateforme, vous estimez que celui-ci doit être apte à définir sa maladie. Voyez-vous quelqu'un aller chez le médecin et débuter la conversation par : "Docteur, j'ai une athérosclérose" ? Vous venez plutôt en décrivant : "J'ai des essoufflements, des douleurs dans la poitrine, et des troubles de la vision".

En résumé, ne pensez pas que vos parties prenantes fonctionnelles pourront tout savoir (les problèmes métier, les fonctionnalités nécessaires, les limitations des données...), même si elles sont ravies d'aider.

6.5 "Il existe une seule manière de recueillir le besoin"

L'activité du recueil des besoins est une activité hautement sociale, une activité de communication. Il n'y a donc pas de baguette magique, de tutoriel ou de modèle d'information qui fonctionnera à tous les coups.

Il faudra alors choisir la meilleure approche en fonction de votre contexte. Plusieurs critères peuvent entrer en ligne de compte. La liste suivante est non exhaustive.

- La complexité et la criticité des besoins. On ne collectera pas de la même manière un besoin pour un projet légal et une estimation pour un rapport établissant le prévisionnel de vente d'un vendeur.
- Le type de besoins : on ne récoltera pas de la même façon des exigences pour la construction d'une plateforme technique, celles correspondant à la gestion des accès ou encore celles d'un rapport doté d'une interface très visuelle.
- La culture (introvertis, extravertis, collectivisme versus individualisme, rapport au pouvoir, masculinité versus féminité, orientation sur le long et le court terme, rapport aux risques).

Le contexte peut aussi jouer, les précédentes relations entre les parties prenantes, le stress, la visibilité du projet... Il arrive que les parties prenantes débutent le projet avec des a priori qu'il faudra inclure dans le processus de recueil des besoins.

6.6 "Pas besoin de définir un besoin quand on fait de l'Agile"

Peu importe le véhicule, il faut connaître la destination. Peu importe la méthodologie de projet, il faut savoir ce qu'il faut développer.

Même si certaines méthodologies agiles ont une phase de recueil des besoins en amont, il est régulièrement pratiqué une version plus fragile qu'agile consistant à développer sans approfondir l'étape de recueil des besoins, quitte à refaire le développement dans la prochaine itération.

Considérer que le besoin n'a pas besoin d'être défini, c'est se lancer dans une implémentation de la "théorie du singe savant".

Chapitre 2
Un peu de théorie...

1. Introduction

Après avoir vu l'importance du recueil des besoins, voici un peu de théorie. L'ingénierie des besoins dans le secteur du développement logiciel est un domaine largement méconnu. Il l'est d'autant plus dans le domaine décisionnel. Ce chapitre donnera une vue générale des différentes étapes théoriques. Dans la pratique, il est rare d'avoir ce processus complètement implémenté. Le connaître pourra vous aider à comprendre les manques et à évaluer leur impact et le risque associé.

2. Vue générale du processus

Le processus de recueil des besoins se décompose en sept sous-processus, eux-mêmes découpés en activités. Ces sept sous-processus sont : l'élicitation et la capture, la modélisation et la spécification, la priorisation, la gestion des dépendances, l'évaluation de l'impact, la phase de négociation et enfin l'assurance qualité.

L'élicitation et la capture : cette phase va permettre de chercher le plus de besoins. Il sera nécessaire dans un premier temps de permettre à toutes les parties prenantes et toutes les sources d'émettre des envies. L'analyste s'évertuera à capturer le plus fidèlement possible les besoins.

La modélisation : durant cette phase, on articulera les différents "morceaux" du besoin (*chunk* en anglais) afin d'obtenir un ensemble cohérent. Pour cela, on utilisera souvent des modèles de données. Cela peut facilement être réalisé avec des arbres de buts.

Ensuite, durant la phase de spécification, on s'assurera que les besoins sont spécifiés. Ils doivent être assez précis pour être implémentés et actionnables. Il faut alors s'assurer de minimiser les ambiguïtés linguistiques.

La phase de priorisation permettra d'organiser les besoins par ordre de priorité, de gérer les conflits de besoins faute de pouvoir les résoudre. Il faudra alors négocier avec les parties prenantes ce qui sera réalisé dans le temps et le budget imparti, et les exigences qui ne seront pas, ou partiellement, satisfaites durant le projet.

Enfin la phase d'assurance qualité est habituellement gérée durant la phase d'implémentation, mais il est sûrement sage et prévoyant de définir des critères de satisfaction du besoin. Cela peut être fait à haut niveau, mais permettra aux développeurs de connaître le niveau de satisfaction attendu.

Il est rare de voir le processus de recueil des besoins intégralement implémenté dans la vie professionnelle. Il est cependant très utile de comprendre les différentes étapes, notamment celles que vous n'utiliserez pas. En effet, cela vous permettra d'évaluer le risque lié à l'impasse réalisée. Il ne s'agit pas ici d'inciter à suivre ce processus dans son intégralité, mais à choisir intelligemment les étapes sur lesquelles vous mettrez l'accent.

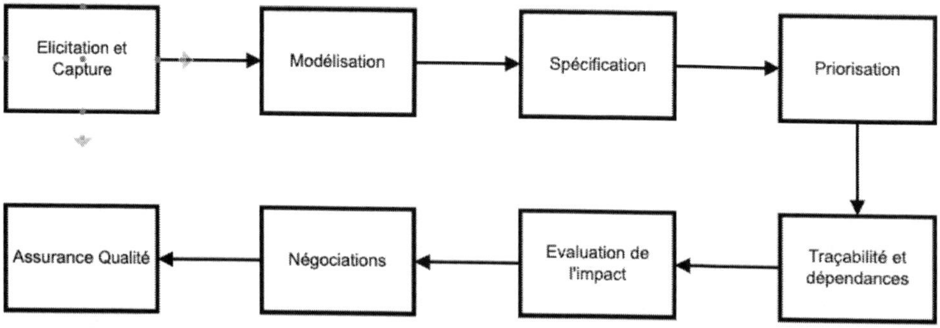

Process de recueil des besoins

La dissociation des étapes d'élicitation et de négociation (définition du scope) est notamment très intéressante. Elle permettra aux utilisateurs d'exprimer tous leurs vœux sans être frustrés. Le tri des besoins dans et hors du scope sera réalisé dans une phase ultérieure. L'abandon de certaines exigences sera donc motivé durant le process. Du point de vue des développeurs, cela permettra de comprendre ce que les utilisateurs avaient en tête et leurs frustrations. Cela donnera également une visibilité pour les phases suivantes du projet. En effet, les exigences hors scope ont de fortes chances de se retrouver d'une façon ou d'une autre dans les projets ou phases suivantes, voire parfois dans des projets concurrents réalisés en parallèle.

3. Élicitation et capture

Cette première étape consiste à formuler la "liste du père Noël". En anglais, on parle de chalutage : c'est une pratique qui consiste à ratisser le fond de la mer et à tout ramasser : coraux, poissons sans distinction d'espèces...

On listera ici toutes les envies des parties prenantes, peu importe si elles seront satisfaites ou non. C'est donc l'étape des hyperboles et des solutions rêvées.

Pourquoi cette étape est-elle importante ? Il s'agit de bien écouter vos parties prenantes. Même si les besoins listés ne figurent pas tous dans le scope final, cela donnera une idée des attentes initiales des utilisateurs, des déceptions qu'il faudra gérer. Cette phase peut aussi être une phase très importante pour comprendre les besoins stratégiques en plus des besoins inclus dans le scope. Vous pourrez alors avoir une petite idée des prochaines phases du projet.

Le processus d'élicitation et de capture se décompose en cinq activités : comprendre le domaine d'application, identifier les sources, analyser les parties prenantes, sélectionner les techniques et les outils, éliciter le besoin à partir des parties prenantes et des autres sources.

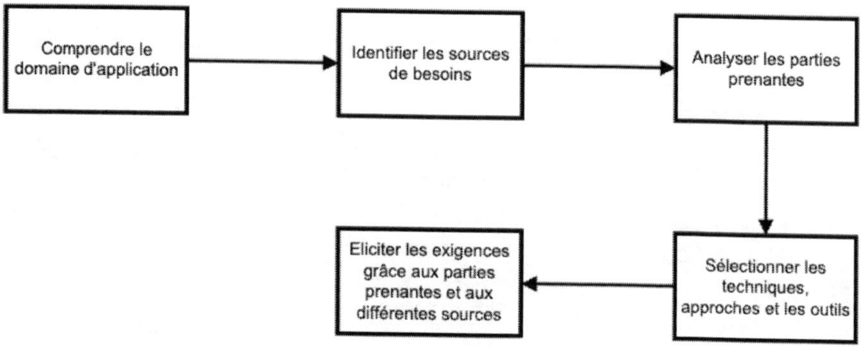

Process d'élicitation

3.1 Comprendre le domaine d'activité

Comprendre le domaine d'activité : il s'agit ici de comprendre "la vraie vie" des utilisateurs. On parle du "besoin du domaine". Il n'est pas question de savoir comment on va supporter l'utilisateur, quel graphique il faudra produire. On s'intéresse ici à leurs processus métier, leurs objectifs, leurs problèmes, leurs contraintes, la politique de l'équipe ou de l'entreprise, les aspects sociaux.... Si on parle de système d'aide à la décision, cette étape permet de cerner l'objet des décisions qu'il faudra supporter grâce à la solution.

3.2 Identifier les sources

L'activité d'identification des sources permettra de lister toutes les sources d'informations pour le besoin fonctionnel. Cela peut être les utilisateurs, des experts, des systèmes utilisés actuellement ou les systèmes historiques, des documentations, des manuels, des rapports, des articles de loi...

C'est l'étape de chalutage, il ne faut donc pas sélectionner les sources. Elles peuvent être utilisées comme sources secondaires, pour comparer, mettre en perspective ou compléter. Il est important d'en conserver la liste pour pouvoir l'utiliser ultérieurement.

3.3 L'analyse des parties prenantes

L'analyse des parties prenantes : c'est la liste des personnes ou groupes d'individus internes ou externes. Ils auront tous un impact, un intérêt (négatif ou positif) au fait que votre projet réussisse. Comme c'est une phase de chalutage, il vous faudra lister toutes les parties prenantes. Certaines d'entre elles ne seront pas activement impliquées dans le projet, mais elles pourront être contactées pour débloquer une situation ou influencer le projet. (cf. Parties prenantes - Répondre aux parties prenantes hors projet : le besoin de l'entreprise et la stratégie). Voici une petite liste non exhaustive des parties prenantes que vous pourriez trouvez dans votre projet : les utilisateurs ou leurs porte-paroles, les responsables des processus en place, des standards ou de la sécurité, les partenaires, les fournisseurs, les responsables de la qualité, légaux, les managers des infrastructures, les personnes en aval du processus que vous allez étudier (ou leurs représentants)...

3.4 Sélectionner les techniques et les outils

Il est important de sélectionner la bonne approche (cela peut être une combinaison de plusieurs d'entre elles) et les bons outils pour supporter votre étape de recueil des besoins.

En effet, l'ingénierie des besoins est une activité qui imbrique de nombreux facteurs contextuels. Ils peuvent être humains, culturels, éducationnels, économiques.

Si vous réunissez des personnes autour d'un projet, c'est qu'elles ont toutes des compétences, des points de vue et des langages différents. Il va donc falloir trouver le meilleur moyen de communiquer.

Le chapitre Activités de recueil des besoins détaillera nombre de techniques et les comparera pour vous offrir des alternatives à la question : "de quoi avez-vous besoin ?" posée par l'analyste en mal d'inspiration.

Plusieurs approches existent pour choisir la combinaison de techniques que vous utiliserez.

C'est peut-être la seule technique que votre analyste connaît. Cela peut notamment être le cas pour les interviews ou les scénarii.

L'analyste peut connaître quelques méthodes et choisir celle qu'il emploiera à l'instinct.

Votre structure peut avoir des guides d'utilisation et des *frameworks* en place. Il s'agira alors de les suivre.

Finalement, l'analyste peut être formé au recueil des besoins et choisira la ou les techniques les plus adaptées.

Le plus souvent, il paraît judicieux de combiner des techniques de groupes et individuelles (cf. Activités de recueil des besoins - Tableau comparatif).

3.5 Éliciter le besoin à partir des parties prenantes et des autres sources

Une fois que le domaine d'activité (aussi nommé le domaine du sujet) est défini, que les parties prenantes sont connues, les sources listées, que vous savez quelles techniques mettre en œuvre, il ne reste "plus qu'à" formuler le besoin. Plus facile à dire qu'à faire. Le chapitre Activités de recueil des besoins est dédié à cette partie.

Cette étape est itérative, il se peut qu'il faille utiliser plusieurs fois la même technique, ou plusieurs d'entre elles pour obtenir un besoin qui soit transformable en spécifications techniques.

Il y aura alors besoin de phases d'élicitation de besoins fonctionnels et techniques.

Les premiers expliqueront les fonctionnalités de votre solution. On parle aussi de besoins métiers, d'exigences utilisateurs. Ils sont focalisés sur les problèmes du métier, ils parlent surtout du passé et du présent. Ils décriront les problèmes actuels et comment les utilisateurs voudraient les voir résolus. Ils décriront notamment les processus métiers qu'il faudra supporter.

Les seconds expriment la manière dont les premiers seront techniquement implémentés. Ils sont aussi nommés "spécifications techniques". Ils se focalisent sur la solution technique. Ils comportent souvent des modèles abstraits qui visent deux objectifs : ils permettront évidemment d'expliquer aux développeurs ce qui doit être construit, mais ils servent aussi à valider que les tous les besoins fonctionnels ont bien été pris en compte (et dans le cas contraire, à le justifier). Le design de la solution doit être une base effective pour valider le scope fonctionnel (cf. Négociations (définition du scope)).

4. Modélisation

Ensuite viennent les phases de modélisation et de spécification des besoins.

La modélisation va permettra de formaliser le besoin à un niveau conceptuel. Cela peut être grâce à un ou plusieurs modèles. Le ou les modèles permettront alors d'articuler les différents besoins dans une visualisation permettant de conceptualiser le système ou les systèmes à créer ou modifier.

La phase de spécification permettra de rendre le modèle tangible. Il s'agit d'adopter un langage uniforme qui minimisera les ambiguïtés garantissant son implémentation.

Il existe de nombreuses formes de modélisations. Tout dépend de ce que vous avez besoin de modéliser. Vous choisirez des représentations différentes si vous souhaitez représenter un processus, un modèle de données ou une interface utilisateur. La liste ci-dessous est non exhaustive, mais regroupe les principales modélisations qui pourront vous être utiles.

4.1 Les métamodèles et les modèles

Un modèle est une représentation simplifiée d'une réalité dans un but défini. Le métamodèle est un modèle décrivant le modèle lui-même.

En ce sens, et pour ce chapitre, le modèle sera l'implémentation physique du métamodèle.

Dans l'exemple ci-dessous, le modèle de données est l'implémentation informatique. Le métamodèle décrit les données, leur type et leur organisation.

ID_CLIENT	PRENOM_CLIENT	NOM_CLIENT	...
1	Jean	Bon	...
2	Guy	Don	...
3	Gérard	Mensoif	...
4	Magguie	Bole	...
5	Sophie	Stiké	...
6	Jean	Nemar	...
	...	...	..

Modèle de données

CLIENT	TYPE
ID_CLIENT	ID
PRENOM_CLIENT	VARCHAR
NOM_CLIENT	VARCHAR

Métamodèle de données

4.2 Les métamodèles orientés Etats

Ils sont intéressants pour capturer les changements dans le temps. Il existe de nombreuses méthodologies : les FSM (*Finite State Machine*) et leurs extensions les FSMD (*Finite State Machine with Datapath*), les réseaux de Petri...

Les FSM sont aussi appelés automates finis ou automates avec un nombre fini d'états. Ils sont utilisés dans de multiples domaines. Ils peuvent être employés pour modéliser la logistique séquentielle, des analyses syntaxiques et linguistiques, la biologie... Plus intéressant pour le domaine qui nous concerne, ils servent également à modéliser des programmes informatiques, des protocoles de communication, des processus et l'intelligence artificielle.

C'est une construction mathématique capable d'être dans un nombre fini d'états, mais qui n'est que dans un seul état à un moment donné (chouette, nous venons d'éviter la physique quantique et le chat de Schrödinger !).

Le changement d'état se fait alors grâce à un événement ou à une condition. Celle-ci est aussi nommée transition.

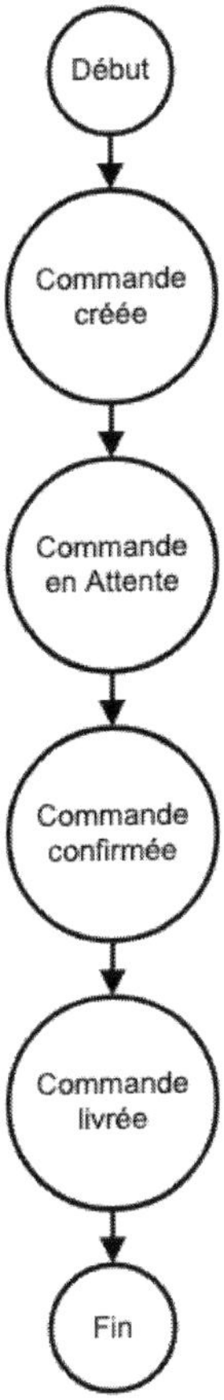

Exemple de FSM

Les FSMD sont des schémas FSM incluant le flux de données transféré d'un état à l'autre.

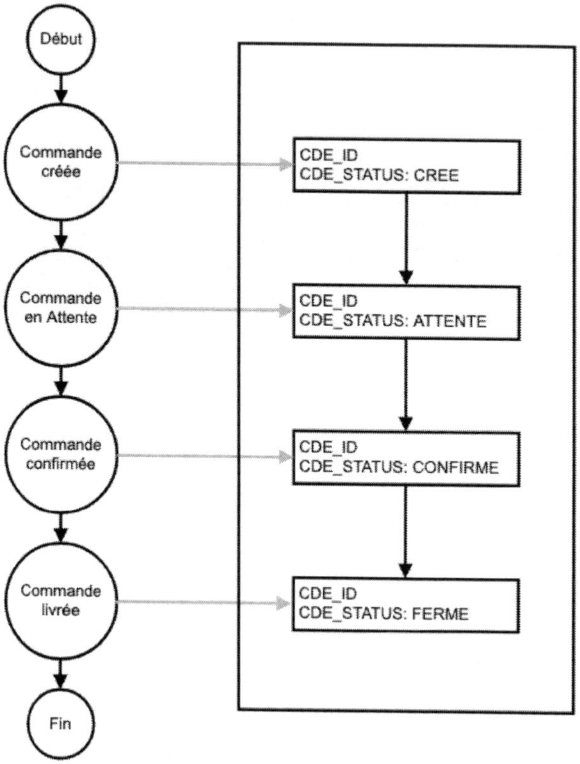

Exemple de FSMD

Les réseaux de Petri sont également des modèles d'états. Ils sont très utiles pour comprendre les actions concurrentes. Ils pourront par exemple être utilisés pour modéliser les chargements de données et les dépendances. Ils sont à mi-chemin entre les modèles orientés états et ceux orientés activités. Le diagramme d'activité est un dérivé d'un réseau de Pétri. Ces réseaux décrivent des *places* liées par des *transitions*. Ainsi pour la documentation d'un ETL, on pourra décrire des *places* comme les tables ou vues de la base de données, alors que les transitions seront les scripts.

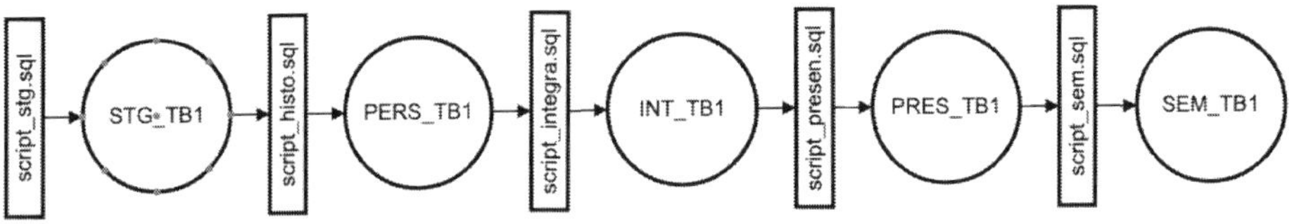

Réseaux de pétri représentant les tables et script d'un schéma de chargement

4.3 Les métamodèles orientés données

On parle ici des métamodèles décrivant l'organisation des données. Il existe également plusieurs méthodologies. Toutes ont pour but de décrire une collection d'entités et leurs relations. Il n'y a pas de descriptions fonctionnelles ni d'informations temporelles. Ces modèles sont très pratiques si vous décrivez un système dans lequel les relations entre les différents composants sont complexes.

Le MCD (Modèle Conceptuel de Données) de MERISE (Méthode d'Etude et de Réalisation Informatique pour les Systèmes d'Entreprise) et le diagramme de classes UML sont les plus connus. La méthodologie MERISE est française et a du mal à percer à l'international.

La vocation du modèle entités-relations de la méthodologie MERISE est de définir les différentes tables d'une base et les relations entre celles-ci. Il est donc fait pour les bases de données.

La vocation initiale du diagramme de classes d'UML est de décrire les classes, leurs relations, leurs attributs et méthodes. Le diagramme de classes est donc fait pour les langages à objets. Cependant, il arrive régulièrement qu'il soit détourné pour décrire des bases de données (notamment en supprimant les méthodes).

Notons que les deux méthodologies, UML et MERISE, incluent d'autres schémas et modèles. Ils sont toutefois créés pour les bases de données opérationnelles.

4.4 Les métamodèles orientés activités

Ces métamodèles décrivent des systèmes comme un ensemble d'activités liées par des dépendances ou des données. Les *flow charts* dits également DFD (*Data Flow Diagrams*) ou DFG (*Data Flow Graphs*) sont des diagrammes d'activités.

Les CFG (*Control Flow Diagrams*) sont assez proches des FSM décrits ci-dessus. Ces derniers auront la préférence de l'analyste si les activités sont déclenchées par des événements externes alors que le CFG est surtout approprié si les activités ne dépendent que d'un stimuli interne. Les activités seront alors contrôlées par le flux.

Dans la méthodologie UML, le diagramme d'activité est une implémentation du diagramme de flux (*Flow Diagram*).

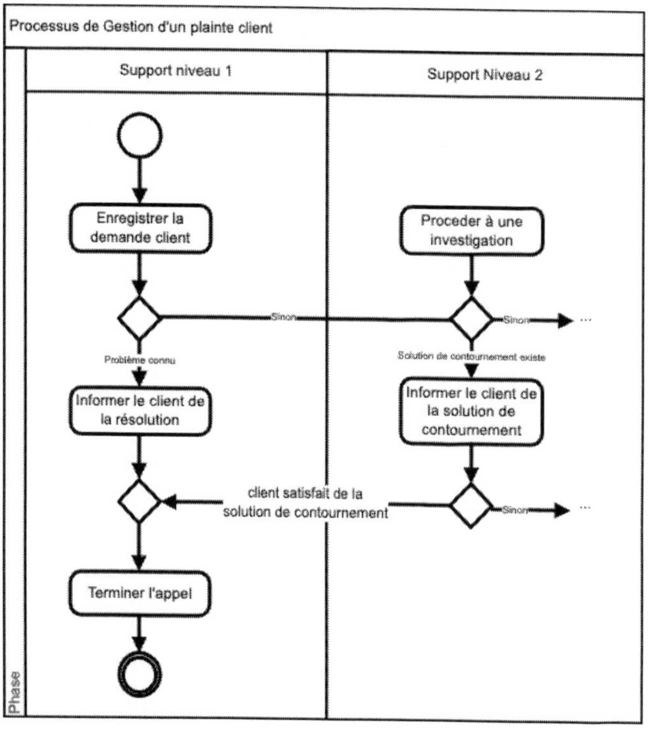

Exemple de diagramme d'activité UML

En résumé, les diagrammes d'états et d'activités modéliseront les mêmes composants. Les premiers se concentreront sur les changements liés à des déclencheurs extérieurs tandis que les seconds permettront de visualiser l'enchaînement des différentes étapes du flux.

4.5 Les métamodèles orientés structures

Ces modèles décrivent la composition physique d'un système. Ils vont définir ses composants et parfois les fonctionnalités à haut niveau. Ils servent surtout à décrire les différents systèmes intervenants, les interfaces, les ports... C'est notamment le cas des diagrammes composants-connectivités et des diagrammes de déploiement et composition d'UML, les schémas d'architectures et d'urbanismes (*Entreprise Architecture*) qui entrent dans cette catégorie.

Les diagrammes composants-connexions sont nommés CCD en anglais (*Component - Connectivity Diagrams*). L'objectif de ces diagrammes est de décrire les différents composants d'un système. Ils sont définis en fonction des fonctionnalités qu'ils offrent au système. Le principal intérêt est de visualiser les interactions des différents composants du système, mais aussi de matérialiser leur réutilisabilité. Les CCD peuvent être utilisés dans des *architecture as a service*, des architectures avec des routines et des fonctions... Ces diagrammes peuvent aussi être employés dans des architectures mettant en œuvre la généricité.

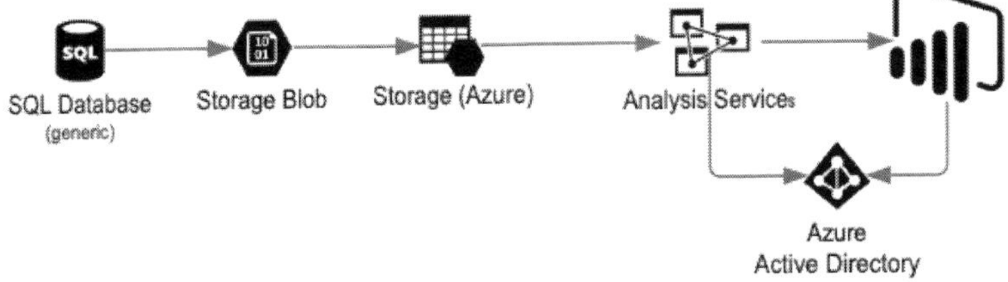

Exemple de modèle de composants

4.6 Les métamodèles hétérogènes

Ce sont des métamodèles qui lient plusieurs aspects simultanément. C'est un langage informel ou semi-formel. Il s'agit souvent d'une combinaison de schémas grâce à laquelle les parties prenantes regroupent les informations les plus importantes. Comme c'est un langage semi-formel ou informel ces métamodèles sont protéiformes et il paraît vain d'en faire une liste exhaustive.

5. Spécification

Une fois que la ou les techniques de modélisation sont choisies, il faut maintenant modéliser le système. Quel que soit le modèle, il faudra alors faire attention au langage utilisé, à la gestion de la complexité et à la gestion de la continuité.

5.1 Le langage

Le langage utilisé est très important, il doit permettre d'analyser et de raisonner sur les spécifications. Le langage peut être formel ou semi-formel. Un langage formel permet d'automatiser les développements, il est dit exécutable. Le semi-formel permettra la communication entre les humains et il autorisera des développements réalisés par des développeurs. Dans tous les cas, le langage doit minimiser les ambiguïtés et permettre les tests.

Pour plus de détails sur les aspects linguistiques, cf. Activités de recueil des besoins - Analyse syntaxique et grammaticale.

5.2 La gestion de la complexité

Complexe ou compliqué ? Un système est compliqué quand il y a beaucoup d'éléments interagissant entre eux. Le système devient complexe lorsque ces interactions sont variées. Nous parlerons ici de complexité. Elle peut être liée à la représentation ou au développement.

La complexité liée à la représentation est due à l'hétérogénéité des systèmes. L'analyste aura alors tendance à mettre trop d'informations sur le modèle, le rendant illisible.

La complexité liée au développement est due aux changements de modèle et à la gestion des versions et des changements.

Pour gérer la complexité, la manière la plus facile est de grouper les spécifications dans le but de réduire le nombre d'éléments à manipuler. Il faut alors trouver un niveau correct d'abstraction pour autoriser la communication. Il s'agira de généraliser suffisamment les concepts pour rendre le modèle intelligible, mais pas trop, au risque de perdre la signifiance de ces mêmes concepts.

5.3 La gestion de la continuité

La continuité vise à séparer les objectifs métier, l'analyse des besoins fonctionnels, le design de la solution et l'implémentation. Ainsi, on assurera d'une part la continuité, la traçabilité et la cohérence entre les objectifs de l'organisation et les développements. D'autre part, il sera plus facile de gérer les changements sans devoir tout analyser et modifier. La gestion de la continuité vise donc à minimiser la charge de travail.

Pour cela, chaque phase doit être modélisée de façon séparée. Du point de vue du contenu, elles seront dépendantes, car chacune des phases découle de la précédente. Du point de vue de la formalisation, elles seront indépendantes, ainsi les modèles seront persistants tout au long du projet. Si les modèles générés dans les premières phases sont indépendants de l'implémentation, un changement d'implémentation ne remettra pas en cause la modélisation du besoin initial.

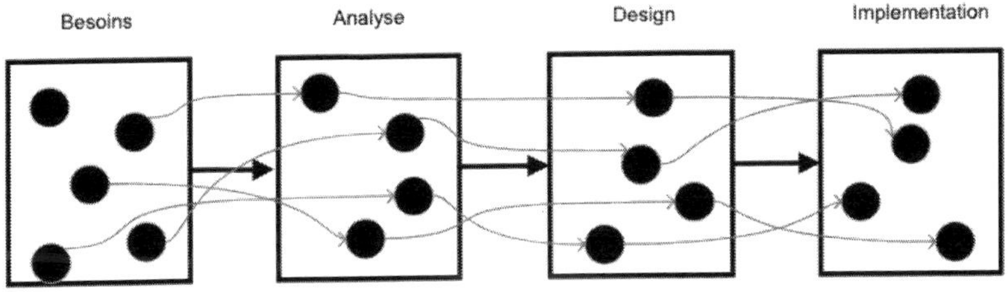

Modèle de continuité

Il y a donc quatre étapes à respecter :

- Les **objectifs métier** : ce sont les objectifs de l'organisation dans laquelle vous travaillez.
- L'**analyse du besoin** : sa formalisation et l'interprétation en exigences fonctionnelles. Certaines parties du besoin métier ne feront pas partie du scope.
- Le **design** : le modèle de l'implémentation qui remplira les exigences fonctionnelles. Ce modèle expliquera les fonctionnalités que la solution comportera.
- L'**implémentation** : l'implémentation physique générée pour remplir les exigences fonctionnelles (le code).

En séparant les différentes étapes du modèle de continuité, l'analyste minimisera la charge de travail lors de changements. Il faudra alors changer les étapes en aval et seulement pour les éléments amonts modifiés.

Le modèle de continuité peut apparaître théorique dans un premier temps. Il permettra cependant de minimiser le travail en cas de changement. L'analyse d'impact du changement pourra être réalisée dans un nombre limité de couches et de composants de chaque couche. Prenons l'exemple d'une entreprise qui vend des produits en magasin. Ils viennent de changer la stratégie de l'entreprise. Ils vendent maintenant des produits en ligne. Il faut donc intégrer les ventes en ligne dans le *datamart* (une autre source de données). Si vous avez clairement défini, dans votre documentation le lien entre l'objectif métier, la formalisation du besoin fonctionnel, le design et l'implémentation, vous serez, sans trop d'effort, capable d'identifier où les changements ont besoin d'être effectués. D'autre part, le modèle de continuité permettra d'avoir une vue d'ensemble cohérente et de s'assurer que les développements et les changements seront minimisés, car les composants seront réutilisés. Le code redondant, les tables ou les rapports faisant doublons avec d'autres deviendront plus évidents.

Concrètement, le modèle de continuité peut être implémenté par un arbre de buts pour définir le lien entre les objectifs métiers et les besoins fonctionnels.

Pour lier les besoins fonctionnels et le design de la solution il faudra par exemple : une modélisation des processus métiers (ex. : le processus de ventes en ligne), complétée par des processus d'informatique opérationnelle (c'est-à-dire que l'étape des ventes est supportée par le progiciel X pour l'Europe et Y pour l'Afrique). Enfin on modélisera l'ETL (*Exact, Transform and Load*) et le modèle de données (les chargements des source X et Y auront pour cible la table VENTE). Ainsi on sera capable facilement de justifier l'impact d'un changement du processus de vente en ligne au Mali.

6. Priorisation

La priorisation est une phase importante, elle va permettre de déterminer ce qui sera dans le scope du projet et les exigences qui ne seront pas satisfaites. On va maintenant effectuer les arbitrages entre les désirs des parties prenantes et les contraintes (besoins non fonctionnels, temps, budget...). C'est dans cette phase que l'on tentera de maximiser la satisfaction des parties prenantes tout en minimisant le travail redondant. Il faudra également gérer les besoins contradictoires et surtout garder la motivation de toutes les parties prenantes aussi bien techniques que fonctionnelles. Autant dire que c'est la phase la plus politique du processus de recueil des besoins. La phase de priorisation peut être vue comme la sélection du "bon" besoin parmi un ensemble de candidats, celui qui remplira à la fois les intérêts de parties prenantes, les contraintes techniques et les préférences des utilisateurs tout en maximisant la valeur du produit et pour le business. Un vaste programme !

Il existe de nombreuses techniques pour approcher cette phase. Elles peuvent être quantitatives ou/et qualitatives (la négociation). Il s'agit dans tous les cas de ne pas se contenter de demander à toutes les parties prenantes "Quels sont les besoins les plus importants de votre point de vue ?". Même si les parties prenantes devraient théoriquement défendre leur point de vue dans l'intérêt de l'organisation et en fonction de leur rôle. La réalité veut qu'elles soient également des personnes avec des personnalités et souvent des objectifs personnels. De plus, dans un environnement changeant rapidement, vos parties prenantes auront tendance à privilégier le court terme au détriment des bénéfices à long terme.

Ignorer cette phase est le plus souvent une erreur stratégique. Si elle est facile, cela ne prendra guère de temps. Si elle est longue, vous augmenterez drastiquement les risques d'échec de votre projet en l'oubliant.

Une priorité peut être attribée en fonction de plusieurs critères : l'importance, l'opportunité pour les utilisateurs, les pénalités, les coûts, le temps d'implémentation, les dépendances ou même le risque. Cette analyse multifactorielle et multipartie peut devenir très complexe.

Habituellement, toutes les parties prenantes ne sont pas réunies et la priorisation se fait par groupe de besoins en fonction des parties prenantes directement concernées.

6.1 Les critères de priorisation

La première étape va consister à évaluer les critères retenus pour la priorisation.

- L'**importance** : elle va dépendre du point de vue de la partie prenante. Cela peut être l'importance pour le business, pour les clients finaux, pour un gain de temps dans les équipes...
- Les **pénalités** : les lois, même si au premier abord on se dit "c'est la loi alors on doit faire". La plupart du temps, les régulateurs vont s'arranger pour que les pénalités soient dissuasives et que la question ne se pose même pas. Toutefois, il arrive que dans certains contextes les dirigeants d'entreprises choisissent de ne pas remplir leurs obligations légales. Cela peut arriver notamment lorsque le risque d'avoir une pénalité et le coût de celle-ci sont tellement faibles que le besoin est estimé non prioritaire. Souvent les risques de l'illégalité sont à prendre en compte.
- Le **coût** : le coût de la fonctionnalité à développer (infrastructure, serveur...), mais aussi le coût pour le business qui ne dispose pas de cette fonctionnalité. Les analyses de coûts se résolvent généralement assez facilement en estimant le coût d'opportunité. Le coût peut être estimé dans la devise locale ou en jour/homme.
- Le **temps** : lié au coût sur les aspects du développement. On va estimer ici le niveau de parallélisme des tâches, de formation des parties prenantes, de

support à effectuer...

- Le **risque** : il y a différents types de risques, internes, externes, baisse de performance, perte de l'image de marque (liée notamment aux risques légaux), planning et dates butoirs... Si les risques sont importants, la priorisation peut aussi être partiellement couverte dans les activités de gestion de projets (registre des risques).
- La **volatilité** : si le projet doit être livré dans un environnement changeant rapidement, il se peut que les besoins ne soient plus d'actualité au moment de la livraison. C'est notamment le cas pour les besoins liés à des changements du marché, des changements de besoins fonctionnels, des changements de hiérarchie et de stratégie, des nouvelles mesures législatives, les changements de parties prenantes...
- Les **dépendances** : certains besoins ne pourront pas être priorisés tant que d'autres n'auront pas été satisfaits. C'est notamment le cas pour tous les besoins impliquant des développements logiciels qui ne pourront pas débuter avant que les serveurs ne soient opérationnels (cela paraît en effet être du bon sens). Cet aspect sera traité en détail dans la partie suivante. Cette priorisation peut aussi suivre plusieurs approches en fonction de votre environnement et du type de besoins.

Une fois que les aspects ont été considérés, l'analyste cherchera une technique de priorisation. Là encore, de multiples approches sont possibles. Les prochains paragraphes détailleront les plus connues d'entre elles. Certaines méthodologies de projets proposent également une approche recommandée (PMP, les méthodologies agiles).

6.2 L'analyse hiérarchique des process

Chaque besoin va être comparé aux besoins semblables du même groupe deux à deux. Les notes seront alors totalisées par besoin. C'est l'approche la plus systématique, il s'agira d'estimer la magnitude relative des paires que l'on compare. Cette approche a un avantage principal : comme chaque besoin sera comparé individuellement à tous les autres, il sera facile de repérer les conflits ou les incohérences. A contrario, il sera très difficile de comparer de larges ensembles de besoins. Il existe cependant certaines alternatives qui permettent de diminuer le nombre de comparaisons à réaliser de 75 %.

6.3 Le vote cumulatif

Cette technique est aussi nommée le test du billet de 100 dollars. On donne un montant d'une "monnaie" à chaque participant. Cela peut être des dollars, euros, des points... Chacun va miser sur les exigences qui lui semblent primordiales. Il s'agit donc de trouver les bonnes règles par rapport à votre contexte. Il faut qu'un nombre suffisant de besoins se dégage. Il est possible de définir un montant maximum affecté à chaque exigence, un nombre d'exigences minimum pour lesquelles voter. La plus grande difficulté de cette technique c'est qu'elle ne peut être réalisée qu'une seule fois. En effet, une seconde itération serait influencée par la première. De la même façon, si toutes les parties prenantes se réunissent pour effectuer la pondération en groupe, la personne qui parle en dernier sera influencée par les précédentes.

Il existe deux alternatives intéressantes à cette approche.

Il est tout d'abord possible de faire plusieurs itérations en changeant les règles de pondération à chaque fois. Il est alors très important que les parties prenantes ne prennent pas connaissance des résultats entre deux itérations afin de ne pas influencer la seconde. Ces itérations vous permettront d'affiner les règles de pondération. Il faut aussi veiller à bien expliquer l'exercice aux parties prenantes afin qu'elles ne se sentent pas perdues dans le processus. Par exemple : "Dans la phase précédente, trop peu d'exigences ont émergé. Nous allons maintenant vous demander de choisir au moins dix d'entre elles".

Dans des projets aux sources de financement multiples, cette technique permet d'aligner le poids des parties prenantes avec le financement qu'elles apportent au projet. Ainsi, vous pourrez affecter un coefficient aux notes de chaque participant ou même ne pas distribuer la même somme de "monnaie" à tous les participants.

6.4 Le groupement

C'est la technique de priorisation la plus populaire et la plus simple à mettre en place. Il s'agit de grouper les besoins en plusieurs ensembles; en général on en compte trois : critique, normal, optionnel (*must have, nice to have...*).

Plusieurs écueils guettent cette approche. Les parties prenantes auront tendance à placer tous les besoins dans la catégorie Critique. Il peut alors être utile de définir un nombre maximum d'exigences dans chaque catégorie. On perd alors le caractère discriminant du groupe.

Ensuite, toutes les exigences d'un groupe auront la même priorité. Il faudra alors trouver un autre moyen de les hiérarchiser si le temps ou le budget ne permettent pas de toutes les satisfaire. Une approche complémentaire peut être utilisée, notamment celle du test de 100 dollars (le vote cumulatif).

6.5 Le *ranking*

Il s'agit de lister les besoins par ordre d'importance. C'est très facile à mettre en place si les besoins présentent des granularités homogènes. Un inconvénient de cette technique est qu'elle ne permet pas de distinguer les différences relatives. Il est impossible de dire "de combien" cette exigence est plus importante que la suivante. Ce classement peut être fait de nombreuses manières, il est possible de mettre en œuvre des ordonnancements dichotomiques, un tri par bulles... Toutes les techniques d'ordonnancement utilisées par les algorithmes informatiques sont possibles. Cette technique est préférable avec un ou peu de parties prenantes. En effet, elle ne permettra que difficilement de synthétiser les différents points de vue. Dans cette configuration, le vote cumulatif sera sans doute préférable.

6.6 Le TOP 10

On demandera à chaque partie prenante de sélectionner le TOP 10 des exigences selon lui. On choisira ensuite les dix exigences qui reviennent le plus fréquemment. Il arrive alors que certains utilisateurs aient toutes leurs exigences satisfaites lorsque d'autres n'en n'auront aucune. Cette méthode n'évite donc pas les conflits entre utilisateurs. Aussi, en fonction du nombre d'utilisateurs et du nombre d'exigences, il est possible qu'aucun compromis ne puisse être trouvé. Cette technique est assez simpliste, elle requiert que les utilisateurs soient de même importance et qu'en même temps le nombre de besoins ne soit pas trop important.

Elle peut cependant être adaptée pour une priorisation rapide sur des besoins peu critiques (*nice to have*).

6.7 Les autres techniques

D'autres techniques sont disponibles : on peut notamment mentionner le *planning game* et *l'Extreme Programming (XP)*. Elles sont notamment incluses dans la partie "gestion du scope" de la gestion de projet. C'est notamment le cas dans les méthodes agiles.

6.8 Comment choisir

Certaines méthodes étant plus simples à implémenter que d'autres, le choix se portera sur la moins coûteuse sans compromettre la qualité de la priorisation.

L'analyste et le chef de projet devront prendre en compte la granularité de la priorisation nécessaire. Est-ce que trois groupes suffiront ? Est-ce qu'il faut une granularité assez précise pour y attacher du budget ?

Le nombre d'exigences exprimées est également important. Si vous n'avez que dix exigences, le TOP10 n'est sûrement pas la bonne méthode à adopter.

6.9 Combiner les techniques

Une astuce performante tout en minimisant les coûts est de combiner les techniques. Cette méthode s'appuie sur celle des services de triage aux urgences. Chaque hôpital se concentrera sur les patients auxquels les soins apportés vont sauver la vie. Dépriorisant ceux auxquels les soins ne pourront pas sauver la vie quoiqu'il arrive, ou ceux dont la vie n'est pas en danger.

On s'attachera donc à constituer trois groupes de fonctionnalités. Les critiques, qui doivent être traitées (plateforme, base de données, sécurité...), les optionnelles qui ne sont pas prioritaires (les couleurs...) et les fonctionnalités dont il faudra débattre l'entrée dans le scope (les principales fonctionnalités attendues). On utilisera alors une méthode de priorisation plus fine pour le troisième groupe seulement.

6.10 Un peu de créativité

Comment, maintenant que la méthode est choisie, est-il possible d'y apporter un peu de créativité ? Les sessions de priorisations sont en général un peu rébarbatives, mais rien ne vous empêche d'y apporter un peu de fantaisie pour augmenter le taux de participation.

Vous utilisez la méthode des votes cumulatifs ? Vous pouvez apporter des gommettes, des faux billets, des bonbons... pour remplacer la monnaie.

Vous utilisez les analyses hiérarchiques des processus ? Pourquoi ne pas utiliser des *post-it* ou des aimants ?

Certains outils peuvent aussi faciliter la priorisation. Il existe des outils (Jira, EFFISENS, la matrice d'Eisenhower), mais Excel peut aussi faire l'affaire.

6.11 Les parties prenantes impliquées

Plus il y a de parties prenantes, et plus elles sont variées, plus le processus de priorisation sera compliqué. Il faut ici représenter tous les points de vue, les besoins et les contraintes. Une priorisation mal menée générera des laissés pour compte et fera baisser la motivation des équipes qu'elles soient fonctionnelles, mais aussi techniques.

Au minimum trois points de vue doivent être pris en considération.

Le besoin fonctionnel : il émane généralement de vos parties prenantes métier. Il exprime "pourquoi" la solution est créée. Sans le besoin fonctionnel, vous risquez de construire une solution qui ne sera pas utilisée.

Le besoin technique : il provient de vos équipes et parties prenantes techniques. Ce sont souvent les contraintes liées aux développements. Cela peut être des contraintes en termes de bonnes pratiques, de méthodologies... mais aussi les contraintes technologiques liées aux outils en place.

Le besoin financier : il provient en général du chef de produit ou du chef de projet. Aucune réalisation, si fabuleuse soit elle, ne pourra être envisagée si elle n'est pas fondée sur un budget.

Chaque aspect est critique pour le projet, il est important de tous les entendre, car chaque partie prenante arrive sur le projet avec un point de vue méconnu ou négligé des autres.

Les négociations de priorisation permettent également d'éviter les situations bancales ou à contrario la mainmise de l'une des parties prenantes sur le scope.

Si toutes les parties prenantes n'ont pas la même importance, vous pouvez adapter la méthode de priorisation choisie en affectant un coefficient aux parties prenantes. Il faudra alors veiller à ne pas démotiver les plus « petits ».

6.12 Le bon niveau d'abstraction

Complexifions un peu notre propos.

Dans la réalité, tous les besoins ne sont pas exprimés avec la même granularité. Il est alors difficile d'utiliser une technique de priorisation.

L'une des façons les plus facile d'éviter cet écueil sera de regrouper les exigences (si elles sont liées, dépendantes...) dans une exigence abstraite pouvant être comparée aux autres. Prenez garde à abstraire les exigences pour qu'elles soient comparables, et non pour qu'elles aient la même importance.

6.13 La repriorisation : un processus itératif

La priorisation est un processus itératif. Il peut arriver que les priorités des parties prenantes fonctionnelles changent. Alors le scope, les designs des solutions et leurs implémentations devront s'adapter. Cela fait partie du processus normal.

Si la priorisation initiale et le modèle de continuité ont été réalisés avec assez de soins, la repriorisation ne prendra pas trop de temps. Le changement ne se fera que sur les éléments en aval et sur les éléments impactés par ce changement.

6.14 Le cas des besoins non fonctionnels

Le cas des besoins non fonctionnels dans le cadre de l'étape de priorisation. On peut les regrouper en trois ensembles : les objectifs, les décisions et les contraintes de design.

Les décisions de design sont les descriptions qualitatives du système. Elles peuvent être transformées en contraintes de design si on leur ajoute un objectif quantitatif.

Comment les prioriser : les besoins non fonctionnels servent souvent d'éléments discriminants si deux solutions d'implémentation répondent aux besoins fonctionnels de façon équivalente.

7. Traçabilité et dépendances

La gestion de la traçabilité et des dépendances est importante pour plusieurs raisons.

Lors d'un changement dans les exigences du projet, une mauvaise gestion des dépendances entraînera une diminution de la qualité de la solution, causera des révisions, augmentera le coût du projet et ses délais de livraison. Cela augmentera aussi la méconnaissance du système dans son intégralité et mettra en péril son intégrité. Nous appellerons cette partie la traçabilité du besoin.

Dans la gestion du scope, il est important de ne pas exclure des exigences qui ont des dépendances incluses dans le scope. Par exemple, il ne faudra pas exclure l'alimentation de l'entrepôt de données et inclure la visualisation de ces mêmes données. Nous appellerons cette partie les dépendances du besoin.

C'est souvent après une mauvaise gestion des dépendances qu'on entend : "ce système est une usine à gaz".

7.1 Les traçabilités

Il existe deux types de traçabilités.

Le besoin peut être lié à son origine. On tracera alors la source qui a émis l'exigence et l'exigence elle-même. Cela peut être une partie prenante, une règle de gestion, une documentation ou une autre exigence (c'est notamment le cas du raffinage d'exigences de haut niveau). La prétraçabilité se focalise sur le lien entre le besoin et le domaine.

Le besoin peut également être lié à une post-traçabilité. Celle-ci aidera à mesurer l'impact et servira de base pour les tests. La post traçabilité se focalise sur le lien entre le besoin et la solution.

La traçabilité peut aussi être verticale. C'est notamment le cas lorsque deux exigences ne sont pas de même granularité.

Finalement, elle peut être horizontale si les besoins sont de même granularité, mais que les deux doivent être développés en même temps.

7.2 Les dépendances

Les interdépendances peuvent être de plusieurs types. Elles peuvent être structurelles, contraindre ou modifier le coût ou la valeur de l'exigence.

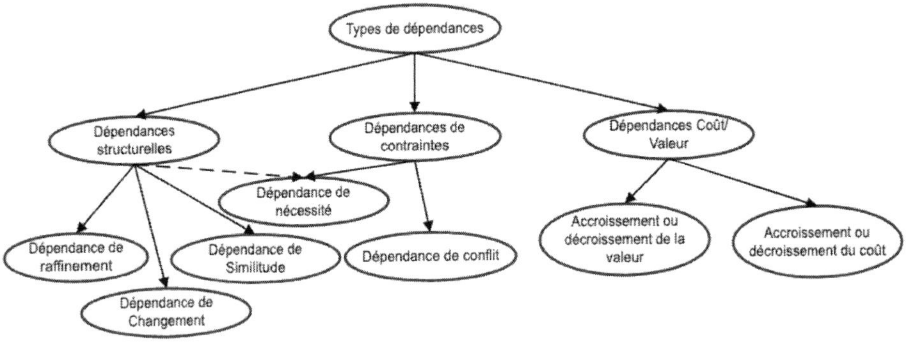

Modèle des dépendances

7.3 Les dépendances structurelles

Les dépendances structurelles sont des dépendances entre les exigences qui peuvent exister pour plusieurs raisons : des granularités différentes, des changements de besoins, des similarités ou des dépendances fonctionnelles.

"...est raffinée en..." : cette dépendance est utilisée pour montrer une hiérarchie entre deux exigences. L'une peut être une explication, une clarification ou une sous-exigence de l'autre. Du point de vue de la seconde exigence, cela indique son origine et justifie sa raison d'être. Par exemple : "la solution comprendra un rapport des ventes" est raffinée en "la solution comprendra un rapport des ventes mensuelles par régions".

"...est changé en..." : cette dépendance est utilisée pour montrer l'historique d'un besoin. Elle est utilisée pour gérer la complexité et minimiser la charge de travail dans le cadre d'un changement de scope. Cette dépendance permet de rendre le changement plus compréhensible. On attachera notamment de l'importance à expliquer les raisons du changement. Un modèle de continuité à jour permettra d'en évaluer les impacts. Par exemple : "la fréquence du rafraîchissement sera hebdomadaire" est changée en "la fréquence du rafraîchissement sera quotidienne".

"...similaire à..." : cette dépendance permet de montrer les recoupements parmi les exigences. Il arrive que celles-ci ne puissent pas être formulées de façon à être complètement indépendantes. Par exemple : "les rapports seront consultables en mode déconnecté" est semblable à "les rapports devront être consultables par les vendeurs durant les rendez-vous clients".

7.4 Les dépendances de contraintes

"...nécessite que.." : cette dépendance montre une relation de précédence entre deux exigences. Si la seconde est délivrée la première doit l'être aussi. On peut aussi dire que la seconde exigence a une précondition (la première). Lorsqu'une relation temporelle est établie, il faudra veiller à respecter l'ordre d'implémentation. Cette dépendance peut être vue comme une contrainte, mais elle peut aussi être identifiée comme une dépendance structurelle. Par exemple : "la solution comporte une gestion des commandes" nécessite que "la solution comporte une plateforme et une base de données".

"...est en conflit avec..." : les deux exigences sont en conflit lorsqu'elles ne sont pas implémentables simultanément ou si la satisfaction de la première décroît la satisfaction de la seconde. Par exemple : "le système devra répondre rapidement, en moins de 1 seconde, à la sélection de l'utilisateur" est en conflit avec "le système permettra l'exploitation des données au niveau le plus granulaire sur les 10 dernières années".

7.5 Les dépendances de coût et de valeur

"...augmenter/diminuer le coût de..." : la première dépendance à une influence sur le coût de la seconde. Par exemple : "la sécurité sera renforcée" augmente le coût de "l'interface utilisateur sera accessible depuis un téléphone mobile".

"... augmenter/diminuer la valeur..." : certaines exigences peuvent affecter la valeur perçue d'une autre exigence du point de vue de l'utilisateur. Elle pourrait aussi être nommée "...augmenter/diminuer la valeur perçue de...". Par exemple : "l'utilisateur pourra exporter les rapports en PDF", augmentera la valeur de "la solution, comprendra un rapport de ventes mensuel".

8. Évaluation de l'impact

Il existe de nombreuses méthodes pour évaluer l'impact. Plus ou moins précises en fonction de l'information nécessaire et de la technique utilisée. L'enjeu est ici que cette analyse ne soit pas trop coûteuse et que l'implémentation soit estimée de façon acceptable.

8.1 Le biais humain

Une étude menée par Lindvall M, Sandahld K. (*Journal of Systems and Software*) analyse comment les développeurs expérimentés prédisent l'effort nécessaire pour un changement. En moyenne les développeurs sous-estiment les efforts par un facteur de 3 ; c'est-à-dire que le changement va en réalité coûter trois fois plus cher que ce qui a été estimé initialement.

Avant de détailler l'analyse d'impact, il est à noter qu'il existe un biais humain. Les développeurs, voulant être bien vus (voire paraître compétents) par les parties prenantes fonctionnelles et le management, ont tendance à minimiser l'estimation. Plusieurs approches existent pour minimiser ce biais. Il est possible de prendre des décisions en groupe, chacun évalue et on prend la moyenne du groupe (ou la moyenne de l'estimation la plus conservatrice et la plus optimiste). Les différences d'estimations peuvent aussi servir à débattre des changements.

L'estimation conservatrice peut être due à un manque de connaissance du sujet (estimation pour prendre en compte le risque), les discussions aideront le développeur à obtenir plus d'informations sur ce qu'il est nécessaire de faire. A contrario, une estimation très conservatrice peut être due à une connaissance approfondie du sujet et de sa complexité (estimation de l'EIS, cf. Un peu de vocabulaire...).

Une estimation optimiste peut également révélér une méconnaissance de la complexité du changement et de la solution existante. Dans l'hypothèse inverse, le développeur peut avoir un script réutilisable, une fonction, une source de données, un jeu de données pour faire les tests... qui pourront servir et dont lui seul a connaissance.

L'analyse d'impact, si elle est collaborative, est souvent beaucoup plus précise. C'est aussi une opportunité d'activité ludique, améliorant la qualité du processus sur le long terme. Chacun fait une estimation, on réalise le changement. On compare les estimations à l'effort réel et l'estimation la plus proche gagne un café ! C'est la garantie que les estimations vont s'améliorer avec le temps.

L'analyse d'impact est un outil permettant de gérer les changements tout en minimisant la détérioration de la qualité, en identifiant les coûts associés, les conséquences potentielles, les effets de bords. Elle permettra aussi de faire une estimation de l'effort nécessaire et une analyse coûts/bénéfices.

8.2 Un peu de vocabulaire...

Les SLO (*Software Life Cycle Objects*) sont les objets générés durant un projet. Ils sont connectés par un ensemble de relations (cf. Traçabilité et dépendances).

Le SIS (*Starting Impact Set*) est le ou les SLO directement impactés par le changement.

L'EIS (*Estimated Impact Set*) est l'ensemble des SLO impactés directement ou indirectement par le changement.

L'AIS (*Actual Impact Set*) est l'ensemble des SLO réellement impactés par le changement.

8.3 Les raisons du changement

Il y a plusieurs raisons au changement.

L'environnement peut changer, le contexte fonctionnel mais également le contexte technique (*data mining*, intelligence artificielle, montée de version d'un logiciel).

Parfois le système décisionnel a vocation à trouver les problèmes du processus opérationnel. Le système décisionnel aura donc besoin de changements pour s'ajuster au nouveau processus opérationnel. Cela se fera dès que les premières données seront rendues disponibles à l'utilisateur.

Enfin, certaines parties prenantes changent leurs exigences, car elles comprennent mieux leur propre besoin ou parce qu'une personne change. Ce type de changement n'est pas toujours négatif. Admettons que tout se passe bien dans votre projet, les utilisateurs sont satisfaits de l'avancement et reçoivent les premiers rapports. Ils ont confiance dans les données et les informations soulèvent plein de nouvelles questions. Il arrive que le scope change parce que les premières versions ont mis vos utilisateurs en appétit.

Le changement n'est donc pas mauvais en soi, il le devient s'il est mal géré.

8.4 Proposition de *framework*

Le *framework* communément admis pour la gestion du changement se compose de cinq étapes.

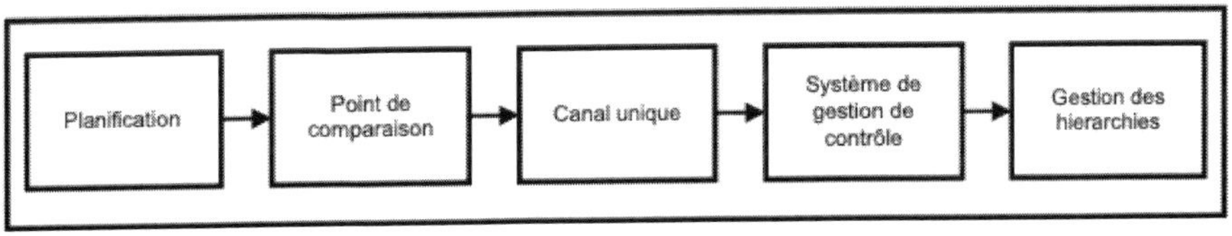

Framework de gestion du changement

La planification : elle permet de prendre conscience du changement et d'initier le processus.

L'établissement d'un point de comparaison : on créera une copie de l'ancien besoin pour pouvoir le comparer au nouveau.

Passage par un canal unique : il faut ici s'assurer que les changements sont correctement capturés et traités.

Le système de contrôle du changement : le coût, la fonctionnalité, l'impact pour les utilisateurs, les risques (notamment celui d'introduire des bugs) seront évalués. Cela peut être pris en charge par un Comité de gestion du changement.

Gestion hiérarchique du besoin : lorsque le changement est validé, il faudra alors l'introduire en commençant par l'exigence jusqu'au au script en suivant le modèle de continuité. (cf. Spécification - La gestion de la continuité).

L'étape "système de contrôle du changement" est plus ou moins détaillée suivant les sources dans la littérature. L'approche de Kotonya et Sommerville est cependant communément acceptée. Elle se déroule en trois grandes étapes :

– L'analyse du problème et la spécification du changement. Le but est alors de trouver la cause du changement et de le spécifier comme n'importe quelle autre exigence (cf. Un peu de théorie... - Spécification).
– L'Analyse du coût et du changement. Cette étape se subdivise en plusieurs. Vérifier la validité du changement et son intérêt. Déterminer les exigences directement affectées (c'est le SIS). Déterminer les exigences dépendantes du SIS (c'est l'EIS). Proposer une implémentation du changement. Déterminer le coût et le risque du changement. Evaluer son acceptabilité.
– L'implémentation du changement.

Voici une vue du *framework* complet en incluant le process de Kotonya et Sommerville.

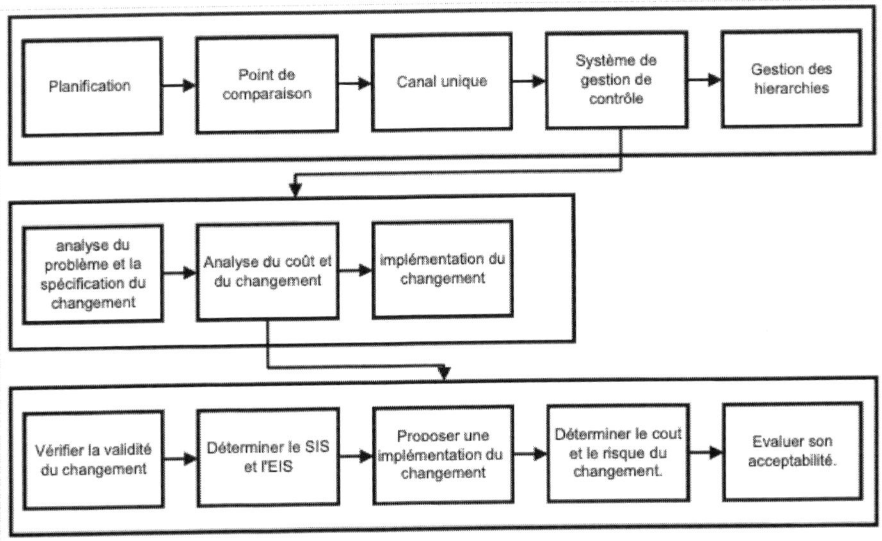

Framework de gestion du changement en détails

Deux techniques sont possibles quand il s'agit de gestion du changement : les approches complètement manuelles et l'approche, plus théorique, complètement automatique... et de nombreuses autres se situant entre les deux.

8.5 Les approches manuelles

L'approche la plus simple est une approche manuelle. Il faut alors lire la documentation, réaliser des interviews. C'est la technique la plus simple et la moins coûteuse, mais le résultat est assez grossier. Comme il peut être difficile de dire non pour ne pas paraître alarmiste, incompétent ou les deux, les développeurs ont tendance à sous-estimer l'impact.

Il existe trois approches manuelles principales : l'analyse de documentation, l'analyse de code et les interviews.

L'analyse de documentation devrait dans l'idéal permettre de déterminer l'impact d'un changement. Dans la réalité, la qualité et la pertinence de la documentation dépendent de la fréquence des mises à jour, de sa disponibilité, de l'objectif de la rédaction. La quantité d'informations, sa cohérence et sa clarté sont également des éléments déterminants. La précision de l'analyse d'impact dépend aussi beaucoup des connaissances et des compétences des personnes réalisant l'analyse d'impact.

Alors que seulement 50 % des développeurs vont chercher à comprendre la documentation pour réaliser une analyse d'impact, la plupart d'entre eux vont utiliser les deux approches suivantes :

- L'**analyse de code**. Par rapport à la documentation, le code est toujours plus détaillé et toujours à jour. C'est une technique très efficace, mais qui reste risquée.
- Les **interviews**. Il s'agit d'interviewer les autres développeurs, notamment les plus expérimentés ou l'auteur du script. C'est souvent la méthode la plus rapide pour faire une analyse d'impact. Encore faut-il que le développeur soit disponible au moment du changement.

8.6 L'approche automatique

Si votre modèle de continuité et vos dépendances sont bien définis, il est possible d'automatiser l'estimation du SIS et de l'EIS. L'approche automatique est bien plus précise, mais elle nécessite un travail de définition des dépendances beaucoup plus important en amont. En pratique, elle est peu réalisable. Il s'agit alors de pousser à l'extrême la démarche semi-automatique développée dans le reste de ce chapitre jusqu'à pouvoir l'automatiser.

Une approche à mi-chemin entre réalisme et performance paraît alors s'imposer. Une matrice de traçabilité des dépendances permettra un travail plus détaillé que l'approche complètement manuelle et nécessitera un effort en amont moins coûteux. Elle est, dans bien des cas, un bon compromis.

8.7 Le coût de l'analyse d'impact

Le coût dépend de la marge d'erreur acceptable entre une estimation optimiste et une estimation conservatrice. En d'autres termes, le coût dépend du risque acceptable sur le projet.

L'estimation optimiste est en général l'estimation du SIS (les objets qui devront être modifiés).

L'estimation conservatrice comprendra l'EIS (cela comprend également les objets qui seront impactés indirectement).

8.8 Minimiser le coût de l'analyse

Il est à noter que la minimisation du coût de l'impact augmentera le risque porté sur les développements, les bugs, la qualité de données...

La première technique consiste à construire une matrice de traçabilité des dépendances aussi appelée matrice d'impact.

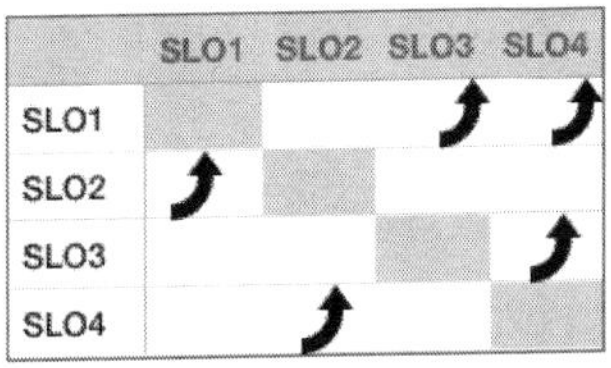

Matrice de traçabilités et dépendances

C'est un tableau croisé dynamique montrant quel objet du SLO impacte quel autre objet. Il est à noter que cette matrice peut être créée par une analyse (manuelle ou automatique) des scripts.

En ligne vous placerez la source et en colonne la cible ou, si vous préférez, en ligne vous placerez la SIS et en colonne l'EIS.

Les experts pourront ainsi avoir une liste exhaustive et très conservatrice des impacts potentiels pour les valider ou les infirmer. Partant de cette base, ils minimiseront les oublis. Cette étape est très importante, elle permettra d'avoir une estimation au plus juste. L'utilisation de la matrice sans le jugement des experts vous donnera une estimation bien trop conservatrice et vous risquez d'obtenir toute la solution dans votre EIS (spécialement si vous prenez en considération les risques d'ondulations).

Le SIS et l'EIS on connaît... mais que dire de l'AIS.

Pour rappel l'AIS est l'ensemble des objets réellement impactés par le changement. Dans une démarche d'amélioration continue, on pourra comparer l'EIS et l'AIS mais aussi valider la matrice de traçabilité des dépendances pour améliorer les estimations lors de changements ultérieurs. Cela permettra de diminuer grandement les coûts de l'analyse d'impact.

8.9 Le risque des ondulations

Les ondulations sont les objets de l'EIS excluant le SIS, qui seront dans l'AIS et provoqueront des impacts indirects... mmm... ce n'est pas très clair.

Si l'on considère l'impact direct (niveau 1) et l'impact indirect (niveau 2), les ondulations sont les niveaux supérieurs à deux.

Lorsqu'un objet est impacté indirectement, il se peut que cet objet en impacte d'autres de nouveau. C'est notamment le cas de réactions en chaîne lors des chargements de données (même si les développeurs peuvent réduire les effets dans les scripts). Il se peut que la table que vous modifiez serve de source à une première table, puis une seconde...

Pour minimiser le risque des ondulations, il faut prendre les cibles impactées par le changement que vous aurez trouvé, grâce à la matrice, et les positionner comme sources.

8.10 Quantifier l'impact

Jusqu'à présent, on s'est contenté de déterminer les objets du SLO qui seront impactés par le changement. On a maintenant une liste d'éléments à modifier et/ou à tester. Pour pouvoir communiquer le coût de l'impact il faut maintenant quantifier l'effort.

Il existe plusieurs angles pour quantifier un effort à fournir. Il est possible de mesurer les aspects suivants : le nombre d'objets à modifier (tables, rapports, champs...), leur complexité, leur diversité, le nombre de lignes de code...

Risque lié aux impacts indirects = nombre d'objets dans le SIS/ nombre d'objets dans l'EIS

Idéalement le ratio vaudra un. Ce changement n'aura aucun impact indirect, le risque est donc facilement maîtrisable. À l'inverse, plus le ratio s'approche de zéro plus le changement entraînera des conséquences pour divers SLO.

Magnitude du changement = nombre d'objets dans l'EIS/nombre d'objets dans le système

Idéalement, le ratio sera proche de zéro. Le changement aura alors peu d'impact. Une méthode d'analyse d'impact défectueuse ou un système très enclin aux effets d'ondes vous donnera un ratio proche de 1. Peut-être utilisez-vous la matrice de traçabilité d'impact sans demander leur avis aux experts ?

Évaluation du processus d'estimation de l'impact = nombre d'objets dans l'EIS/nombre d'objets dans l'AIS

Idéalement le ratio sera égal à un. L'impact aura alors parfaitement été estimé. S'il est proche de zéro, l'analyse aura été bien trop optimiste. S'il est supérieur à un, l'analyse est trop conservatrice.

L'évaluation du processus d'estimation de l'impact a un défaut majeur. Le ratio ne permet pas de vérifier que le numérateur est un sous-ensemble du dénominateur. C'est-à-dire que ce sont bien les objets de l'estimation qui ont effectivement été modifiés. Pour cela on peut utiliser l'indicateur d'inclusion.

Indicateur d'inclusion : si tous les objets de l'AIS sont dans l'EIS = il vaut 1, sinon 0.

Idéalement l'indicateur d'inclusion est égal à 1. S'il est égal à 0, l'analyse était complète.

Une matrice pouvant faciliter l'analyse est celle du nombre d'objets dans l'EIS versus le nombre d'objets dans l'AIS.

		EIS	
		Changement	Sans Changement
AIS	Changement	%(1)	%(2)
	Sans Changement	%(3)	%(4)

Les pourcentages 1 et 4 sont des bonnes prédictions d'impacts.

Le pourcentage 2 est un impact non identifié. Il sera donc considéré comme un risque et/ou un surcoût.

Le pourcentage 3 est dû à une analyse trop conservatrice.

On tentera donc de maximiser le 1 et le 4, mais également de minimiser le 2 et le 3.

Toutes ces métriques permettent d'estimer l'effort en unités de travail (effort), Il est aussi possible de les convertir en devises pour justifier les budgets alloués au changement.

8.11 Minimiser le coût de l'impact

En sortant un peu du cadre de l'analyse d'impact et du recueil des besoins, les techniques dites de *slicing* (tranchage en français) permettront de réduire considérablement le coût d'un changement. C'est l'ensemble des techniques qui permettent de compartimenter les développements afin de réduire la propagation du changement. Cette maintenabilité du système peut être assurée par la découpe de l'architecture, des scripts, des données en composants pour minimiser les risques d'ondulations. Habituellement on sépare l'entrepôt et le magasin de données, on créera des fonctions dans les scripts, les chargements seront développés en plusieurs couches (*staging*, présentation), on créera des glossaires de vocabulaire pour éviter d'avoir à modifier 15 KPI (*Key Performance Indicator*) quand 1 seul suffirait.

8.12 Conclusion

L'analyse d'impact lors de changement de scope est de plus en plus importante. En effet dans une gestion de projet en cascade, les changements étaient censés être peu importants, mais les temps changent. Les projets décisionnels sont de plus en plus gérés de manière itérative, cela inclus nombre de changements de scope, d'exigences. Les gestions du changement et du scope deviennent alors critiques.

9. Négociations (définition du scope)

La phase de négociation des besoins est toujours une phase critique, mais encore plus dans un projet décisionnel. L'étape de négociation est en général une phase de discussions. Elle sera facilitée par l'utilisation des techniques de gestion de conflits traditionnelles, mais c'est également un domaine qui touche de nombreux sujets : les sciences sociales, la théorie du jeu, celle du management, la théorie de la prise de décision, la psychologie... Ce chapitre ne couvrira que superficiellement ce domaine. En effet, il existe une littérature exhaustive concernant les techniques de négociation, mais cela est hors du champ de ce livre.

C'est un processus en trois étapes : la prénégociation, la négociation et la postnégociation.

9.1 Les bénéfices

De nombreux bénéfices sont attendus de cette étape. On cherchera à comprendre les contraintes du projet tant en termes de budget que de délais, on adaptera le scope à ces contraintes, on améliorera la connaissance de l'équipe, on gérera la complexité et le risque.

Comprendre les contraintes du projet. Lors des discussions entre les parties prenantes, celles-ci prendront le temps d'échanger sur leurs contraintes respectives lorsqu'elles argumenteront leur point de vue. Cela peut être à propos des contraintes techniques, budgétaires ou fonctionnelles (le marché, les cas d'utilisations...).

Cette étape aidera donc à trouver le meilleur compromis entre toutes les contraintes.

Gérer le changement. Durant les négociations, les changements de scope ou de solutions techniques pourront être débattus. Il sera alors plus facile pour les parties prenantes d'en comprendre les raisons.

Une étape d'apprentissage. Cette étape permettra également à l'équipe du projet d'apprendre. Ses membres pourront monter en compétences sur les besoins fonctionnels, mais aussi sur les solutions techniques. Les juniors pourront demander des explications aux plus experts. C'est une étape très importante pour le transfert et le partage de compétences.

Faire émerger une connaissance tacite. Il arrive que des personnes n'explicitent pas certains points qu'elles considèrent comme évidents (de leur point de vue). La phase de négociation leur permettra également de faire émerger cette connaissance tacite.

Gérer la complexité. Cette étape permettra également aux parties prenantes de se retrouver autour des points les plus complexes pour en débattre et parfois les simplifier.

Gérer l'incertitude. L'étape de négociation permettra aux utilisateurs de comprendre ce qui est faisable ou non. Elle mettra en exergue les points qui auront besoin d'attention et rassurera les parties prenantes quant à la faisabilité du projet.

Améliorer la solution. Il arrive que durant les phases de discussion, une meilleure solution émerge. La solution sera la plupart du temps plus le résultat d'un compromis que la solution initialement envisagée.

9.2 La prénégociation

La prénégociation permet de définir le problème à résoudre, d'établir la liste des parties prenantes nécessaires, d'identifier et d'analyser les objectifs de chacun.

La définition du problème permettra d'encadrer les débats. En début de projet, ceux-ci seront relativement de hauts niveaux puis, plus le projet avancera, plus les débats porteront sur des points précis.

L'identification des parties prenantes devant négocier est primordiale. Une mauvaise identification ne permettra pas aux décisions d'être pérennes. Il sera souvent plus facile d'obtenir un accord si l'une des parties prenantes manque au tour de table. En revanche, dès que celle-ci exprimera son opposition à la décision, la négociation sera caduque. Le but de l'identification des parties prenantes est donc d'éviter la volatilité des décisions prises.

Il est important d'éliciter les objectifs de chaque partie prenante. Ainsi, on pourra identifier les points d'achoppement et les intérêts contradictoires. Les objectifs sont ceux que doit atteindre le système une fois construit. Leur analyse peut prendre du temps, en effet, suivant les parties prenantes impliquées, les objectifs définis n'auront pas le même niveau de granularité. Il faudra alors les analyser et les reformuler afin de pouvoir les comparer. Pour cela, le chapitre Méthodes de modélisation pourra vous donner plus d'informations.

9.3 La négociation

La phase de négociation à proprement parler est une phase de discussion. Elle permet de structurer des idées, de développer des alternatives aux solutions trouvées. Ces alternatives seront en général le fruit d'un compromis qui permettra à toutes les parties prenantes d'y trouver leur intérêt.

Il est important d'annoncer aux parties prenantes le sujet de la négociation en amont. Ainsi chacun pourra élaborer une stratégie appropriée.

Il existe deux dimensions principales à la négociation de besoins : la stratégie de résolution du conflit et la situation de collaboration.

Issu du domaine de la psychologie communautaire les principes proposés par Thomas-Kilmann montrent qu'il existe cinq types de gestion de conflits :

- **Rivaliser** : l'une des parties prenantes sera déterminée et gagnera la confrontation (sur le court terme au moins) aux dépens des autres. Il ne s'agit pas d'une relation égalitaire, mais d'un rapport de force non équitable.
- **Collaborer** : c'est la situation nommée "gagnant-gagnant". Chaque partie prenante va collaborer afin de trouver une solution qui satisfera tout le monde.
- **Chercher un compromis** : ici il n'est pas possible de trouver une solution satisfaisante pour toutes les parties prenantes. On cherchera alors à trouver un arbitrage ou chacun aura quelques exigences remplies et d'autres non incluses.
- **Éviter** : les parties prenantes ici ne coopèrent plus. Cela peut se manifester par de l'absentéisme, du déni...
- **Céder** : une des parties prenantes (au moins) va sacrifier ses besoins au bénéfice des autres.

Les objectifs principaux du facilitateur d'une négociation seront de :

- séparer les personnes du conflit. Il faut ici éviter absolument les attaques personnelles. Chaque partie prenante défend une opinion dans le cadre du rôle qui lui est assigné ;
- se focaliser sur les points de convergences plutôt que sur les différences ;
- générer de nombreuses alternatives avant de décider de la solution à retenir ;
- tenter de trouver de bonnes pratiques et des standards facilitant la conversation.

La situation de vos parties prenantes peut faciliter plus ou moins la collaboration. Une matrice à deux dimensions peut résumer la situation collaborative.

	Parties prenantes localisées au même endroit	**Parties prenantes localisées dans différents endroits**
Communication synchrone	Même endroit/même moment	Différents endroits/même moment
Communication asynchrone	Même endroit/moments différents	Différents endroits/moments différents

Même endroit/même moment : c'est la configuration la plus facile. C'est notamment le cas dans les méthodologies agiles, dans l'Extreme Programming, sur site avec le client. Il est ici facile de négocier et d'avoir des solutions "gagnant-gagnant", car ces configurations facilitent la coopération. Il faut toutefois prendre garde à obtenir une collaboration de qualité.

Même endroit/différents moments : Cette configuration peut être intéressante si les parties prenantes ont besoin de temps pour mûrir leur position. C'est notamment le cas pour les études de faisabilité.

Différents endroits/même moment : Ce sera le souvent le cas avec des équipes *offshore*, des utilisateurs qui sont en déplacement... Être à différents endroits diminue les opportunités de visualisation (*post-it*, *schéma*...), mais les outils collaboratifs tels que les conversations audios, les visio-conférences, permettent de pallier ce problème.

Différents endroits/différents moments : cette configuration est la plus complexe pour la négociation. Il existe cependant des outils et des logiciels permettant d'arriver à un résultat. Cette situation augmente substantiellement les délais de résolution des conflits.

9.4 La post-négociation

La post-négociation est également importante. Il s'agit de laisser aux parties-prenantes le temps de réfléchir au compromis, de trouver et d'envisager les impacts de leur point de vue. Les parties prenantes techniques pourront notamment aller consulter des experts pour valider la faisabilité. On vérifiera également la qualité des décisions prises. Ainsi vos parties prenantes auront le temps de la réflexion et il sera plus difficile pour elles de revenir sur le sujet ultérieurement.

10. Assurance qualité

Traditionnellement, on ne parle de l'assurance qualité que dans la phase d'implémentation du projet. Nous ne considérerons pas ici l'assurance qualité des développements (scripts, installations des plateformes...), autrement dit "les tests", mais l'assurance qualité des besoins. Il est très rare de faire de l'assurance qualité sur les exigences, mais finalement c'est un peu comme faire une mise en production d'un code qui n'aurait même pas été compilé.

Des études montrent qu'une correction de bug durant la phase d'implémentation est cent fois plus coûteuse que le même bug corrigé durant la phase d'élicitation des besoins. Les déficiences dans le recueil des besoins sont la principale source d'échec des projets : 40 % des problèmes des développements de logiciels sont imputables à une mauvaise ou insuffisante qualité du recueil des besoins.

Les problèmes d'élicitation des besoins peuvent avoir des impacts très divers qui peuvent être des problèmes d'architecture, de design, de code de test ou de même de maintenance (cf. Importance du recueil des besoins - Du côté de la recherche de l'ingénierie des besoins).

10.1 La qualité d'une exigence

Lorsque nous parlons du niveau de qualité d'une exigence, il s'agit d'obtenir un résultat (documentation, explication...) qui soit assez précis pour ne pas faire d'erreur d'implémentation d'une part, mais d'autre part, ne produit pas une sur-qualité qui n'apportera rien dans la phase d'implémentation.

Le but est donc de définir les besoins afin que leur niveau de qualité soit acceptable. C'est le NQA (Niveau de Qualité Acceptable).

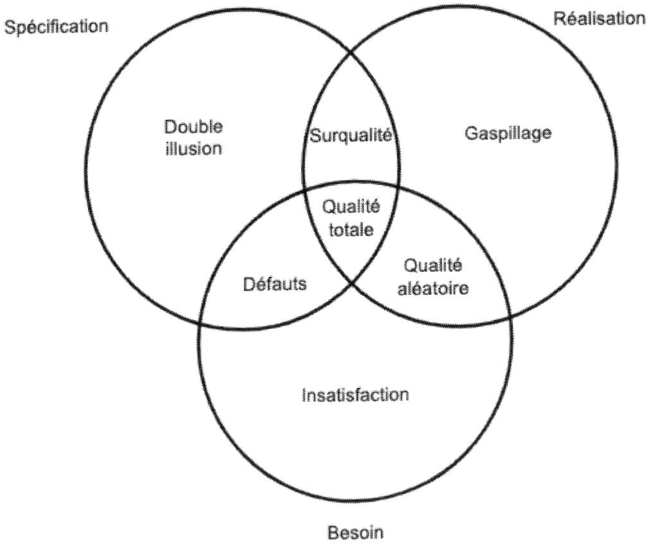

Schéma qualité

Quelles sont les propriétés que doit avoir une exigence pour être considérée comme de qualité ? Selon le standard IEEE pour le recueil des besoins, elle doit être exacte, non-ambiguë, complète, cohérente, d'importance et de volatilité connue, vérifiable, modifiable, traçable. Certains chercheurs ajoutent qu'elle doit aussi être compréhensible, faisable et de la bonne granularité.

Exacte (standard IEEE)

L'exigence doit décrire le comportement attendu de la solution.

Non-ambiguë (standard IEEE)

L'exigence ne doit pas avoir plusieurs interprétations possibles. Il est important de comprendre qu'une exigence peut être univoque pour chacune des parties prenantes, mais que chacune d'entre elle peut lui donner un sens différent. Individuellement, l'exigence sera univoque, mais elle sera plurivoque pour le projet. Pour cela, plusieurs méthodes peuvent être utilisées, l'analyse syntaxique et grammaticale sera d'un grand secours. (cf. Activités de recueil des besoins - Analyse syntaxique et grammaticale).

Complète (standard IEEE)

L'exigence doit être complète. Il ne doit manquer aucune précision et elle doit comprendre la description fonctionnelle, non-fonctionnelle, les aspects techniques, le comportement attendu, les limites, les interfaces avec les autres systèmes, les plages de maintenance des plateformes, les SLA (*Service Level Agreement*), les procédures en cas de bugs, d'incidents de production, la définition des termes métiers et techniques, la définition des métriques et des dimensions...

Cohérente (standard IEEE)

Chaque exigence doit être cohérente avec les autres exigences. Elle devra aussi l'être avec les contraintes du projet : standards, bonnes pratiques, contraintes techniques et matérielles, sécurité et budget.

Importance et de volatilité connue (standard IEEE)

Chaque exigence doit avoir une priorité, une criticité afin de pouvoir organiser les développements (cf. Priorisation). Il est aussi intéressant de connaître la volatilité de chaque exigence. Est-ce que cette exigence est susceptible de changer ou non ? Cela permettra d'organiser au mieux les développements et l'architecture afin de gérer le changement sans trop de peine (cf. Évaluation de l'impact - Minimiser le coût de l'impact).

Vérifiable (standard IEEE)

Chaque exigence doit être vérifiable. On doit être en mesure de statuer si la solution répond au besoin ou non.

Modifiable (standard IEEE)

Chaque exigence doit être modifiable. La structure des besoins doit permettre le changement d'une façon simple et gérable. Il est important de s'assurer que le changement n'entraînera pas la création d'une "usine à gaz".

Traçable (standard IEEE)

Chaque exigence doit avoir une raison d'être et doit être identifiable. Il s'agit ici d'être sûr que l'on parle de la même exigence, mais également qu'elle possède un contexte pour la justifier.

Compréhensible

Les exigences doivent être formulées d'une façon à être intelligibles par toutes les parties prenantes du projet.

Faisable

Les exigences doivent être implémentables dans le contexte (budget, temps, qualification des équipes, mais aussi contraintes techniques). De plus, chaque exigence doit contribuer au succès de la solution. Il est alors intéressant d'utiliser une approche par objectif/par buts (cf. Méthodes de modélisation, ou cf. Activités de recueil des besoins - Approche par objectifs)

Granularité

L'information fournie présente le bon niveau de granularité pour permettre une implémentation. Si l'exigence est de trop haut niveau, elle sera vague et ambiguë. Si elle est trop détaillée, les parties prenantes techniques prendront le risque de se perdre dans les détails et le recueil des besoins sera plus coûteux que nécessaire.

Dans la pratique quotidienne, il est compliqué d'obtenir des besoins parfaits. Il est cependant intéressant de prendre un peu de recul pour se demander si l'on pourrait améliorer ce qui vient d'être élicité. En général, passer en revue les exigences à la lumière de ces attributs permet d'améliorer grandement la qualité de l'élicitation des besoins. Nous verrons plus loin quelques techniques et activités permettant d'effectuer un contrôle qualité efficace.

10.2 Stratégies pour l'assurance qualité

La définition d'une exigence de bonne qualité peut être très différente suivant le contexte. Cinq critères ont été établis pour définir une stratégie d'assurance qualité : des exigences correctement définies, des ressources disponibles, des risques identifiés, un planning réaliste, une organisation offrant un soutien. Les bases d'une stratégie d'assurance qualité définie au niveau organisationnel, une définition du scope à couvrir par l'assurance qualité et une approche d'assurance qualité définies sont autant d'éléments facilitants.

La stratégie d'assurance qualité est la définition de quand, comment et dans quelle mesure une approche d'assurance qualité sera utilisée plutôt qu'une autre.

Comment alors établir qu'une approche doit être utilisée plutôt qu'une autre ?

Les ressources disponibles

Que ce soit en termes d'efforts, de matériels, de budget ou compétences nécessaires, les ressources sont le facteur principal qui définira quelle assurance qualité choisir.

La qualité des besoins attendue

Selon le type d'organisation et le type de projet, la qualité attendue sera différente. Les projets légaux devront par exemple avoir des besoins beaucoup plus précis qu'un projet visant à établir un prévisionnel avec 10 % de marge.

Le risque

L'erreur d'implémentation de certains besoins peut être plus risquée que pour d'autres. L'assurance qualité s'adaptera alors au risque lié à une mauvaise compréhension et implémentation. La description d'un besoin pour décrire l'implémentation d'une plateforme sera plus précise que celle d'une charte graphique. Migrer ou changer une plateforme ou une base de données est en effet, généralement plus coûteux que le changement d'une charte graphique.

Le temps

Même si les ressources sont disponibles, ce sont souvent les mêmes personnes qui implémenteront la solution et donc l'assurance qualité. Il y a des arbitrages à faire entre revoir tous les besoins dans le détail et délivrer.

L'organisation

Le contexte du projet est notamment important pour l'assurance qualité. Cela dépendra de la criticité du projet pour l'organisation, de la démarche utilisée pour la gestion de projet. Notons que de nombreuses méthodes *agiles* forcent à faire tenir les besoins en une phrase et parfois même sur un post-it. Il est alors difficile de procéder à une analyse d'assurance qualité, car le besoin est la plupart du temps détaillé uniquement verbalement. Il faut alors se baser sur les techniques d'assurance qualité proactives (dites constructives). On favorisera alors une nouvelle itération de l'implémentation.

Les critères de couverture

Il est important de définir des critères de couverture pour chaque approche d'assurance qualité. Cela permettra de maximiser l'impact de l'effort fourni. Quand est-il important de simplement faire relire les exigences par un développeur ? Quand est-ce qu'une approche syntaxique et linguistique s'impose ?

La stratégie par défaut dans l'entreprise

Suivant le type d'organisation, les parties prenantes sont habituées à une manière de fonctionner par défaut, voire un process à suivre (notamment en gestion de projet). Est-ce que les parties prenantes doivent signer un cahier des charges pour attester de leur lecture ? Est-ce que cette lecture et sa validation sont nécessaires pour obtenir le financement des développements ? Est-ce que tout se traite à l'oral habituellement ?

Dans la littérature il existe deux sortes d'assurance qualité. Les méthodes constructives et les méthodes analytiques. On pourrait aussi appeler les premières "proactives" et le secondes "réactives".

10.3 Stratégies constructives

Les méthodes constructives (proactives, préventives) sont les méthodes utilisées durant le processus de recueil des besoins. Il s'agit ici de minimiser les erreurs lors de l'élicitation et de la spécification.

Les méthodes analytiques sont réactives. Il faut alors vérifier afin de réduire le nombre d'erreurs qui ont été commises. Ces méthodes veillent à ce que l'erreur ne se propage pas dans les couches suivantes du modèle de continuité (cf. Spécification - La gestion de la continuité)

Revenons brièvement sur les méthodes constructives. Vous trouverez plus de détails dans les sections Élicitation et Spécifications de ce chapitre.

L'élicitation est la phase d'expression des besoins. On vérifiera ici que les exigences sont intelligibles, complètes, exactes et vérifiables.

La spécification est l'étape où l'on cherche à exprimer les besoins de la phase d'élicitation en exigences implémentables. On veillera à ce qu'elles soient complètes, compréhensibles, modifiables et d'une granularité ni trop haute (au risque d'être trop vagues), ni trop basse (au risque d'être trop coûteuses à manipuler et de perdre les parties prenantes dans des détails inutiles).

Il peut arriver qu'une phase de prototype soit nécessaire. Elle permettra de tester la cohérence, l'exactitude et la faisabilité des exigences.

10.4 Stratégies réactives

Dites aussi "stratégies analytiques", l'objectif est ici de corriger les erreurs et les imprécisions afin de minimiser les bugs lors de l'implémentation. Il existe plusieurs types d'approches. Cela va de la simple lecture à l'assurance qualité automatisée en passant par l'inspection encadrée.

L'un des buts de ces stratégies va être de minimiser le nombre de couches du modèle de continuité impactées par l'erreur ou l'imprécision. En limitant le nombre de couches, on limitera l'ampleur des changements et les coûts associés.

Les stratégies analytiques permettront également aux parties prenantes de procéder au transfert de compétences. En effet, les développeurs auront l'opportunité de poser les questions qui leur semblent nécessaires et d'obtenir des clarifications.

L'inspection est l'une des méthodes les plus efficaces. Elle est aussi peu coûteuse.

Il existe en général quatre étapes principales d'analyse qualité : la planification, la détection, la collection et la correction. Ces étapes peuvent être très simplement implémentées. Elles peuvent également être complétées par des étapes supplémentaires. C'est notamment le cas si le besoin est complexe, présente de nombreuses dépendances ou si les corrections devant être opérées sont importantes. Ainsi on ajoutera une étape de validation des corrections.

La détection est la phase la plus importante de ce processus. Il existe donc plusieurs techniques pour réaliser une assurance qualité réactive.

Dans sa forme la plus simple, il s'agit du développeur relisant les spécifications et posant des questions.

Il est aussi possible de faire lire toutes les parties prenantes. Chacune arrivant avec son point de vue, le besoin sera réputé de qualité suffisante si aucune partie prenante n'a de difficulté avec celui-ci.

Les lectures peuvent être effectuées à partir d'une liste de questions. Cette check-list permettra de définir les standards à atteindre pour estimer que l'exigence passe le processus qualité. Il n'existe pas de check-list type, mais vous pouvez en trouver de nombreuses sur le Net. Tout dépendra du contexte et de l'exigence elle-même. Il est possible de vérifier la qualité en fonction du standard IEEE, de faire une validation syntaxique, grammaticale, en fonction de certains bugs connus... Il est important que cette liste soit suffisamment détaillée pour avoir un intérêt, mais pas trop au risque de générer un surcroît de travail.

Il est possible de procéder à une lecture basée sur un scénario, un cas métier. Le lecteur devra alors se glisser dans la peau d'un utilisateur, d'un développeur... pour vérifier que l'exigence a du sens. Il s'agit ici d'alterner les perspectives pour un même lecteur. Par exemple : le lecteur se dira : "est-ce que cette exigence me permet de générer les prévisions de ventes à deux ans ?".

Il existe enfin une dernière approche assez théorique, c'est une approche automatique ou semi-automatique. Un logiciel analysera les exigences afin de les comparer à un dictionnaire et des règles d'élicitations. Il pourra notamment vous dire s'il y a des ambiguïtés. C'est le cas pour l'utilisation du conditionnel, des éléments d'incertitude ("si possible", "pourrait", "en option"...). Cette technique est assez théorique. Même si les outils existent, les exigences doivent être rédigées dans un langage très forme, ce qui n'est pas très réaliste et très coûteux. Ce coût sera porté par les phases d'élicitation, de spécification et l'assurance qualité constructive. Il est cependant important d'en parler pour savoir que cette solution est théoriquement possible. Cela donne une idée de la marge d'amélioration possible dans ce domaine.

Chapitre 3
Quelles informations recueillir et quand ?

1. Introduction

Assez parlé d'informatique ! Faisons une pause gastronomique ! Un projet décisionnel, sous certains aspects, se gère comme un restaurant. Cette analogie aide à expliquer la granularité nécessaire du besoin, mais aussi à quel moment recueillir quel besoin. Une fois bien comprise, elle facilite grandement la communication avec les parties prenantes non fonctionnelles.

2. Classification des besoins

Il existe plusieurs manières de catégoriser le besoin.

L'une des façons traditionnelles de classifier est l'opposition des besoins fonctionnels et des besoins non-fonctionnels.

Les premiers décrivent une fonctionnalité de la solution. Par exemple, la plateforme devra permettre de télécharger les rapports sur le disque de l'utilisateur.

Les seconds décrivent le "comment" ces fonctionnalités sont remplies ou les contraintes qui y sont associées. Par exemple, le téléchargement devra se faire dans un ".pdf" et devra être sécurisé.

Une classification qui est moins connue, mais capitale pour comprendre nombre de problèmes que peuvent rencontrer les projets, est celle développée par Edwards J, Coutts I, Mc Leod S (2000) : Support for system evolution through separating business and technology issues in a banking systems development. In : Proceedings of 2nd international symposium on requirements engineering, York, England, IEEE CS Press, p. 68-80. Elle se présente sous la forme d'une matrice décrivant les besoins de l'organisation, du produit et du projet à différents niveaux : stratégique, tactique et opérationnel.

	Stratégie	**Tactique**	**Opérationnel**
Besoins organisationnels	Stratégie de l'organisation. Compétitivité. Technologie. Marketing. Valeur ajoutée des produits	Bénéfices attendus des produits.	Compromis entre les changements technologiques et les adaptations aux changements du marché.
Besoins de la solution	Architecture du produit. Organisation des livrables du produit dans les phases de projet.	Gestion des ressources. Implémentation d'une version spécifique.	Gestion du changement. Volatilité des besoins.
Besoins du projet	Planning du projet. Étude de faisabilité. Recrutement du personnel.	Gestion de projet. Contrôle qualité.	Validation des besoins entrant dans la prochaine livraison.

Avant même que le projet ne commence ou que la solution décisionnelle ne soit choisie, chaque organisation à des objectifs à long terme (parts de marché à atteindre...) et des stratégies pour les atteindre (haut de gamme, vendre en volumes, cibler les jeunes). Elle définira alors sa tactique pour atteindre ces objectifs grâce à la vente de ses biens ou de ses services.

Le besoin opérationnel de l'organisation correspondra à une adaptation au contexte concurrentiel et technologique.

Lorsque votre projet démarre, il reste deux types de besoins : ceux du produit (la solution que vous allez créer) et ceux du projet (les ressources et l'organisation pour livrer le produit).

Côté produit, votre stratégie établira l'architecture globale et l'ordre pour la livraison des composants, vous définirez ensuite une tactique de gestion des ressources pour chaque livraison (phase). L'opérationnel correspondra ici à la gestion du contexte, notamment la gestion du changement.

Finalement, du côté du projet, les besoins stratégiques répondront à une étude de faisabilité, au recrutement des compétences nécessaires (internes, externes, juniors, seniors...). La tactique pour réussir votre projet sera l'approche que vous prenez en fonction du contexte. Allez-vous opter pour l'agilité ou une méthodologie en cascade ? Et quelle qualité attendez-vous ?

En fonction des besoins à modéliser, il existe différentes options de représentations. Cela peut être un arbre de buts pour les objectifs de votre entreprise, la modélisation d'un processus pour l'exécution de ces objectifs, un prototype pour les besoins fonctionnels de votre solution (comment la solution supportera le processus métier) et des schémas de composants associés à un modèle de données pour les exigences techniques.

Il est d'usage que les parties prenantes fonctionnelles définissent la stratégie et son implémentation business. Les besoins fonctionnels sont établis en collaboration avec toutes les parties prenantes alors que les besoins techniques sont de la responsabilité des parties prenantes techniques (développeurs, architectes, modeleurs, urbanistes...).

Prenons un exemple.

Votre organisation veut augmenter son chiffre d'affaires de 2 %. Pour réaliser cette croissance, les gérants décident d'augmenter le nombre de ventes (ils auraient aussi pu augmenter le montant du panier moyen) et de faciliter la vente avec les clients. Ainsi le processus des ventes est revisité. Le management cherche donc maintenant à évaluer la pertinence de cette décision (calculer le nombre de ventes quotidien).

Il faut donc dans un premier temps alimenter un modèle de données représentant les ventes et construire les rapports associés à cette activité.

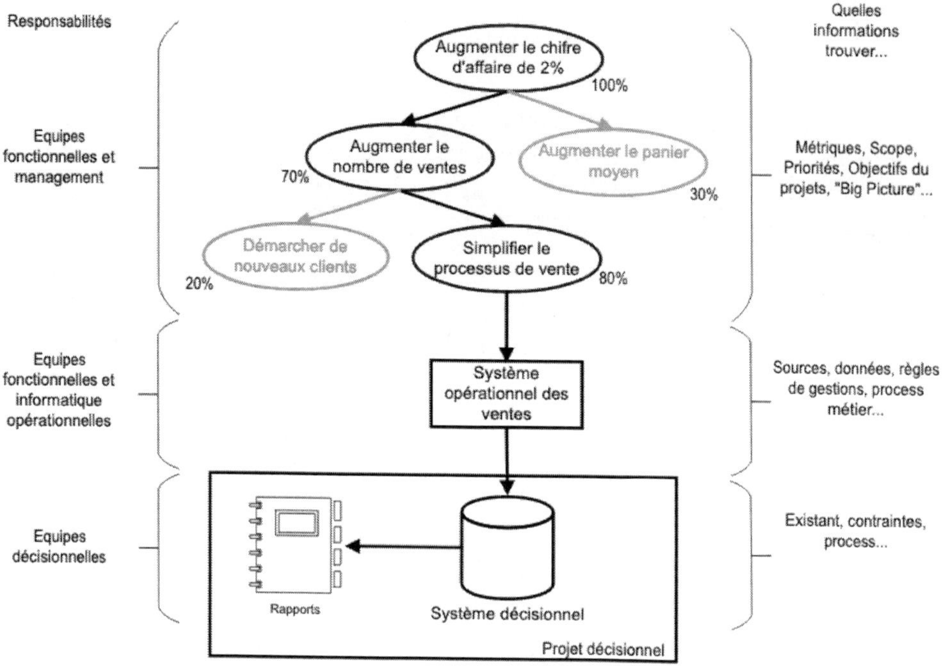

Exemple d'alignement avec les responsabilités et les informations à trouver.

Dans le schéma précédent, tout ce qui est hors du cadre "Projet décisionnel" existe généralement indépendamment de la solution. Il est fréquent que la connaissance soit tacite et qu'il faille alors recourir à un processus de maïeutique pour la rendre explicite.

3. Analogie du restaurant : les protagonistes

J'ai pu utiliser cette analogie durant de nombreuses années. Elle facilite la communication entre les parties prenantes fonctionnelles et non fonctionnelles.

Cette analogie apporte plusieurs avantages. Elle permet de bien comprendre le besoin nécessaire pour chaque étape du projet. Ensuite, elle permet d'expliquer les délais et les durées nécessaires pour réaliser le travail de *back-end*. Il est en effet parfois difficile de justifier le travail sous-jacent.
Cette méthode permettra aux parties prenantes fonctionnelles de conceptualiser le travail à effectuer.

Avec un peu de pratique, j'ai vu des utilisateurs venant à mon bureau : "j'ai besoin des chiffres de ventes de ce produit. Où sont les données ? Dans le frigo ? Dans le champ ? Sur l'étagère du self ?" Ma réponse : "dans le champ, elles ne sont pas encore plantées". Cela lui donne rapidement une idée de la faisabilité de son projet pour demain matin, et des raisons pour lesquelles cela n'est pas envisageable.

3.1 Les aliments ou la donnée

"Les produits... il faut d'abord les étudier pour les comprendre au naturel, en saisir l'essence, en déchiffrer toutes les subtilités. Ensuite, il faut les comparer entre eux, afin de découvrir les affinités d'où naîtront les chefs-d'oeuvre de la cuisine" - Joël Robuchon

Comme les légumes et les fruits, la donnée subit tout un process pour finir dans l'assiette. Une tomate doit d'abord pousser au soleil, puis elle sera sélectionnée, préparée, réduite en purée, assaisonnée, conservée… avant d'être servie.

La donnée doit aussi passer par un process similaire. Il faut la sélectionner, l'historiser, la transformer, lui appliquer des règles de gestion, des filtres de qualité, la combiner avec une autre donnée avant de la présenter aux utilisateurs.

3.2 Le fermier ou l'historisation

"L'agriculture devrait être la première activité de santé. Le paysan doit précéder le médecin." - Pierre Rabhi

C'est là, au fond du jardin, que travaille notre agriculteur : Hugo. Même si aucun client ne le voit, il plante ses graines et les fait pousser. Ici, il faut du labeur, de l'amour, du soleil, mais surtout donner du temps au temps.

L'**historisation des données** : c'est dans cette partie que l'on va conserver les données, les entasser. Les opérations sont peu complexes, mais il faut du temps, beaucoup de temps pour former une vue historisée de l'entreprise. Sans données fiables et suffisament historisées, l'organisation sera contrainte d'appeler un médecin.

3.3 Le chef ou la gouvernance

"Pour concevoir une carte, il faut aussi assez se presser le cerveau pour en extraire le jus, tout en ayant en tête la saison, le prix des plats, la manière dont ils s'accordent avec un vin et l'harmonie de l'ensemble" - Alain Ducasse

Pour les besoins de l'exercice, on considérera Anne- Marie, la cheffe, dans son rôle de définition du menu. Ici, elle va définir quels sont les plats au menu. Quels assaisonnements, quel mariage, ce qui est au menu ou à la carte.

La gouvernance va ici définir la liste des indicateurs et des dimensions, quand utiliser quoi, qui a accès à quoi. Elle définira le menu de données. Selon les entreprises, cette fonction est parfois l'apanage du business, mais elle peut également être rattachée à la direction des systèmes d'information.

3.4 Le nutritionniste ou la qualité

Le nutritionniste et le contrôle sanitaire ont un rôle assez similaire, ils seront incarnés par Cathy. Leur rôle est de s'assurer que le plat peut être mangé : en envisageant les aspects nutritifs d'un côté, en examinant les aspects sanitaires de l'autre. Elle établira des guides pour les clients. Qui a un régime sans sel, qui est végétarien, qui est au régime, est-ce qu'il y a des microbes ?...

Elle donnera des indications concernant les produits et les nutriments, voire des interdictions de consommer.

De la même façon que la qualité est là pour s'assurer que les données peuvent être consommées, on définira ici si les données sont assez fraîches, le taux de certitude, le pourcentage de qualité. Elle établira aussi les usages possibles des données. Sont-elles de qualité suffisante pour faire des prévisions, des rapports légaux ?

3.5 Le cuisinier ou le modèle de données

"La Cuisine, c'est l'envers du décor, là où s'activent les hommes et femmes pour le plaisir des autres..." - Bernard Loiseau

Facile, notre cuisinier, Remy, est là pour préparer les aliments, les assembler, les cuire. Il va les rendre délicieux et, par l'assemblage des plats, donnera tout un contexte à chaque aliment.

Le but du modèle de données est ici d'agencer celles-ci pour qu'elles soient consommables par les outils d'analyse. Il faut alors, les laver, les assembler, les intégrer, appliquer les règles de gestion. Miam !

3.6 Le serveur/le self-service ou la présentation

Le serveur, Vincent, dans un restaurant gastronomique, est là pour dresser la table, organiser la salle, conseiller le client, prendre en compte ses allergies, servir les plats... Dans l'univers de la restauration rapide, il n'y aura pas de prise en compte des allergies de chaque client. Les allergies seront indiquées, il y aura peu de variété, mais bien maîtrisée, on va ici multiplier les utilisateurs. Puis, il y a le buffet, les aliments sont juste posés les uns à côté des autres, le client compose maintenant son assiette. Il y a peu de contrôle sur la quantité et les allergies. La responsabilité de la consommation est dans les mains du client.

De même, en décisionnel, nous voici dans la partie présentation, *reporting*, analytique... consommation de la donnée. Comme pour le restaurant, il existe diverses manières de consommer les données.

Des *dashboards* intégrés, développés par des spécialistes et surveillés quotidiennement par la DSI... de la vraie gastronomie. C'est souvent le cas pour le rapport du PDG ou les investigations, le *data mining* et les rapports ad hoc...

Le *reporting* de masse est souvent généré dans des e-mails, en PDF... Tout le monde consomme la même chose. Les données sont bien connues, bien maîtrisées. Du simple, du produit de base pour tout le monde. C'est par exemple le rapport hebdomadaire des ventes.

En restauration comme en informatique on appelle ça le self-service. Les utilisateurs composent le rapport et font "à leur sauce". Il est alors primordial d'avoir beaucoup préparé les données pour rendre la composition du rapport facile et compréhensible.

4. Analogie du restaurant : le processus et le timing

Nos protagonistes sont identifiés, nous allons maintenant nous intéresser au timing du projet. Il devient alors plus facile d'identifier si la charge de travail se mesure en minutes, heures, jours, mois ou même peut être années. Cela aidera aussi à comprendre quelles sont les équipes techniques qui doivent être réunies autour de la table.

4.1 Quelques mois avant...

Quelques mois ou années avant que les données ne soient consommées, il faut bâtir les historiques de données. Si ce n'est pas fait en amont, il est très coûteux, voire impossible, de recréer des historiques. Les données, comme les légumes pour être bio et de bonne qualité, ont besoin de temps.

Il arrive souvent que les développeurs doivent recréer un historique à partir de traces, de données partielles... avec des résultats d'une qualité discutable. Haaa... les pesticides ! Personne ne veut recréer cinq ans d'historique à partir des logs des bases de données opérationnelles. Ceux-ci étant récupérés grâce aux sauvegardes quotidiennes du serveur.... La joie des projets légaux !

Il est important donc de ne pas attendre que le chef soit en cuisine pour planter les légumes. Encore moins que le client soit attablé.

4.2 Quelques jours avant...

Quelques jours ou mois avant, les cuisines entrent dans l'action. Le chef doit établir le menu. Le cuisinier prépare son service. Le nutritionniste et le contrôle qualité doivent valider le process...

De même pour les données, celles-ci doivent être transformées, chargées dans le modèle, dans les *datamarts* et les cubes avant que l'utilisateur n'en ait besoin. C'est particulièrement vrai pour les indicateurs, il est important de s'assurer que chaque utilisateur ne définisse pas son propre indicateur personnalisé.

Nombre de restaurateurs vous le confirmeront : point de service sans une préparation aux petits oignons. Il est important de ne pas attendre que le client soit attablé pour préparer le modèle de données.

4.3 Quelques minutes avant...

Quelques minutes avant que le client n'entre dans le restaurant, le serveur met la table, il va préparer la salle, afficher le plat du jour, mettre l'eau et le pain à table... Lorsque le client arrive, suivant le type de restauration, il pourra conseiller le client, lui présenter le menu ou le laisser libre de se débrouiller.

De quelques minutes à quelques jours avant la consommation du rapport, les bonnes pratiques de présentation et les chartes graphiques sont définies, certains rapports et analyses sont préparés. Puis l'utilisateur arrive, il faudra sûrement former la personne, lui indiquer où trouver les informations, certains se débrouilleront également seuls.

Il est important de ne pas attendre que le client soit affamé pour mettre la table. Nous avons tous vu le serveur qui court partout car il manque d'organisation.

4.4 Conclusion

Cette analogie m'a souvent permis de communiquer sur les problèmes de retard quand le projet débute. Les utilisateurs non fonctionnels et les sponsors comprennent rapidement si le projet est faisable dans les délais : "vous me demandez de faire pousser des abricots pour la semaine prochaine". Avec l'habitude, certains viennent avec des questions du genre : "on a besoin de... est-ce que les données sont dans le frigo ?". Ma réponse leur indique la charge de travail, mais aussi une estimation rapide de la livraison (est-ce que ça se compte en heures, mois, jours ?).

Dans des environnements de plus en plus changeants, avec des dates butoirs parfois irréalistes, cette analogie peut également aider vos techniciens juniors à ne pas perdre le nord. Si l'historique des ventes n'est pas construit, la demande "nous avons besoin des données de ventes sur les deux dernières années pour vendredi" devient "les clients sont attablés et demandent d'aller planter des carottes pour faire de la soupe pour ce midi".

5. Analogie du restaurant : la granularité

Nous avons les protagonistes et les tâches à effectuer pour délivrer la solution. Nous avons défini quand ils doivent commencer et expliqué les raisons. Mais comment anticiper le besoin ? C'est une histoire de granularité.

5.1 Stratégique

Pour planter ses légumes et les conditionner, le fermier aura besoin de connaître la stratégie du restaurant : est-ce que le restaurant est végan, bio, qu'il est spécialisé dans un produit particulier, combien de couverts et de quantités estimées ?

Le fermier n'a pas besoin de savoir dans quel plat va finir la carotte qu'il a plantée mardi, encore moins de savoir quelle bouche la mangera. Il paraîtrait tout à fait étrange d'avoir un panneau : "la carotte de Paul pour le repas de Noël de l'année prochaine" planté à côté de la graine.

De même, pour bâtir un historique il n'est pas nécessaire d'avoir la liste des tables du modèle de données qu'il utilisera, il n'est pas non plus nécessaire de savoir dans quelle visualisation cet historique finira.

Alors avec quoi bâtir un historique ? L'historique est bâti à partir d'une source de données. Est-ce que cette source est issue d'une plateforme stratégique pour l'entreprise ? Est-ce que le process supporté est important pour les objectifs de fin d'années ? Est ce qu'il y a des obligations légales sur cet ensemble de données ou sur le processus métier ? Bref, la question à laquelle il va falloir répondre est : quels sont les risques et les bénéfices d'avoir cette information sur du long terme ?

5.2 Tactique

Les cuisines (chef, cuisinier, nutritionniste...) auront quelques besoins pour commencer le travail. Quelle est la météo ? Faut-il faire plus de glace ou de pot-au-feu ? Quelles sont les préparations de la veille que l'on peut réutiliser ? Combien y a-t-il de réservations ? Est-ce un jour de semaine, un jour férié ou de week-end ?

Sans savoir exactement qui mangera le bœuf bourguignon qui a été cuisiné ce matin, les cuisines peuvent anticiper de façon assez précise les besoins et commencer à préparer les plats.

De même, pour bâtir une grosse partie du modèle de données (squelette, principales métriques et dimensions, gestion de la qualité, de l'intégrité référentielle...), nul besoin de connaître les différentes visualisations. Le modèle de données est lié à un ou plusieurs process métiers. Lorsque ceux-ci sont définis et ont été jugés prioritaires pour l'entreprise, le gros du travail peut commencer.

Si le modèle de données est défini par les visualisations, le risque est grand qu'à la prochaine demande, il ne soit pas réutilisable ou qu'on ne puisse pas l'enrichir. Il faudra alors en construire un second. Si les deux modèles existent en parallèle, il y aura un risque d'incohérence entre les visualisations et un surcoût de maintenance. Si le premier est abandonné, il faudra alors repointer toutes les visualisations sur le nouveau modèle.... Oh ! joies des problèmes d'architecture et des dettes de modélisation !

Il restera à adapter en fonction des allergies et des régimes des utilisateurs : ajouter un drapeau (*flag*), modifier une hiérarchie...

5.3 Opérationnel

Nous voici dans la dernière étape, le service. Ici le besoin se fait plus précis, sa définition correspond maintenant à ce que les clients perçoivent : "je veux une assiette avec..."

Le service a besoin du plat du jour, des réservations puis des allergies et des commandes.

En matière de visualisation, on peut débuter travail par le process. La méthode des thermomètres peut être très utile (cf. Activités de recueil des besoins - Méthode des thermomètres). Les obligations légales peuvent être une option de démarrage, de même que les orientations du business. Ainsi l'équipe technique peut arriver avec une proposition (un prototype) servant de base à la discussion sur les besoins de visualisation. Une autre approche est le self-service : l'utilisateur construira ses propres rapports, il faut alors l'accompagner et le former que ce soit aux données, aux définitions, mais aussi sur l'outil.

5.4 Conclusion

Comme dans un restaurant, la grande majorité du travail peut être effectué en amont sans connaître le besoin de consommation du rapport. La solution ne pourra sans doute pas être développée complètement, mais les ajustements seront beaucoup plus envisageables lorsque le client s'attablera.

Il est aussi à noter que les durées de vie d'un historique, d'un modèle de données et d'un rapport ne s'inscrivent pas dans les mêmes échelles de temps.

Certains historiques sont dans l'entreprise depuis des décennies (tant que l'on ne change pas la source, le système ERP...).

Les modèles de données ont également tendance à être pérennes, quelques années, tant que le business ne change pas le processus drastiquement.

Les rapports peuvent avoir une durée de vie de quelques minutes (recherche des causes d'un problème, recherche d'opportunités…).

Il est alors illusoire de penser que l'on peut connaître toutes les visualisations lors de la construction des historiques et des modèles. De même, il ne paraît pas rentable de construire toute l'architecture pour un seul rapport.

Chapitre 4
Méthodes de modélisation

1. UML

UML est un langage de modélisation créé pour modéliser les systèmes orientés objets et procéduraux. Concrètement, procéder au recueil de besoins d'un système décisionnel avec UML c'est un peu faire entrer un rond dans un carré. Il y a néanmoins des éléments réutilisables.

1.1 Présentation

UML n'est pas une méthode, c'est un langage de modélisation. Ici, pas de recette, d'explications "pas à pas" pour modéliser votre système. Il faudra cependant respecter la syntaxe. Un peu comme avec une langue, on apprend l'orthographe, la grammaire et on crée à partir des briques de base.

Les diagrammes peuvent être utilisés pour supporter la communication, supporter les développements ou même automatiser les développements des systèmes opérationnels.

Il existe quatorze diagrammes : diagramme de classes, diagramme d'objets, diagramme de cas d'utilisations, diagramme d'activités, diagramme de séquences, diagramme de composants, diagramme de déploiement, diagramme de paquets, diagramme de structure composite, diagramme de profils, diagramme d'états-transitions, diagramme de communication, diagramme global d'interactions, diagramme de temps.

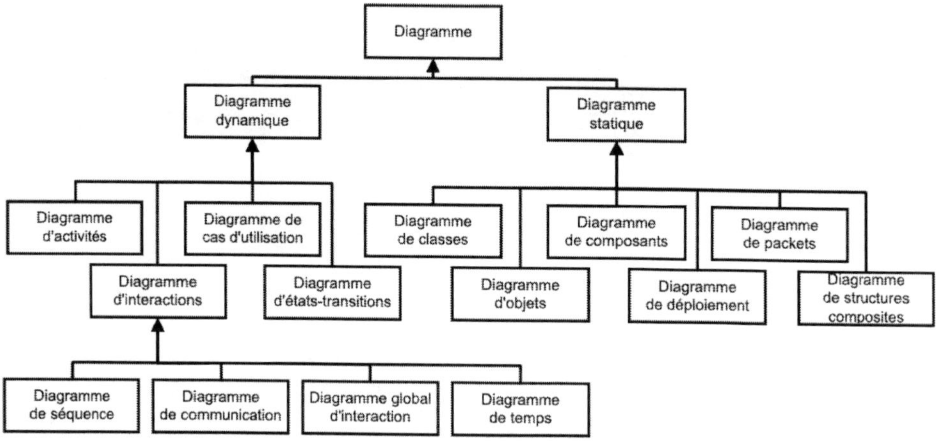

Hiérarchie des diagrammes UML

Diagramme	Définition	Utilité potentielle en BI
Diagramme de Classes	Orienté objets. Architecture conceptuelle du système. Décrit les classes et leurs liens.	Connecteurs pour les sources de données, inspiration pour les modèles de données (entités-relations) (1).
Diagramme d'objets	Illustration d'un diagramme de classe. Le diagramme de classes est un métamodèle du diagramme d'objets.	Connecteurs pour les sources de données.
Diagramme de cas d'utilisations	Principales fonctionnalités nécessaires aux utilisateurs. Relation utilisateurs/système.	Gestions des incidents, de la sécurité, définition des outils de visualisation.

Diagramme	Définition	Utilité potentielle en BI
Diagramme d'activités	Représentation des process.	Gestion des incidents et des tickets, chargement des tables en production, process métiers.
Diagramme de séquences	Chronologie des opérations effectuées par un acteur.	MDM, orchestration de l'ETL, orchestration des différentes couches.
Diagramme de composants	Organisation du système du point de vue des éléments logiciels comme les modules, des données ou encore d'éléments de configuration.	Transitions des différentes couches du DWH, architecture physique, urbanisation/enterprise architecture.
Diagramme de déploiement	Utilisation de l'infrastructure physique par le système et la manière dont les composants du système sont répartis ainsi que leurs relations entre eux.	En devOps : logique de déploiement haut niveau.
Diagramme de paquetage	Paquetages composant un système et les relations entre eux.	En devOps : logique de déploiement bas niveau.
Diagramme de structure composite	Interne à une classe ainsi que les *collaborations*.	Faible utilité.
Diagramme de profils	Spécialisation et personnalisation pour un domaine particulier d'un métamodèle de référence d'UML.	Faible utilité.
Diagramme d'états-transitions	Définit les cycles de vie des objets.	Montée de version, Process opérationnels.

Diagramme	Définition	Utilité potentielle en BI
Diagramme de communication	Simplification d'un diagramme de séquence se focalisant sur les échanges de messages entre les objets.	Transitions des différentes couches du DWH, architecture physique, urbanisation/ enterprise architecture.
Diagramme global d'interactions	Représentation des enchaînements possibles entre les scénarios identifiés (variante du diagramme de séquence).	Faible utilité.
Diagramme de temps	Représentation des variations d'une donnée au cours du temps.	Faible utilité.

(1) Le diagramme des classes peut inspirer pour la définition de modèles de données. L'utilisation de ce diagramme est souvent confondue avec celle du modèle entités-relations de Merise. Le modèle entités-relations de Merise a pour vocation de décrire les bases de données. Le diagramme de classe a pour but de définir la structure (classes) d'un développement orienté objets. Merise est une méthodologie française qui s'est peu exportée. Ainsi, une version adaptée du diagramme de classes est souvent utilisée : les méthodes et les types des champs sont absents...

Pourquoi tente-t-on de faire entrer un rond dans un carré ?

L'objectif de départ d'UML est de modéliser et de décrire des systèmes opérationnels orientés objets. On y décrira alors les acteurs, les composants du système (les classes, les objets), leurs interactions et les processus. Les comportements de l'acteur et du système sont alors définis et ont une variabilité très limitée. Un système décisionnel se doit de supporter un processus de décision qui, par nature, est non structuré. Décrire un système de *reporting* en self-service avec un diagramme de cas d'utilisation est peu pertinent et vain.

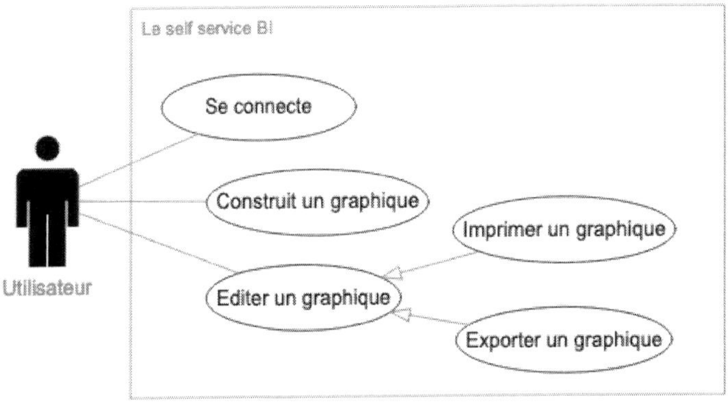

Diagramme de cas d'utilisation d'un système de reporting en self-service

Comment peuvent-ils être utilisés dans les systèmes décisionnels ?

Certains diagrammes peuvent servir à décrire les process et systèmes opérationnels qui seront vos objets et les sources de votre solution. D'autres pourront servir d'inspiration.

1.2 Avantages

UML présente un avantage non négligeable : ce langage est connu du plus grand nombre. Il est donc assez simple à utiliser. La variété des schémas et leur simplicité d'utilisation permettront une mise en place et une communication facile.

Étant le principal standard pour décrire les systèmes opérationnels, c'est souvent la méthodologie de référence pour documenter les sources de données. C'est aussi la méthodologie que les analystes business utilisent souvent par défaut.

Il existe de nombreux outils supportant les modélisations UML : Microsoft Visio, Lucid Chart…

1.3 Limites

UML se focalise sur la modélisation du "comment". Cela permet de décrire les composants d'un système et leurs relations grâce aux vues statiques et dynamiques. Cependant UML ne décrit pas le "pourquoi", la raison d'être du système. Dans les systèmes décisionnels, répondre au "pourquoi" est une composante très importante. UML ne permettra donc pas d'aligner le système décisionnel sur la stratégie de l'entreprise. De la même façon, il ne sera pas possible de définir les priorités du projet.

UML a été créé pour documenter les processus opérationnels développés en langages à objets, il est peu approprié pour les développements de bases de données. Il est cependant possible de l'utiliser de manière détournée pour modéliser une partie de la solution.

2. Approche par objectifs

Le recueil des besoins est un processus visant à traduire les intentions tacites et informelles en exigences formelles destinées à être implémentées en langage informatique et mathématique. Il est assez naturel qu'il y ait des difficultés pour le réaliser et que le processus de maïeutique n'aille pas de soi. Ainsi les approches par buts facilitent ce processus permettant de lier les intentions (les objectifs de l'organisation, sa politique) avec les exigences techniques de la solution qui devra être créée.

"Celui qui n'a pas d'objectifs ne risque pas de les atteindre." - SunTzu

2.1 Présentation

La modélisation par les buts permettra de faciliter l'élicitation, la spécification et la priorisation des besoins. L'idée de ces méthodologies est de prendre l'intention de l'organisation (la problématique que les parties prenantes tentent de résoudre), de la raffiner en une stratégie, des opérations et process, et des spécifications techniques.

L'approche par buts est utilisée dans nombre de méthodologies : EKD-CMM, KAOS, I*, MAPS... Le chapitre suivant vous présentera EKD qui est une méthode très complète de modélisation de la connaissance et de l'écosystème d'une solution. L'un des modèles d'EKD est l'arbre de buts, ainsi cette section le présentera. Il existe aussi des méthodologies (telles que MAPS) qui utilisent des réseaux de buts plutôt que des arbres.

Les buts répondent donc au "pourquoi" de l'élaboration de votre solution. Le premier but sera souvent simple, de haut-niveau. Cela peut être un but du business, un but provenant du marché, un but stratégique, technique, fonctionnel ou méthodologique...

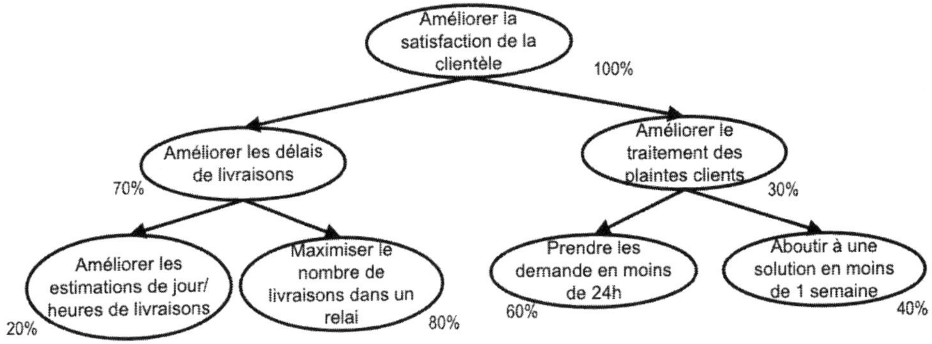

Modèle de buts (aussi dit modèle d'objectifs).

2.1.1 Modéliser les buts

Les liens entre les buts peuvent être de plusieurs natures :

- "Raffiner". Il existe une différence d'abstraction entre les deux buts. L'un permet de contribuer à la réalisation de l'autre.
- "ET". Les deux buts liés par une relation "ET" ont besoin d'être atteints pour que le but principal soit atteint. Les deux contribuent à la réalisation du but principal.
- "OU". L'un des deux buts liés par une relation "OU" a besoin d'être atteint pour la réalisation du but principal.
- "Conflit". Les deux buts ne peuvent pas être atteints simultanément. Il s'agit de buts contradictoires.

Une fois vos buts découverts, il est utile de les lier à des scénarios. Ils décriront ici le contexte des scénarios et permettront de justifier de la raison d'être de ceux-ci. On dit que le but assure la traçabilité du scénario. Le scénario quant à lui, assure l'opérationnalisation du but. Dans ce cas, le scénario décrira le comportement que le système devra avoir pour satisfaire le but. Travailler sur les scénarios peut aussi permettre de découvrir d'autres buts. Il peut y avoir alors plusieurs allers-retours pour s'assurer de l'alignement et de la complétude des buts et des scénarios.

2.1.2 Formuler les buts

Pour formuler les buts, il y a plusieurs options, cela peut être fait de façon informelle (en langage naturel), semi formelle et formelle.

On pourra noter que la méthodologie Elektra s'adapte bien au décisionnel. Chaque but doit commencer par un verbe issu de la liste suivante : Maintenir, Arrêter, Améliorer, Ajouter, Introduire, Prolonger, Adopter ou Remplacer. Ce sont des verbes qui se correspondent particulièrement bien à un contexte de *dashboard*, *reporting*...

CREWS L'écritoire offre une analyse linguistique et grammaticale des plus poussée pour supprimer les ambiguïtés liées au langage. Elle est décrite dans le chapitre Activités de recueil des besoins - Analyse syntaxique et grammaticale.

La méthodologie KAOS propose une écriture très formelle des buts. Cela demande un effort supplémentaire lors de l'élicitation, mais il est plus facile de raisonner dessus. Elle n'est pas décrite dans ce livre.

Pour avoir plus de détail sur la formalisation des buts cf. Activités de recueil des besoins - Analyse syntaxique et grammaticale.

2.1.3 Raisonner avec les buts

Plus les buts sont rédigés de façon formelle, plus il est facile de raisonner avec. L'objectif va être ici de trouver les composants que vous pourrez réutiliser. Ils auront la même sémantique, alors il y aura sûrement des parties de développement, des tables, des rapports en commun. Si ce n'est pas le cas, cela peut être dû à une ambiguïté linguistique.

Prenons un exemple. Deux de vos buts parlent du client : "Améliorer le taux de conversion de Prospect à Client" et "Prolonger la durée de rétention du Client". Les managers responsables de ces deux buts devront dans un premier temps s'accorder sur la définition d'un client. Ensuite, ils utiliseront tous les deux la table des clients et auront tout intérêt à la développer ensemble pour minimiser les coûts et maximiser la cohérence. On s'intéresse là à des questions de gouvernance de données.

Vous pouvez utiliser vos buts déjà élicités pour en découvrir d'autres. Pour cela, utilisez la créativité ou des techniques de linguistique, cf. Activités de recueil des besoins - Analyse syntaxique et grammaticale.

2.1.4 La gestion des conflits de buts

Il arrive que certains buts soient en conflit. C'est notamment le cas lorsqu'ils émergent de différents points de vue. Il faudra alors considérer que les buts sont résolus chacun à leur manière. Une partie du but de plus haut niveau et les responsables chercheront alors à les mesurer ensemble et à les rendre interdépendants. Par exemple : soient deux buts non-fonctionnels, "Le système devra rafraîchir les données en moins de 2 secondes" et "Le coût de maintenance des serveurs opérationnels du système devra être minimal". Ces deux buts sont contradictoires, car il est rare que l'on puisse assurer la réactivité d'un système sans coûts de maintenance liés. L'analyste ayant repéré le conflit entre les buts pourra alors proposer un rapport montrant les coûts opérationnels du système liés à la performance de rafraîchissement et prouver que les deux sont atteints ; qu'on ne peut pas plus minimiser les coûts sans impacter le délai de réaction.

La ligne séparant les buts et les exigences est parfois floue. Certains voient les exigences comme des buts à rendre opérationnels. Pour d'autres les buts sont dirigés vers le contexte et l'usage alors que les exigences sont une demande concrète et détaillée pour le développement. La méthodologie KAOS définit une exigence comme un besoin spécialisé en lien avec un système ou un sous-système. On retrouve ici l'orientation système.

Pour être utilisable, le but doit être précis, non ambigu. Il doit avoir un niveau de granularité adéquat. Ne pas être de trop haut niveau, il serait alors vague et inutilisable. S'il est trop précis, il faudra démultiplier le nombre de buts pour couvrir le scope dans sa totalité. Il doit être vérifiable, ce critère étant souvent lié à une métrique. La satisfaction du but peut être obtenue par la satisfaction de tout ou partie des buts de sous-niveaux ou par la satisfaction d'une contrainte.

Il existe des buts dits *hard goals*, des buts durs. Ils sont aussi dits "buts de comportements". Leur satisfaction répond à une question fermée qui appellera à une réponse par oui ou non.

Le second type de buts est les *soft goals*. Ce sont les buts qui appellent à une réponse non binaire. Ce sont typiquement les buts commençant par exemple par "Minimiser...", "Maximiser...".

Enfin, il existe les "anti-buts", ils sont aussi nommés "contraintes", certains buts non fonctionnels entrent dans cette catégorie. Ce sont par exemple les buts commençant par "Eviter...", "Arrêter...".

2.1.5 Navigation dans la hiérarchie des buts

Lorsqu'on remonte dans un arbre de buts, on répond à la question "pourquoi". Pourquoi le but de bas niveau a besoin d'être atteint ? L'abstraction donnera la raison, l'ancrage et la contribution à l'objectif global et sera donc utilisée pour la priorisation.

Lorsqu'on navigue en descendant un arbre de buts, on répond à la question "comment". Comment le but de haut niveau est-il réalisé ? Quelles sont les tactiques pour le satisfaire ? Ce raffinage donnera des précisions jusqu'à décrire les processus métier puis les fonctionnalités des plateformes supportant les buts opérationnels (exigences).

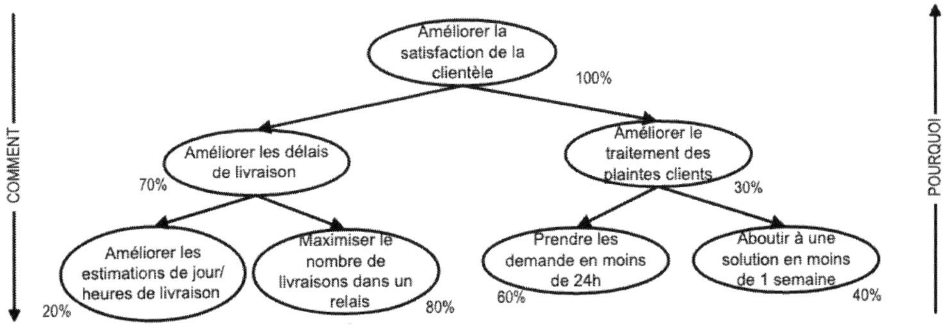

Navigation dans un arbre de buts

Ayant les buts de l'entreprise, il est maintenant beaucoup plus facile de définir les métriques et les KPI (*Key Primary Indicators*). Le plus souvent, les entreprises associent ces indicateurs avec ceux de fin d'année des responsables (à atteindre pour le calcul du bonus de fin d'année). Ainsi ces personnes sont responsables de process. Ces mêmes process sont supportés par des applications, des plateformes, des logiciels opérationnels. Vous avez donc à disposition une liste de buts (peut-être même de métriques), de sources de données, et de parties prenantes.

Deux autres manières de classifier les buts sont : stratégiques, tactiques et systèmes d'une part ; business, usage et système d'autre part. Une hiérarchie peut comporter plus de trois niveaux. Cependant, une démultiplication des niveaux peut révéler un problème de granularité. Le but de départ est peut-être trop générique ou/et les sous-buts trop granulaires.

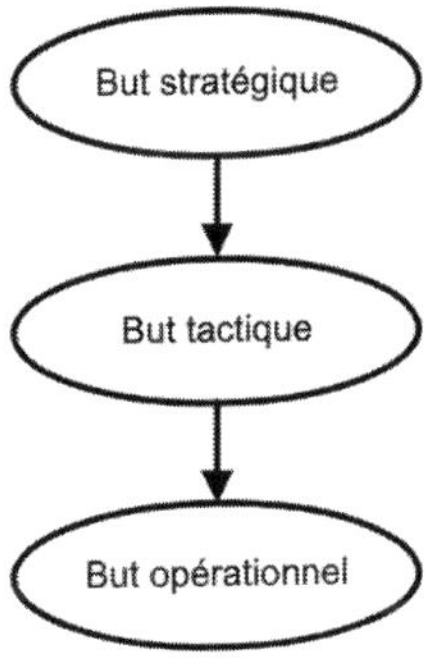

Niveaux d'abstraction des objectifs

Enfin, les parties prenantes peuvent établir des priorités sur les buts, les différents niveaux d'abstraction permettront de simplifier la gestion des conflits. Il est alors recommandé de définir un pourcentage pour chaque but représentant sa contribution totale au but immédiatement au-dessus. Ainsi le total des buts fils d'un même but père sera égal à 100 %. Cette approche permettra de minimiser l'effort pour le calcul des priorités lors de changements. Pour plus de détails sur la gestion des priorités : "Un peu de théorie... - Priorisation".

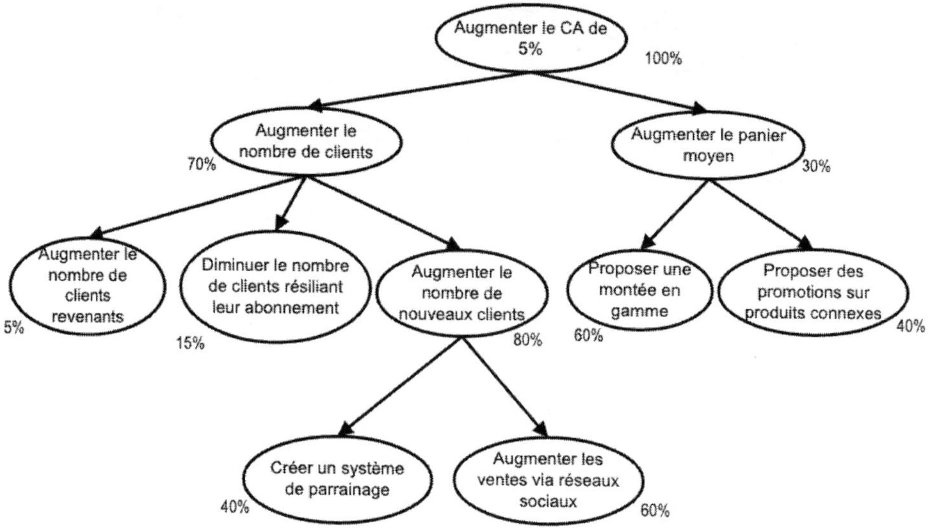

Exemple d'arbre de buts

Dans cet exemple, l'organisation qui vend des services mensualisés souhaite augmenter le chiffre d'affaires de 5 %. Le management décide donc des changements qui doivent s'opérer. Pour rappel, les buts des changements sont souvent formulés grâce aux verbes suivants : créer, augmenter, maintenir, diminuer, arrêter (ou leurs synonymes). Le management décide donc de trois changements à opérer : "Augmenter le nombre de clients de 1 %", "Augmenter le panier moyen de 2 euros" et "Diminuer le nombre de commandes annulées de 10 %".

Le manager en charge de la base de clients trouvera avec ses équipes trois leviers d'actions : "Augmenter la fidélisation des clients", "Augmenter le nombre de leads", "Diminuer le nombre de clients résiliant leur contrat".

Le but "Augmenter le nombre de leads", pourra alors être divisé entre : "Créer un système de parrainage" et "Démarcher des clients via les réseaux sociaux".

Le manager responsable du panier moyen et ses équipes proposeront : "Créer une proposition de montée en gamme pour chaque achat", "Créer une des promotions exclusives en fonction des profils clients".

Enfin, le responsable du service client et ses équipes proposeront "Diminuer le nombre de retours par notre fait" et "Maintenir le nombre d'erreurs d'un fait externe". En effet, l'influence du service client sur les causes externes de retours étant limitée, la stratégie est de minimiser les efforts sur ce point tout en s'assurant que cela n'évoluera pas.

Chaque responsable mettra en place des process, souvent supportés par un ou des systèmes opérationnels (les sources du système décisionnel).

Chaque but sera lié à une mesure de succès. Par exemple, le but "Créer un système de parrainage", pourra être mesuré avec les métriques suivantes : "Nombre d'offres de parrainage proposées aux clients", "Nombre de clients filleuls", "Pourcentage de la base parrainée", "Montant des réductions offertes" (pour les parrains et les filleuls).

2.2 Avantages

La traçabilité est facilitée. Ainsi, la solution sera alignée avec les objectifs de la structure et du contexte (externe). L'affinage permettra de montrer l'alignement des objectifs de l'organisation et de la solution.

La gestion des conflits sera également facilitée. En effet, les conflits seront modélisés et pourront donc être considérés en amont dans le projet. Certains objectifs sont en compétition. Par exemple : "le système sera rapide" et "le système sera capable de gérer un gros volume de données".

La gestion du changement est facilitée : les liens entre les objectifs de l'organisation et les composants techniques sont établis, il est alors plus facile de quantifier la magnitude et les risques liés à un changement.

La découverte et l'étude des stratégies alternatives sont aussi facilitées. Il existe pour cela des stratégies de découverte d'alternatives.

Lorsqu'on se focalise sur les buts, on se focalise sur le "pourquoi". On est alors orienté sur le problème à résoudre plus que sur la solution. Il est important de bien comprendre le problème auquel on s'attaque avant de définir comment on va le résoudre. Cette approche force les parties prenantes à ne pas sauter sur la première solution, même si elle paraît la plus évidente.

La formalisation d'un arbre de buts permettra de verrouiller le scope du projet. Pour conserver l'alignement de la solution, chaque changement aura besoin d'être priorisé. Ainsi les changements qui seront acceptés seront justifiés et l'équipe projet n'aura pas l'impression de courir après une cible mouvante.

2.3 Limites

Il peut être difficile d'éliciter tous les objectifs, cela nécessite des parties prenantes motivées pour un exercice peu commun. En effet, celui-ci n'étant pas très connu, il arrive que certaines personnes pensent qu'on "coupe les cheveux en quatre" alors que la méthode prend toute sa valeur si les parties prenantes prennent le temps de discuter et de s'assurer qu'il n'y a pas de quiproquo dans l'élicitation des buts.

Une seconde difficulté est la formation du facilitateur et des parties prenantes. La compétence d'élicitation n'est pas très courante, il faudra souvent compter sur le "bon sens" et la motivation des personnes.

Enfin, la structure des buts, devrait idéalement faire partie de la définition de la stratégie d'entreprise, du plan annuel ou des besoins des systèmes opérationnels. Ceci est rarement le cas, il faut donc mettre en œuvre l'ingénierie inversée pour recréer le contexte et les raisons d'exister des systèmes en place.

3. EKD

EKD est une méthode de modélisation d'entreprise (*Entreprise Knowledge Management*).

3.1 Présentation

Cette méthode est née dans les années 1980 en Suède. Elle est issue de la recherche de Plandata puis continuée par le *Swedish Institute for System Development*. Cette méthode conceptualise pour la première fois le concept de *business goals* (objectifs métier, buts fonctionnels). Cette innovation permet pour la première fois de modéliser les intentions des parties prenantes et de l'organisation. On pourra donc également juger si les processus mis en place répondent aux besoins de l'organisation.

Le *framework* a évolué jusqu'au début des années 2000, puis s'est stabilisé. Il comporte deux composantes : un langage et un process de modélisation.

Le langage EKD est constitué de six sous modèles constituants un modèle : le Modèle de buts (*Goals Model*), le Modèle des règles fonctionnelles (*Business Rules Model*), le Modèle des concepts (*Concepts Model*), le Modèle des process fonctionnels (*Business Process Model*), le Modèle des ressources et des acteurs (*Actors and Ressources Model*), le Modèle des composants techniques et les exigences (*Technical Components and Requirements Model*). Le but de chaque modèle est de capturer une composante de la connaissance d'entreprise.

Nous allons décrire brièvement les intérêts de chacun de ces modèles. Il y a deux angles principaux qui peuvent avoir un impact dans un projet décisionnel. Le premier est la documentation du projet décisionnel lui-même, le second est la documentation des systèmes opérationnels. En effet, si votre système opérationnel et la structure de l'entreprise sont parfaitement documentés, une partie importante du recueil des besoins pour votre système décisionnel est réalisé. Il est cependant idéaliste de penser que tous les processus opérationnels, les rôles et les responsabilités opérationnels sont documentés au moment où le projet décisionnel débutera. Ainsi, loin de préconiser l'application de cette approche à la lettre, il est intéressant de pouvoir analyser ce qu'il manque à votre projet et d'en évaluer les risques potentiels.

Cela peut également vous permettre de réaliser le recueil des besoins avec une autre approche tout en gardant en tête le type d'informations à collecter.

3.1.1 Le modèle de buts

Sa vocation est de décrire les objectifs fixés pour l'entreprise et les parties employées. Ceux qui doivent être atteints, mais également ceux à éviter. Une hiérarchie de buts permettra également de comprendre les raisons de chaque objectif en liant chaque but opérationnel et tactique à la stratégie de l'entreprise. À quelles questions doit répondre le modèle de buts ? Où allons-nous ? Quelles sont l'importance et la criticité de chaque but ? Quelles sont les priorités ? Quels sont les liens entre les objectifs de l'entreprise ? Quels sont les écueils qui pourront être rencontrés ?

Dans le cadre d'un projet décisionnel, ce modèle est intéressant car il permettra de définir des métriques pour chaque objectif. Ainsi, on s'assurera que chaque métrique contribue aux objectifs de l'organisation.

Ce modèle décrivant la stratégie de l'organisation, il faut espérer que les buts soient identiques avec le système décisionnel.

3.1.2 Le modèle des règles fonctionnelles

Ce modèle définit les règles de gestion fonctionnelles (dites aussi "métier") en lien avec les buts définis dans le modèle de buts. Les règles de gestion fonctionnelles peuvent être vues comme des buts à rendre opérationnels. Ce sont donc les feuilles de l'arbre de buts. À quelles questions doit répondre le modèle de buts ? Quelles sont les règles qui impactent et régissent les buts de l'organisation ? Quelles sont les pratiques qui régissent l'organisation ? Comment les objectifs sont-ils mis en place ?

Dans le cadre d'un projet décisionnel, ce modèle vous permettra de décrire les règles de gestion de la solution. Il faudra alors décrire les processus d'accès aux données, de développement, de mise en production, quand utiliser un self-service, quand créer des rapports automatiques, quand utiliser quelle plateforme, quelles bonnes pratiques et quels standards appliquer, et quand le faire...

Dans le cadre de la description d'un système opérationnel, ce modèle permettra de comprendre les règles de gestion métiers. Elles pourront être importantes pour définir les exceptions dans les données.

3.1.3 Le modèle des concepts

Ce modèle précise les différents concepts utilisés. Il servira de socle pour la communication. Il décrira les "choses" et "bidules" des autres modèles. Il peut prendre la forme d'un simple dictionnaire (concept, définition métier, définition technique, définition légale...). À quelles questions doit répondre le modèle de concepts ? Quels concepts sont reconnus ? Comment sont-ils définis ? Quelles sont les exclusions ? Comment sont-ils implémentés dans le système décisionnel ?

Dans le cadre d'un projet décisionnel, ce modèle décrira les concepts de votre solution, les couches du modèle de données, les schémas, les plateformes...

Dans le cadre de la description d'un système opérationnel, c'est un modèle très important. Il contient le dictionnaire de données. C'est ici que vous définirez les indicateurs et les dimensions. Même si le dictionnaire de données est inclus dans le modèle de concepts, ce n'en est pas la seule utilité. Il permettra également de faciliter la communication entre les parties prenantes fonctionnelles et techniques. En effet, il évitera les quiproquos dus aux ambiguïtés de langage.

3.1.4 Le modèle des process fonctionnels

Ce modèle est la définition des processus métiers de l'organisation. Il est couplé avec les jeux de données nécessaires pour faire fonctionner ces activités. Les liens entre le modèle de buts et le modèle de process fonctionnels permettront de lier les activités de l'entreprise avec ses objectifs. À quelles questions doit répondre le modèle de process fonctionnels ? Comment les process et les tâches doivent-ils être accomplis ? Quelles informations sont nécessaires pour quelles activités ? Quelle partie du processus contribue à quel objectif ?

Dans le cadre d'un projet décisionnel, vous décrirez les processus de l'accès aux données, de mise en production, d'assistance aux utilisateurs, de maintenance. Vous pouvez aussi décrire le processus de chargement et de transformations des données.

Dans le cadre de la description d'un système opérationnel, c'est le modèle qui vous donnera le plus d'informations pour définir vos chargements. Grâce au modèle de buts, vous connaissez les objectifs et les indicateurs de l'organisation. Ce modèle de processus indiquera les activités, les sources de données, les champs. Vous pourrez en déduire les problèmes de qualité des données liés au fonctionnement du processus (toute information qui ne correspond pas à la description du processus dans le modèle). Il vous permettra également de lier les sources de données avec les objectifs, vous pourrez en dériver les priorités du projet. Si un objectif contribue substantiellement à la stratégie globale, vous initierez les développements par les processus supportant cet objectif.

3.1.5 Le modèle des ressources et des acteurs

Ce modèle est la définition des acteurs et des ressources. Il permettra aussi de les lier avec le modèle de buts et celui des process fonctionnels. Quel acteur est responsable de quel objectif et de quel process. Dans l'idéal, le modèle sera aligné avec les modèles de buts et les objectifs de fin d'années des acteurs. À quelles questions doit répondre le modèle de ressources et d'acteurs ? Qui gère quel processus ? Qui est responsable de quel objectif ? Comment est constitué l'organigramme de l'entreprise ? Comment la structure de *reporting* s'articulera-t-elle : quelle personne devra justifier de ses performances à quel manager ?

Dans le cadre d'un projet décisionnel, vous décrirez les acteurs en lien avec votre solution. Évidemment vous compterez les utilisateurs, mais aussi les développeurs, les personnes en charge de la maintenance (logicielle et matérielle). Vous pourrez aussi décrire les ressources nécessaires pour votre solution : logiciel, matériel physique, serveurs...

Dans le cadre de la description d'un système opérationnel, c'est le modèle qui vous permettra de comprendre le processus de remontée d'informations dans la hiérarchie. Cela vous fournira des clarifications sur la liste des parties prenantes qui doivent être réunies autour de la table pour les négociations sur les définitions des données. Cela pourra donner une visibilité sur les règles de gestion de la sécurité. Même sans les définir complètement, vous pourrez en tirer une ébauche.

3.1.6 Le modèle des composants techniques et les exigences

Ce modèle est le plus pertinent pour la description des règles de gestion technique. Il est souvent composé d'un ensemble de modèles : un diagramme d'architecture, un modèle de données.... Ceux-ci décriront à haut niveau les systèmes et sous-systèmes nécessaires pour supporter les objectifs et les processus de l'organisation. À quelles questions doivent répondre les modèles de composants techniques et d'exigences ? Quelles sont les exigences techniques du système à développer ? Quel composant supporte quel processus et quel objectif ?

Dans le cadre d'un projet décisionnel, vous modéliserez ici les différents composants des plateformes, les différents modèles de données, les couches de l'entrepôt de données, l'urbanisme de votre solution (lien avec les systèmes connexes), les jeux de rapports prédéfinis, les applications (mobiles, clients légers ou lourds...).

Dans le cadre de la description d'un système opérationnel, ce niveau est souvent trop détaillé pour être pleinement utilisable. Cependant, quelques informations peuvent être utiles. C'est notamment le cas pour trouver des sources de données alternatives si votre source de prédilection n'est pas disponible.

3.1.7 Le processus

Les auteurs des recherches d'EKD, laissent le libre choix quant à l'organisation du travail pour aboutir à ces modélisations (cf. Activités de recueil des besoins). Ils préconisent cependant une approche participative pour la définition des modèles et des liens existant entre eux. Le succès de cette approche repose grandement sur les compétences du facilitateur. Cette personne doit être capable de modéliser, de faciliter des sessions de travail, d'organiser une médiation, de gérer les conflits, mais aussi coordonner l'élaboration des différents modèles.

Il existe également une extension d'EKD pour gérer le changement : EKD-CMM (*Enterprise Knowledge Management - Change Management Méthod*).

Voici deux exemples décrivant un fragment d'EKD pour un système décisionnel et son environnement, puis pour un système opérationnel et son environnement.

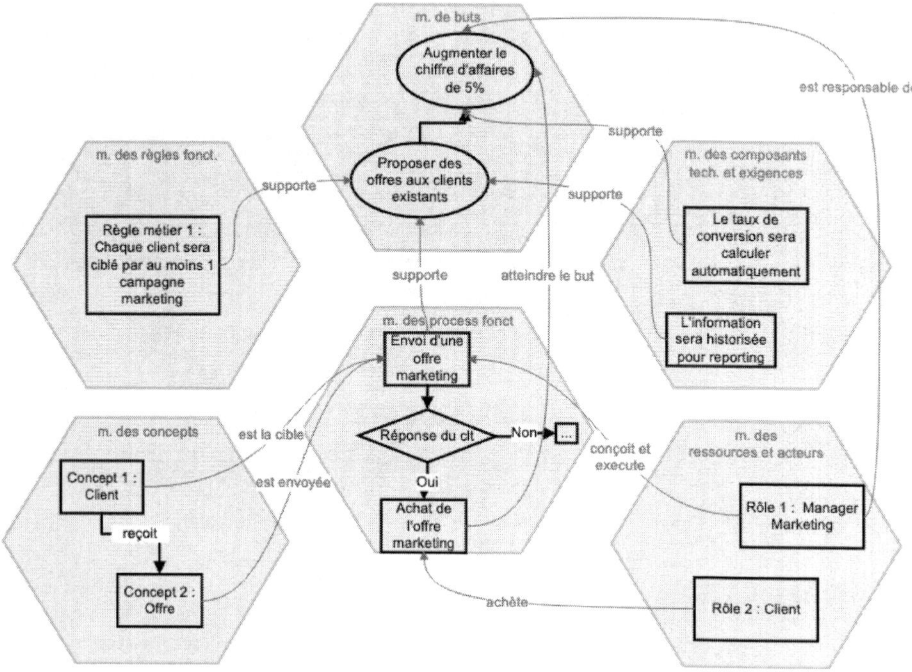

Fragment d'un exemple d'EKD

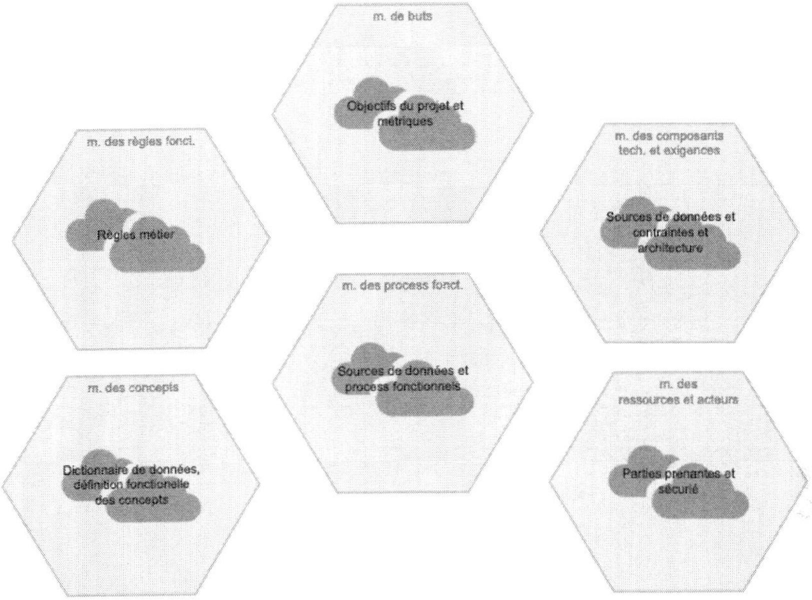

Quel schéma est source d'information pour la solution décisionnelle ?

3.2 Avantages

C'est une méthode très complète. Elle vous permettra de modéliser les exigences techniques d'une part, le contexte d'autre part.

La véritable force de cette approche est d'offrir une vision holistique des besoins. Ainsi les principales facettes d'une solution seront modélisées. Si vos processus métiers ont été modélisés et documentés de la sorte, il sera alors beaucoup plus facile de créer une solution de *business intelligence*.

La traçabilité est au cœur de l'approche EKD. Ainsi il sera aisé de comprendre les raisons des développements et les objectifs que chaque composant doit atteindre.

3.3 Limites

Dans la réalité, il est rare d'avoir une modélisation disponible aussi fournie. Il faudra souvent compter avec des imprécisions et des informations (voire des modèles) manquantes. Cependant, cette approche peut être utilisée comme objectif pour cheminer et vérifier si les informations faisant défaut peuvent faire diminuer la valeur du projet, voire le faire échouer.

L'approche collaborative est préconisée au regard de la quantité importante de modélisations à fournir. Il est alors indispensable de travailler dans un contexte favorisant cette collaboration.

L'approche demandant un important travail de modélisation en amont, la faire coexister avec les méthodes agiles est parfois un défi.

4. ELM

ELM veut dire *Ensemble Logical Model*. EMP est un processus en trois étapes supportées par 7 "modèles" (au sens large). C'est la modélisation préalable à une implémentation de type Data Vault.

4.1 Présentation

L'objectif est ici de simplifier les techniques de modélisation pour que la démarche puisse être amorcée par les parties prenantes fonctionnelles, puis continuée par les parties prenantes techniques. En effet, il est parfois difficile de réunir des parties prenantes avec des cultures si différentes et espérer qu'elles puissent arriver à communiquer efficacement.

Ainsi le processus pour créer un model Data Vault se décompose en trois étapes principales :

- Identifier et modéliser les concepts fonctionnels centraux.
- Identifier et modéliser les relations entre les concepts fonctionnels centraux.
- Identifier et modéliser les contextes des concepts fonctionnels centraux.

La méthode se base sur des *workshops* avec un mélange de collaboration et d'introspection (cf. Activités de recueil des besoins - Workshop et Les activités - Introspection).

Lister les concepts

La première étape pour identifier les concepts centraux est de lister chaque concept sur des post-it : cette activité s'appelle la "facilitation". Il ne s'agit pas ici d'un modèle à proprement dit, mais d'une étape d'élicitation et de *brainstorm*.

Élicitation des concepts centraux

Catégoriser les concepts

La liste des concepts centraux et la liste des catégories : on catégorisera ensuite ces concepts en cinq groupes : Evénements, Personnes, Lieux, Choses et Autres concepts. Cela permettra notamment de visualiser si des catégories n'ont pas de concepts attachés ou si deux concepts d'une même catégorie sont en réalité des synonymes.

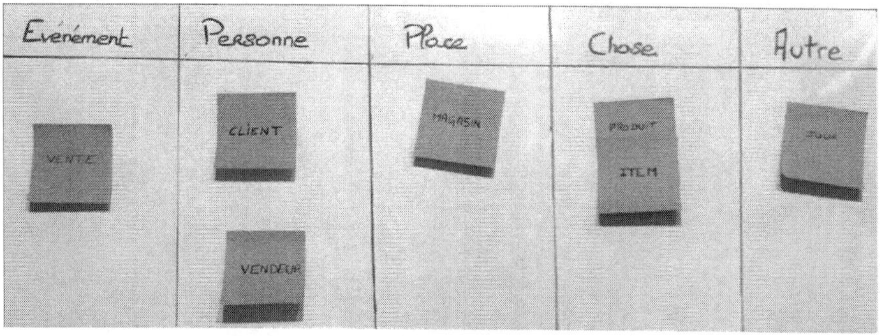

Catégorisation des concepts centraux

Une autre manière de visualiser cela est de placer les concepts sur un "canevas des concepts centraux" : on placera chaque post-it avec un concept dans la catégorie à laquelle il appartient. De cette façon il sera possible de les regrouper, de voir les synonymes... Puis, on prendra chaque évènement individuellement et on y attachera les concepts auxquels il peut être lié. On vérifiera ici que chaque événement correspond à un concept (ou plusieurs) de chaque catégorie. Ainsi on pourra minimiser le nombre de concepts manquants. Il se peut que l'évènement n'ait pas de concepts dans toutes les catégories.

Lier les concepts

On décrira ensuite les relations qui unissent les évènements aux différents concepts. Ceci constituera la première ébauche de la "colonne vertébrale" du modèle Data Vault.

Définitions des liens entre les concepts centraux

Lister les attributs

Enfin, dans la troisième étape, on définira tous les attributs et le contexte de chaque concept.

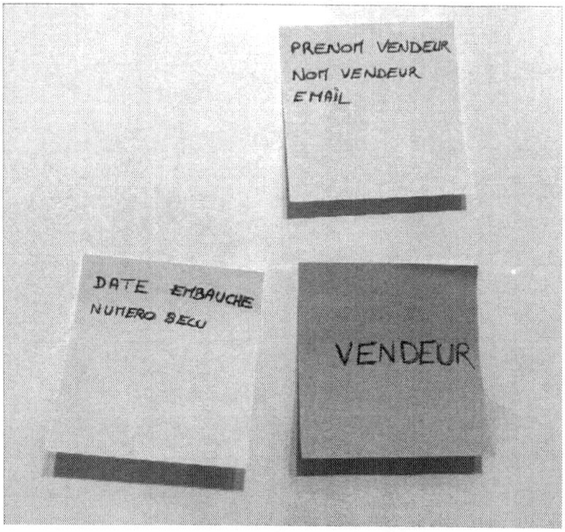

Définition des attributs et du contexte liés aux concepts centraux

4.2 Avantages

EML est une méthode très simple qui permet de séparer les conversations techniques et fonctionnelles. Ainsi les *workshops* sont plus efficaces, les problèmes de communication dus aux différentes cultures des parties prenantes sont limités.

EML permet aussi d'inclure les parties prenantes fonctionnelles dans le design de la solution.

EML et Data Vault permettent une approche beaucoup plus itérative de la conception d'un entrepôt de données. Il n'est alors pas nécessaire d'avoir une modélisation de tous les processus fonctionnels pour débuter les développements.

4.3 Limites

Cette méthode ne permet que de modéliser la couche Data Vault de l'entrepôt de données, elle ne donnera que des indications concernant la couche dimensionnelle. Elle n'expliquera pas les "pourquoi" et donc les priorités. Elle ne permettra pas de définir des architectures techniques ni de documenter les process opérationnels.

5. Comparatif des méthodes

Ces méthodes ne sont pas toutes applicables dans tous les contextes, ayant chacune leurs faiblesses et leurs forces : il est important de choisir celle qui sera le plus appropriée pour vous afin d'en tirer le maximum de bénéfices.

	Utilisation	**Difficulté de mise en place**
UML	Diversifiée, pour documenter le "comment". UML est une méthodologie surtout orientée vers la documentation des process opérationnels et s'applique difficilement à la documentation des systèmes décisionnels. Elle peut être utilisée pour documenter le processus sur lequel les données capturées porteront.	Faible
Approche par objectifs	Documentation des objectifs du projet ("pourquoi") et des priorités. Elle est très utile pour s'assurer de l'alignement du système décisionnel et de la stratégie de l'entreprise. Cette approche est également intéressante pour limiter les changements de scope.	Moyenne

	Utilisation	**Difficulté de mise en place**
EKD	Documentation très complète des systèmes : objectifs, *business process*, architecture, sécurité. EKD permet de documenter de manière très complète tous les aspects d'un système.	Complexe
ELM	Définition des concepts métiers et de leur relation, ébauche du modèle de données Data Vault. Cette méthodologie est très simple dans sa mise en pratique, elle permet surtout de faire le pont entre les concepts métiers et une modélisation Data Vault	Simple

Chapitre 5
Activités de recueil des besoins

1. Introduction

Après avoir vu ce qu'il fallait capturer et sous quelles formes il était possible de le formaliser, voici différentes manières d'organiser le travail avec vos parties prenantes. Nous touchons ici à la partie sociale du recueil des besoins, il n'y a pas de formule magique, tout dépend de votre contexte, des personnes, de leurs expériences, de leur culture... En fonction de l'environnement, il vous faudra choisir la ou les méthodes les plus adaptées. Ce chapitre vous décrira chacune des méthodes avec ses avantages et ses limites. Le tableau comparatif en fin de chapitre permettra de récapituler.

2. Workshop

Le *workshop* est la méthode de groupe la plus utilisée. Il est aussi appelé "atelier de travail". Pour être productif, il a cependant besoin d'être préparé en amont.

2.1 Présentation

Il est souvent perçu comme une réunion participative, mais pour être productif il doit être bien préparé. Il existe plusieurs types de workshops (workshops fonctionnels, techniques, ou basés sur les scénarii fonctionnels).

- Le workshop fonctionnel a comme objectif de définir un besoin métier. Il est utilisé pour définir des priorités et un scope. Suivant les contextes, le résultat peut être un ou plusieurs scénarii, un process modélisé avec des thermomètres (cf. Méthode des thermomètres), un arbre de buts (cf. L'approche par objectifs). Le groupe est généralement constitué avec une forte dominance fonctionnelle même si quelques experts techniques peuvent être invités pour un avis consultatif.
- Le workshop technique a pour vocation de résoudre un problème technique avec différentes expertises (architectes, développeurs *front-end*, *back-end*, urbanistes, modeleurs, experts en sécurité, équipes de configuration...) Il est alors très pertinent pour envisager des configurations complexes ou des problématiques systémiques. Le groupe est fortement orienté technique, un représentant fonctionnel ou l'analyste peuvent être invités pour donner des précisions.
- Le workshop basé sur un scénario fonctionnel. À mi-chemin entre les deux précédemment cités, le workshop basé sur un scénario se découpera en trois parties :
  - Les équipes fonctionnelles préparent un scénario fonctionnel à résoudre. Le résultat attendu prendra de la même forme que celui du workshop fonctionnel.
  - Les membres fonctionnels présentent le scénario/*business case* à résoudre aux membres techniques. Les équipes techniques vont alors envisager différentes solutions techniques.
  - Les équipes techniques proposent des solutions supportant le scénario fonctionnel.

L'avantage de ce troisième type de workshop est que toutes les parties prenantes vont avoir un moment pour collaborer directement tout en minimisant la perte de temps. Il est alors possible de commencer le workshop avec les membres fonctionnels seulement, et de le terminer avec les membres techniques.

Avant le workshop

Dans tous les cas, la préparation de ces workshops est primordiale. Il est important de définir :

- Le sujet à aborder : ni trop vague, ni trop précis. Bien préciser le sujet pour permettre aux parties prenantes de préparer le workshop (ou de le déléguer).
- La taille des groupes, entre cinq et huit participants est optimal. Plus nombreux : il sera difficile d'y prendre des décisions. Moins nombreux : la conversation sera appauvrie par le manque de points de vue.
- Les résultats attendus : comment va être utilisé le résultat du workshop, quelle sera l'audience ? En fonction de cela, certains membres peuvent choisir de déléguer à quelqu'un de plus ou moins technique ou ayant une compétence particulière (modélisation de process, responsable de l'alignement stratégique…) dans leurs équipes.
- La logistique : faut-il prévoir une seule salle ou plusieurs ? Avec un tableau blanc, des post-it, en visio-conférence ? Des déjeuners et collations ? Les billets d'avion, le taxi et les nuitées si les participants viennent de loin ?
- Le temps imparti : suivant le nombre de personnes et la complexité de la question à laquelle elles devront répondre, il convient d'adapter la durée du workshop. Celle-ci peut aller d'une heure à plusieurs jours. Pour rester productive, toute session de plus d'une heure nécessitera des pauses.

Pendant le workshop

- Un facilitateur devra être désigné (parfois un secrétaire). Il sera le responsable entre autres de présenter les parties prenantes, faire respecter le temps de parole ; il sera aussi maître du temps, veillera à la bienveillance et au respect des temps de parole des participants et relancera les débats.
- Le temps imparti : pour maximiser les chances d'obtenir un résultat, il est important d'avoir une personne "maître du temps". Cette personne annoncera le temps restant pour être sûre que les parties prenantes gardent l'objectif en tête et évitent les digressions.

- La prise de décisions : parfois les débats s'éternisent et il est difficile de parvenir à un consensus. Voici quelques techniques permettant d'éviter cet écueil :
  - Le vote : la plus simple des méthodes. Elle permet de prendre une décision à la majorité. Elle peut être complétée par un système de veto. Cela sera important si l'on aborde des questions légales, de faisabilité technique...
  - Le vote par points : chaque partie prenante a un nombre de points à repartir sur les différentes solutions trouvées, cela peut être pondéré par le poids des parties prenantes (cf. Un peu de théorie - Priorisation).
  - La méthode dite des "6 chapeaux" est tirée de la science maïeutique. Elle va obliger les parties prenantes à changer de points de vue au cours de la même réunion. Cette méthode est particulièrement adaptée pour éviter les conflits et les débats trop longs, car tous les participants ont le même point de vue au même moment : le chapeau blanc est la neutralité, avec ce chapeau les participants décriront de façon objective les faits (nombres, exemples...). Le chapeau rouge permet de décrire les émotions, les pressentiments et les intuitions. Le noir sera là pour évaluer le négatif, les problèmes, les risques... Le jaune sera le positif qui permet de voir les bénéfices de la situation envisagée. Le chapeau vert incitera les parties prenantes à être créatives et à chercher des alternatives. Le bleu sera porté par le facilitateur, car il représente l'organisation. Il aidera à faire le résumé de la situation.

Après le workshop

"Le véritable voyage de découverte ne consiste pas à chercher de nouveaux paysages mais à avoir de nouveaux yeux" - Marcel Proust

- L'évaluation de session : un questionnaire ou une question ouverte... Elle peut prendre différentes formes. Comme ils sont souvent peu préparés, les workshops ont la réputation d'être peu productifs. Il est important de demander leur avis sur la session à vos parties prenantes pour les garder motivées. C'est spécialement le cas lorsque vous prévoyez d'organiser plusieurs sessions. Cela vous permettra également d'améliorer la productivité du groupe.

2.2 Avantages

Les workshops facilitent l'intelligence collective et le consensus dans la prise de décision. Ils seront très bénéfiques s'ils sont bien organisés et que les parties prenantes arrivent avec des points de vue très variés.

Ils ne demandent que peu de formation pour être organisés et les participants ont généralement l'habitude de ce format, facilitant encore sa mise en place.

Le workshop peut aussi être utilisé à des fins de formation. Les personnes fonctionnelles auront l'opportunité d'expliquer en détail leurs problématiques et les techniciens pourront démontrer les contraintes techniques.

2.3 Limites

La disponibilité spatio-temporelle des interlocuteurs peut-être compliquée à obtenir. Les participants ont d'autres activités quotidiennes, il est parfois difficile de réunir tout le monde en même temps. De même, si vos participants ne sont pas localisés au même endroit, un workshop peut se révéler très frustrant pour ceux qui sont en visio-conférence ou pire au téléphone. Ils ne peuvent pas ou difficilement voir les schémas, ne peuvent pas les modifier directement, ont du mal à identifier qui parle. La connexion peut ne pas être de bonne qualité, le facilitateur a tendance à les oublier... ou tout en même temps.

Lié à la disponibilité spatiale, le coût d'un workshop peut être important si les personnes doivent se déplacer ou/et si elles sont mobilisées plusieurs jours.

Comme dans toutes sessions en groupe, certains participants peuvent être réfractaires à prendre la parole publiquement, d'autres peuvent rester obnubilés par leur première idée et avoir des difficultés à chercher le compromis.

2.4 Conditions optimales d'utilisation

Le workshop est spécialement utile pour faire émerger une solution collective sur un problème bien défini. Pour être productif, il est nécessaire d'être bien préparé. Pour plus d'efficacité, les workshops peuvent être couplés avec différentes techniques complémentaires telles que les scenarii, la méthode Delphi, les interviews...

3. Interviews

L'interview est la méthode individuelle la plus utilisée. Pour être efficace, elle doit répondre à certains critères. Si vous aimez les investigations policières, le Cluedo et la Grèce antique, cette méthode est pour vous.

3.1 Présentation

Il s'agit ici d'interviewer les différentes parties prenantes séparément. Ce sont souvent des entretiens en face à face ou par téléphone. Les entretiens peuvent être plus ou moins formels, allant de la conversation naturelle au questionnaire en passant par l'interview dirigée.

L'intervieweur se doit de ne pas influencer les réponses. Il faut alors être à l'écoute et observer l'interviewé. Voici quelques techniques qu'il est possible d'utiliser pour mener un entretien.

3.1.1 Les techniques issues des interrogatoires policiers

Un interrogatoire de police se déroule souvent en trois étapes :

- Le récit libre : le but est alors de laisser la personne parler sans l'interrompre. Elle va alors souvent brosser largement le sujet. Cela permettra de recueillir son point de vue non biaisé, mais aussi ses priorités, les conflits potentiels (elle a peut-être besoin de "vider son sac"). L'intervieweur se doit alors de noter aussi fidèlement que possible le contenu. Cette phase est particulièrement importante en cas de conflit entre les différentes parties prenantes, car elle permet à chacun de se sentir écouté.

- Les questions ouvertes : cette étape permet à l'intervieweur de poser des questions pour orienter le sujet et de se focaliser sur les parties qui lui semblent prioritaires. Les questions seront du type "pouvez-vous approfondir... ?", "que pensez-vous de ce sujet... ?". Ce sont toujours des questions qui appellent une réponse longue.
- Les questions spécifiques : le domaine est maintenant bien ciblé, il s'agit de préciser des points de détails. Les questions souvent fermées (dont la réponse est "oui" ou "non" ou appelant à des réponses précises : "quelle définition mettez-vous derrière ce terme métier ?", "utilisez-vous ces KPI ?"

3.1.2 La méthode du QQOQCCP

Plusieurs origines possibles pour cette méthode, mais toutes se situent entre le Ier siècle avant J.C. et le Ier siècle après J.C. Elle est notamment décrite par Hermagoras de Temnos (un rhéteur grec). Ce concept est maintenant utilisé en journalisme pour définir un ordre de priorité de l'information. Autant dire que la méthode est éprouvée. Elle est aussi connue en anglais sous le nom "5W" (Who? What? Where? When? Why?) ou la définition des "circonstances" d'un fait. C'est un peu comme jouer au Cluedo.

Il s'agit ici de se demander Qui ? Quoi ? Où ? Quand ? Comment ? Combien ? Pourquoi ? Pour établir un ou des faits. Le terme "fait" peut être entendu au sens que lui prête Ralph Kimball dans la modélisation dimensionnelle.

- Qui : on définit ici le responsable, les acteurs et le sujet de l'action. Les questions dérivées peuvent être : Avec qui ? Pour qui ? De qui ?
- Quoi : cela définit l'objectif, le résultat ou l'objet. Les questions dérivées sont : Avec quoi ? En relation avec quoi ?
- Où : on caractérise ici le lieu. Cela peut être le lieu du domaine (par exemple : où la vente s'est effectuée) ou de l'application (par exemple : le lieu de capture ou stockage de la donnée).
- Quand : on traite ici la notion de temps. Les questions dérivées peuvent être : à partir de quand ? Jusqu'à quand ? Il est primordial de capturer la dimension temporelle pour les événements métiers, mais aussi pour la capture/modification de la donnée.

- Comment : la procédure, la technique, l'action, le moyen ou le matériel peuvent répondre à cette question. Le "comment" répondra aussi aux questions suivantes : de quelle façon ? Dans quelles conditions ? Avec quel procédé ?
- Combien : la réponse est souvent numérique. On parle ici de KPI (*Key Primary Indicator*), de métriques. Cela peut représenter des quantités de produits, un nombre de ventes, des budgets, des risques, des prévisions... On répondra notamment aux questions : dans quelle mesure ? À quelle dose ?
- Pourquoi : souvent oublié, comprendre le pourquoi est primordial. Il vous donnera la raison d'être du problème, les motivations des interlocuteurs et vous permettra de définir les causalités. Dans un système supportant plusieurs processus il vous permettra de séparer les processus métiers. (cf. Techniques de modélisation).
- Pour (faire quoi) : on capture ici la finalité, l'ambition, la prévision... Cette question permettra de replacer votre besoin dans un contexte plus global. Elle vous permettra de relier ce morceau de besoin à la stratégie de l'entreprise et de justifier que votre organisation dépense de l'argent et du temps dessus.

Cette technique est particulièrement utile pour définir un modèle de données fonctionnelles. Il sera alors beaucoup plus aisé d'interconnecter vos besoins métiers avec les développements techniques (cf. Techniques de modélisation).

Dans un contexte de changements pour l'organisation, les questions pourront alors se focaliser sur les modifications temporelles. Il sera alors utile de dédoubler ces questions : Qui actuellement ? Qui dans le futur ? Quoi actuellement ? Quoi dans le futur ? Votre système décisionnel s'attachera alors à capturer les anciennes et les nouvelles pratiques métiers, mais aussi le changement de l'une à l'autre. Dans ce contexte, doubler les interviews avec une approche EKD-CMM sera sans doute pertinent.

La matrice suivante pourra donc être utilisée :

	Actuellement	**Dans le futur**
Qui		
Quoi		
Où		
Quand		
Comment		
Combien		
Pourquoi		
Pour faire quoi		

3.2 Avantages

Chacune des parties prenantes va pouvoir s'exprimer indépendamment. L'interview permet de prendre en compte chaque point de vue sans qu'il soit influencé par les autres.

Les interviews sont très profitables pour cadrer un projet à haut niveau. Comprendre les problématiques des différents interlocuteurs et les thématiques à aborder. Mais aussi pour comprendre les détails opérationnels.

Dans un contexte multiculturel ou à forte différence d'influence entre les parties prenantes, l'interview donnera à chacun la possibilité de s'exprimer. En utilisant les techniques de groupes, les juniors, les personnes récentes dans l'entreprise, les subordonnés, les personnes ayant une culture dans laquelle l'individualisme n'est pas valorisé, les femmes – liste non exhaustive – auront parfois du mal à s'exprimer. Employer les interviews leur permettra de se prononcer. Le facilitateur pourra alors utiliser le résultat de ces interviews pour renforcer leurs voix lors des sessions de groupe.

3.3 Limites

Pour être correctement menée, une interview doit être non biaisée. L'analyste, doit se défaire de ses a priori et de ses expériences. La qualité de l'interview dépend directement des relations interpersonnelles de l'intervieweur et de l'interviewé.

Un autre inconvénient majeur est que la charge de travail est directement proportionnelle au nombre de parties prenantes. Cela peut être infaisable sur des projets complexes ou si les parties prenantes sont nombreuses et hétérogènes. Pour contourner cette limite, l'analyste peut alors se tourner vers des représentants, des groupes de focus... (cf. Groupe de collaboration).

Finalement, les interviews ne permettent pas de bénéficier de l'intelligence collective. Vos parties prenantes ne pourront pas chercher de compromis. Il peut être difficile de faire émerger les points de divergences. Ceux-ci apparaîtront plus tard dans le projet, ce qui peut s'avérer coûteux. C'est pour cette raison qu'il est recommandé d'utiliser cette technique non pas seule, mais en combinaison avec d'autres techniques permettant d'avoir une vue d'ensemble du scope du projet.

3.4 Conditions optimales d'utilisation

Les interviews sont à utiliser en complément d'une autre technique l'élicitation. Il faut un nombre réduit de parties prenantes ou des représentants choisis avec attention et méthode. Il faut également trouver la bonne granularité des questions : trop génériques, elles n'apportent que peu d'éléments utiles ; trop spécifiques, elles sont l'assurance de se perdre dans des détails.

4. Méthode Delphi

Elle est aussi connue sous le nom de méthode de Delphes. Delphes une ville grecque ou un oracle (la pythie) faisait des prédictions. La méthode a été en réalité inventée par Norman Dalkey et Olaf Helmer aux États-Unis en 1948. Elle peut être fastidieuse, mais donne de très bons résultats.

4.1 Présentation

Le but de la méthode Delphi est de décorréler l'idée émise de l'émetteur. En procédant ainsi, l'idée pourra être évaluée pour elle-même. Cela élimine les préjugés liés aux personnes, mais également l'utilisation de techniques de manipulation. Cette technique, bien que peu utilisée, est très utile dans les cas d'équipes à distance, de conflits, de tensions, de différences d'influences des parties prenantes. L'utiliser permettra de trouver un consensus sur les thématiques et les priorités.

Elle se constitue de plusieurs étapes :

La première étape va être de choisir le sujet. Il est important de définir précisément le sujet au risque d'induire en erreur les parties prenantes et de rendre le processus confus.

La seconde étape va être de choisir les parties prenantes interrogées et leur qualité (connaissances, impartialité...). Il faut prévoir un nombre assez important d'experts pour pallier les démotivations).

La troisième étape est l'élaboration d'un questionnaire. Il faut alors tenter d'obtenir des questions précises.

La quatrième est le questionnaire anonyme. L'analyste envoie aux parties prenantes un questionnaire dans lequel il leur demande d'établir une liste des priorités selon eux. Chaque personne va alors répondre individuellement et le retourner à l'analyste de façon anonyme.

L'analyste traite ensuite les informations. Il s'agit ici de collecter et synthétiser les réponses. À ce stade il est important d'effectuer un travail d'anonymisation, de synthétisation et d'agglomération des besoins.

- La désambiguïsation : lorsque l'analyste reçoit la liste des besoins, il devra chercher à comprendre les ambiguïtés. S'assurer que les besoins convoient un seul et unique sens. Il faudra alors faire la chasse aux imprécisions; la plupart du temps il s'agit d'un terme désignant deux concepts métier. Viendra ensuite la chasse aux synonymes; deux termes pour le même concept métier. La bonne conduite de cette étape dépend fortement de la connaissance métier de l'analyste qui doit aussi être méticuleux.

– L'anonymisation : il s'agit ici d'assurer que l'on ne puisse pas reconnaître la personne qui a rédigé le besoin. Toute la difficulté de cette étape est de garder la granularité. Il arrive parfois que l'anonymisation se fasse au détriment de la précision.
– La synthétisation : il faut maintenant regrouper les besoins par doublon, les regrouper par thèmes, les classifier. Comme durant la synthétisation, il faudra veiller à conserver l'exactitude des besoins de départ.
– La priorisation des besoins : il s'agit alors de renvoyer la liste retravaillée des besoins aux parties prenantes pour leur demander d'affecter une priorité pour chacun d'entre eux. Il est ici possible de définir un poids pour les réponses des parties prenantes. Cela peut être justifié par la différence de financement ou parce que certaines personnes représentent une portion plus grande des utilisateurs, une plus grosse part de marché... Par exemple : si plusieurs directeurs s'associent sur un projet, celui ayant le plus gros impact pour le business pourra avoir davantage de poids dans la priorisation.

Cette priorisation peut être accomplie différentes façons. Un système de points ou de pourcentages peut être utilisé. Il est alors important de veiller à donner des instructions claires pour l'attribution des priorités. Il faut absolument éviter de simplement ordonner les items, cela ne procurera pas une granularité assez fine et pourra aboutir à de nombreux ex æquo.

Il arrive qu'il y ait plusieurs itérations de ces étapes. Elles sont principalement utiles pour affiner les besoins en définissant plus précisément les priorités établies précédemment. À chaque itération, la granularité va s'affiner.

Imaginons un processus de vente d'une ligne de téléphone allant de la recherche de prospects à l'installation de la ligne. On peut, par exemple, poser initialement une question comme : quelle est l'étape la plus importante du process d'accueil des nouveaux clients pour vous ? Accompagnée de la liste des activités ou sous-processus d'un macro process. La seconde itération portera alors sur le sous-process. Quelle est l'activité la plus importante du processus de vente selon vous ? L'itération finale sera sûrement plus qualitative : choisissez une option qui vous semble prioritaire : diminuer les abandons durant cette activité (par exemple : notion de taux de conversion) / augmenter le panier moyen du client / accélérer cette activité (en moyenne 45 min actuellement).

4.2 Avantages

Les avantages de cette méthode sont nombreux. Elle permet notamment de diminuer l'impact des relations interpersonnelles et des enjeux politiques dans l'élicitation des besoins. Les différences culturelles, hiérarchiques, d'ancienneté peuvent constituer un frein réel pour faire émerger le besoin final. Il est courant que le grand manager donne son avis et que personne n'ose le contredire même si celui-ci ne dispose pas d'une vision assez précise pour définir le besoin correctement.

Cette méthode peut aussi être utilisée pour prioriser les sessions de groupes (*brainstorm*, *workshop*...) de façon efficace et impartiale.

4.3 Limites

La compétence de l'analyste et l'effort nécessaire sont les deux principaux problèmes de cette méthode. Il faut trouver un *business analyst* avec une certaine connaissance du domaine métier pour pouvoir classifier les besoins. Cette personne doit être attentive aux détails. Il peut être utile d'avoir plusieurs analystes travaillant ensemble pour confronter leurs compréhensions des retours. La méthode de l'analyse syntaxique définie plus bas dans ce chapitre aidera l'analyste pour l'étape de désambiguïsation.

Mal cadrée, la première activité peut apporter des réponses bien trop divergentes, il convient soit de l'employer après une définition du projet par le chef de produit, soit de se baser sur un questionnaire au premier tour.

4.4 Conditions optimales d'utilisation

La méthode Delphi est particulièrement utile quand la diversité des parties prenantes fait craindre des sessions en groupes peu productives.

5. Brainstorm

C'est l'un des *buzz word* de ces dernières années : il est particulièrement efficace si vous devez faire preuve de créativité.

"Il n'est de fertile que la grande collaboration de l'un à travers l'autre. Et le geste manqué sert le geste qui réussit, et le geste qui réussit montre le but qu'ils poursuivaient ensemble à celui qui a manqué le sien". Citadelle (1948) - Antoine de Saint Exupéry.

5.1 Présentation

La technique du brainstorm, aussi appelée "remue-méninges", est particulièrement utile dans des circonstances où la créativité est primordiale. Elle peut être utilisée notamment pour la définition de besoins fonctionnels. Il arrive parfois que l'on cherche à mesurer un événement dont la capture informatique est impossible ou peu précise. Le brainstorm peut alors être utilisé pour trouver des solutions de contournement, sortir des sentiers battus. C'est notamment le cas dans l'évaluation du risque, de l'impact social ou environnemental, du sentiment du client et plus généralement dans les mesures dont les processus sont externes à l'entreprise et les sources de données non existantes ou peu fiables.

Une session de brainstorm est généralement composée de plusieurs parties. Après la préparation, la première sert à générer le plus d'idées possible, la seconde à sélectionner les idées.

– La préparation permet de définir l'objet du brainstorming, de consistuer le groupe, de communiquer pour stimuler la créativité des participants, d'envoyer des éléments inspirants (articles de journaux...), de prévoir un lieu, du matériel (tableau, post-it, feutres...) et de prévoir une date ou tout le monde sera disponible.

– Pendant l'étape du brainstorm à proprement parler, chacun doit émettre le plus d'idées possibles sur le sujet. Toutes les idées sont les bienvenues et le facilitateur doit absolument veiller à ce que chacune d'entre elle soit accueillie sans jugement. On cherche ici la quantité et la diversité. Certaines idées peuvent seulement servir à rebondir sur d'autres, qui figureront, elles, dans la sélection finale. Le pillage, l'exagération sont donc fortement recommandés. Il n'y a donc pas d'idées saugrenues et le facilitateur doit veiller à ce que chacun puisse s'exprimer tout en évitant les débordements. La critique est à proscrire, qu'elle soit verbale ou non-verbale. Le facilitateur doit veiller à cela, particulièrement lorsque les participants les plus réservés s'expriment.
– La phase suivante est une étape de regroupement, de sélection des idées. Elle peut être organisée suivant diverses méthodes de priorisations : points, gommettes, votes avec pondération ou sans... (cf. Un peu de théorie... - Priorisation). Seules les méthodes de priorisation décorrélant l'idée et la personne émettant cette idée ne peuvent pas être utilisées durant cette phase (notons qu'elles peuvent l'être pour choisir les thèmes de la session de brainstorm). Les idées sont alors priorisées et sélectionnées. Les principales idées peuvent être détaillées en vue de la capture. Il est alors important de conserver le résultat : prendre une photo du tableau ou des post-it. Envoyer un récapitulatif des idées retenues aux participants. C'est aussi un excellent moment pour définir les prochaines étapes. En effet, on pourra profiter de l'émulation créée durant la session pour initier les étapes suivantes.

Les séances se tiennent sur une durée assez courte. Trente minutes à une heure est une durée généralement suffisante pour arriver à un résultat convaincant. Un maximum de dix personnes est recommandé pour que tout le monde ait le temps de s'exprimer. Plus les invités auront des points de vue ou des expériences différentes, plus le brainstorm sera productif.

Une alternative peut être le *brain-writing* : les différents aspects du sujet sont notés sur des feuilles (ou un tableau Excel) et sont passés une ou plusieurs fois parmi les participants. Il leur est alors demandé de noter les idées qui leur viennent en tête. Cette technique capitalise moins sur l'intelligence collective, mais elle a des avantages. Elle permettra de faire participer des personnes à distance et elle ne nécessite pas que tous les protagonistes soient réunis. Elle peut aussi s'adapter à des participants ayant un handicap : mal entendants, muets, troubles autistiques....

Une seconde alternative peut-être le *mind mapping*. Il s'agit alors de créer une carte mentale de toutes les idées avec les liens entre elles. Les idées sont classées entre les principales et les secondaires. Il est souvent utile d'étiqueter les liens pour définir la relation entre les deux idées (inclue, est contraire à, est complémentaire à...).

Dans le cas où le brainstorm est peu productif, il existe une solution hyper créative : l'anti-brainstorm. Il s'agit ici de proposer toutes les solutions qui seraient les pires pour résoudre la problématique. Le cerveau humain est naturellement plus doué dans l'imagination d'une dystopie que d'une utopie. Ici, il faut faire tomber les tabous et les interdits. Il suffit alors de renverser les idées pour trouver des solutions. Voici un exemple hors décisionnel. La question de départ est : comment inciter au don de sang ? Les anti-idées répondent donc à la question : qu'est-ce qui serait inacceptable pour donner son sang ? Deux idées ont été émises : "attaquer les gens dans la rue pour vampiriser leur sang", "collecter le sang des règles". En renversant les idées, l'association a organisé des événements pour Halloween : "1 don du sang pour 1 entrée en soirée". La seconde idée a donné un slogan de communication : "votre femme perd du sang chaque mois pour donner la vie. Donnez du sang pour en sauver". Dans le domaine qui nous préoccupe, cela peut être : "que faut-il faire pour échouer lamentablement les objectifs de fin d'années ?", "que faut-il faire pour envoyer le directeur en prison (non-respect des obligations légales) ?", "que faut-il faire pour se faire licencier ?","qu'est-ce qui mettrait le client hors de lui à coup sûr ?". Il est certain qu'à cette étape-là vous avez de nombreuses idées.

Il existe des logiciels pour assister aux sessions de brainstorming, cf. Pour aller un peu plus loin - Les outils du marché.

5.2 Avantages

Le brainstorm est idéal pour des besoins fonctionnels où il va falloir trouver des solutions alternatives. Ces sessions peuvent aussi être très performantes au niveau managérial. Comme la technique est basée sur l'intelligence collective, si l'écoute est au rendez-vous, les membres se sentiront impliqués.

Le brainstorm, s'il est bien organisé permet de faire émerger des solutions très novatrices auxquelles personne n'aurait pu penser individuellement. Cette technique permet de maximiser l'intelligence collective d'un groupe.

5.3 Limites

Plusieurs limites se posent au brainstorm. Il est nécessaire que les participants soient situés au même endroit. Il paraît irréaliste de conduire une session de brainstorm par visio-conférence.

Il faut que le facilitateur et les participants respectent absolument la règle de jugement différé et que les idées soient accueillies avec bienveillance. Le brainstorm présente l'inconvénient des sessions de groupe. Il suffit que le manager soit présent et dise" : je suis venu là pour entendre des idées productives" pour que toute la session se retrouve paralysée.

Il paraît difficile d'organiser des brainstorm sur des sujets comportant de fortes contraintes (domaines : légal, sécurité, architecture...) en effet, plus le cadre est strict et les effets systémiques importants, moins la créativité a sa place.

5.4 Conditions optimales d'utilisation

Le brainstorm est particulièrement adapté à des situations pour lesquelles le problème n'a pas de solution évidente et peu de normes (bonnes, pratiques, standards...). Il est aussi indispensable d'instaurer un climat de confiance. Il sera donc plus utile pour définir un besoin fonctionnel qu'un besoin technique.

6. Design thinking

Le *design thinking* est un processus de conception qui se concentre sur les besoins des utilisateurs. L'équipe du projet va tenter de se mettre dans les chaussures des utilisateurs du projet.

6.1 Présentation

Le design thinking a été inventé par Rolf Faste à l'université de Stanford en 1980. La méthode a été initialement définie en sept étapes : définir, rechercher, imaginer, prototyper, sélectionner, implémenter et apprendre. Elle est maintenant couramment utilisée sous une forme allégée avec quatre étapes : comprendre, définir, développer et livrer, sous le nom du modèle "Double Diamant".

Cette méthode est à mi-chemin entre une démarche analytique et une démarche créative. Elle est représentée par deux diamants. Le premier est consacré au problème, le second à la solution. Chacun de ces diamants comporte une phase divergente pour recueillir des informations, c'est la phase créatrice, et une phase convergente pour se focaliser sur une des informations issues de la phase précédente. Cette phase convergente est la partie analytique de la démarche.

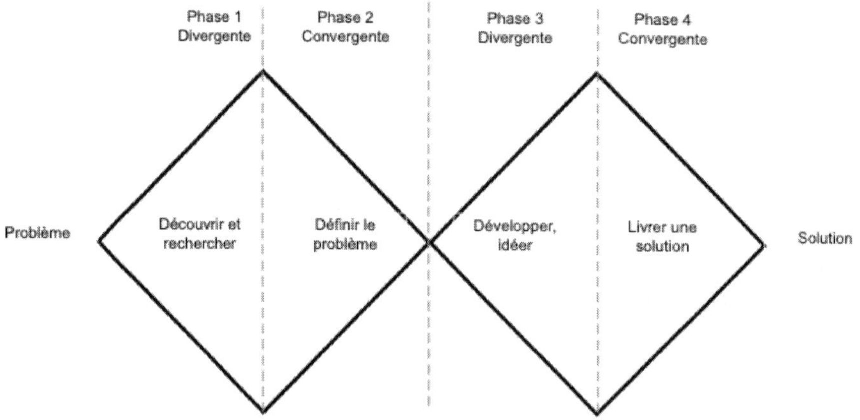

Processus de design thinking

Tout d'abord, le premier diamant....

La première étape est "comprendre", il s'agit ici d'interroger les principaux utilisateurs potentiels. Il peut être utile de réviser les techniques d'interviews (cf. Activités de recueil des besoins - Interviews). On tentera ici de comprendre leurs besoins, leur travail quotidien et leurs points de frustration. Le recueil des données sera focalisé sur le passé et le présent de l'utilisateur et non sur le futur (sur la ou les solutions préssenties). Cela peut être le temps passé au bureau à consulter des rapports pour les commerciaux qui doivent être en clientèle, la compilation de données pour créer une présentation PowerPoint pour le manager... C'est la phase de divergence du premier diamant.

Ensuite on va "définir" le problème et l'angle d'attaque de celui-ci. La première phase vous aura fourni un certain nombre d'informations, il va tout d'abord falloir les trier, les regrouper et les prioriser (cf. Un peu de théorie - Priorisation). Il ne sera pas réaliste de résoudre tous les problèmes identifiés dans la phase "comprendre". Une fois cette étape terminée, le besoin fonctionnel sera défini : quel problème tente-t-on de résoudre ? Pour qui ? Pour quels bénéfices ? Imaginons par exemple que nous choisissons le besoin "le temps passé au bureau à consulter des rapports pour les commerciaux qui doivent être en clientèle" ; la priorisation se sera faite en fonction du coût pour l'entreprise (nombre de personnes impactées x salaire x temps).

Vient le second diamant...

La phase de divergence est la phase nommée "idéer". Il s'agit là de produire un maximum d'idées pour résoudre le problème. Il faut être créatif et tenter d'évoquer toutes les alternatives possibles. Pour cette étape, l'approche la plus naturelle paraît être le brainstorm ou l'anti-brainstorm. (cf. section Brainstorm). Que peut-on faire pour que les commerciaux gagnent du temps ? Il est possible de leur fournir une version déconnectée du rapport pour le lire dans les transports en commun. Il est possible de produire une version audio du rapport. Il est possible de changer le type de rafraîchissement du rapport pour qu'il ne soit plus affiché à l'ouverture et faire gagner 10 min de chargement à l'ouverture.

Comme pour le premier diamant, vient la phase de convergence : le prototypage. Ici on produira une ou plusieurs ébauches de solution (cf. section Prototypage de ce chapitre) puis on les testera directement avec les utilisateurs. Dans notre exemple, cette étape a conclu que la version audio était plus pertinente, car les commerciaux pouvaient l'utiliser dans les transports en commun, mais aussi en conduisant, au sport ou sous la douche. Le gain de temp est alors réel. Bonus : cette solution est inclusive !

Attention, ce n'est pas parce que l'on se trouve en équipe devant un mur à coller des post-it (avec un café à la main), que l'on fait du design thinking. Il est vraiment nécessaire de se mettre dans la peau des utilisateurs pour comprendre quels sont leurs problèmes. Comme on s'intéresse à l'humain derrière le besoin, l'empathie est alors la clé.

Cela peut être notamment utilisé pour définir des KPI : Qu'est-ce que le trader va vouloir ? Être une rock star : être reconnu comme le meilleur financier dans son magazine. Qu'est-ce que ce magazine publie chaque année ? Le trader qui a eu le plus gros bonus, celui qui a eu la journée la plus profitable, le trader le plus constant. Voici vos KPI définis !

Comment s'organise-t-on ? Le domaine est très évolutif, mais est souvent basé sur une approche visuelle (ça vient des designers !). Du coup vous pouvez sortir : les post-it, les cartes, les fresques, les gommettes, les tableaux blancs, les graphiques en tout genre... et vous utiliserez sans doute aussi les interviews, les prototypes...

6.2 Avantages

Les avantages de cette solution sont multiples. Elle place tout d'abord l'utilisateur au cœur du projet. Avant même de parler de besoin, on s'intéressera à ses émotions.

Elle est assez équilibrée entre la créativité et la méthodologie en proposant, dans chaque diamant, un temps pour faire émerger des idées puis un temps pour se focaliser sur l'une d'entre elles.

Elle est aussi très équilibrée entre la définition du problème et de la solution. Elle évitera notamment que l'équipe se focalise sur ce qu'il y a à faire avant même d'avoir compris le problème à résoudre. Souvent, on tente de sauver le monde sans vraiment savoir de quoi ce monde à sauver à besoin.

Le syndrome de "Superman cherchant à sauver le monde"

Elle peut aussi être utilisée lors d'une seconde phase du projet. Le contexte : vous avez livré une interface, et vous allez interroger les utilisateurs, les observer lors des premières utilisations pour comprendre leurs interrogations. Que veut dire ce graphique ? Pourquoi je ne peux pas imprimer cette page ? Où est-ce que je trouve cette information ? C'est une mine d'informations pour trouver votre prochain problème à résoudre.

6.3 Limites

Comme elle est centrée sur le comportement des utilisateurs, il faut… des utilisateurs. Donc on ne parle pas ici de choix de plateforme, de traitements de données, de politique de sécurité, de choix stratégiques ou d'urbanisation…

Elle est aussi difficilement adaptable dans des contextes soumis à de fortes contraintes : projets légaux, données sensibles, rapports normés ou avec des utilisateurs externes…

6.4 Conditions optimales d'utilisation

Cette approche sera appropriée lorsque vous chercherez à définir des interfaces, des KPI, des rapports liés directement à des utilisateurs humains. C'est encore mieux si vous pouvez les approcher pour comprendre leurs problèmes réels du quotidien.

7. Méthode des thermomètres

Cette méthode est inspirée des travaux de recherche de l'Université Paris 1 Panthéon Sorbonne. Je l'implémente depuis plusieurs années, elle est ludique et facilement utilisable dans les projets de *reporting* opérationnel.

7.1 Présentation

Cette technique peut être employée sur des processus. Elle permet de "prendre la température" de chaque activité du process en définissant des KPI. Chaque activité aura alors un thermomètre externe et interne.

L'analyste travaillera à partir de la modélisation d'un ou plusieurs processus métier. Cette activité ne sera pas décrite ci-dessous, car elle appartient à la définition des processus et des systèmes opérationnels et non à la partie décisionnelle.

"Les grands progrès résultent de la substitution du quantitatif au qualitatif. Des instruments de mesure comme la balance, le galvanomètre et le thermomètre, ont plus modifié nos pensées et nos conditions d'existence que toutes les dissertations philosophiques." Les incertitudes de l'heure présente - Gustave Le Bon.

- Les parties prenantes fonctionnelles (métier) définissent quelles sont les activités clés sur processus et si tout ou partie du processus doit être monitoré. Cela peut se faire de différentes façons : le manager du processus peut prendre la décision de manière autocratique, les différents responsables peuvent se regrouper, un comité de pilotage peut se réunir, la méthode Delphi peut être utilisée (cf. la section Méthode Delphi de ce chapitre).

Prenons l'exemple d'un process de connexion d'une ligne de téléphone. Il est défini comme suit par le business :

- Le client commande une nouvelle ligne.
- Les équipes opérationnelles installent la ligne de téléphone.
- La ligne est opérationnelle.

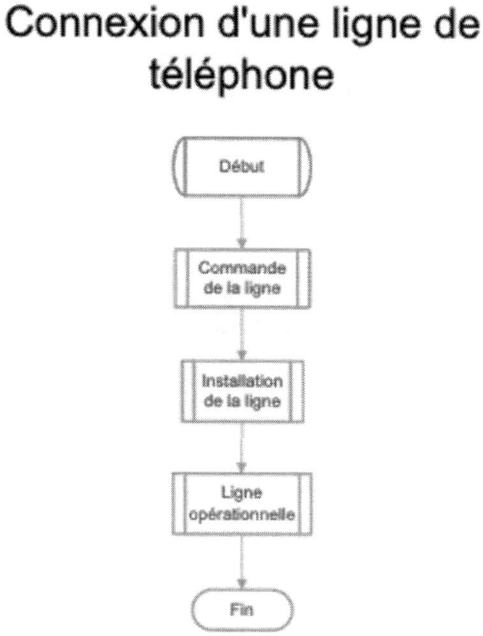

Process d'installation d'une ligne de téléphone

– Les parties prenantes techniques et fonctionnelles identifient les systèmes informatiques supportant les activités définies. Il peut s'agir d'une ou plusieurs sources, elles peuvent être complémentaires ou concurrentes. Il est important d'identifier toutes les sources même si celles-ci ne seront pas intégrées à la solution finale. Elles seront utiles pour améliorer la qualité des données et elles permettront finalement de répondre aux besoins de l'entreprise (cf. Parties prenantes - Répondre aux parties prenantes hors projet : le besoin de l'entreprise et la stratégie). Il est primordial de travailler ici de façon coopérative pour comprendre les systèmes opérationnels sous-jacents et les définitions métier. Dans les cas des ERP, il existe souvent de multiples sous-processus/stades pour une définition métier. Il faut alors trouver une définition techniquement réalisable (certaines activités du processus peuvent ne pas être automatisées, par exemple).

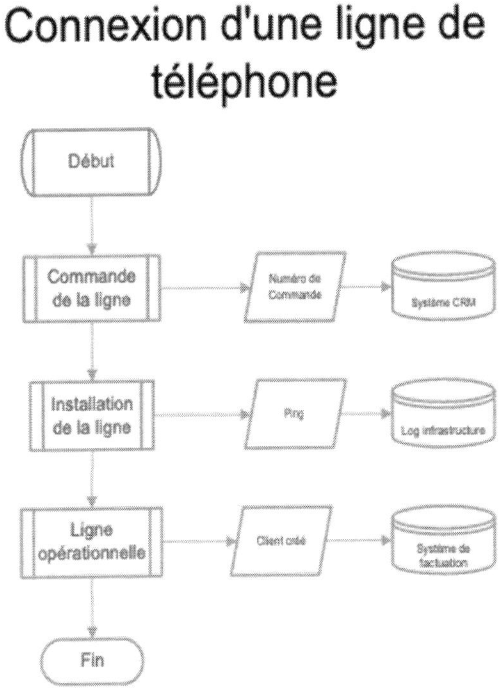

Process d'installation d'une ligne de téléphone avec les systèmes supportant l'activité

Reprenons notre exemple :

- Le client commande une nouvelle ligne. Cette activité est supportée par le système CRM et la définition technique est la création d'un numéro de commande.
- Les équipes opérationnelles installent la ligne de téléphone. La fin du processus d'installation est un test de connectivité, celui-ci est supporté pas le système de journalisation de l'infrastructure.
- La ligne est opérationnelle. Le numéro de client est créé dans le système de facturation. Cette activité est utilisée, car elle est considérée par le régulateur comme contraignante.

– Il faut ensuite définir le thermomètre dit externe. C'est un indicateur sur l'une des activités du processus. Il offrira une vue globale de cette activité, permettant au manager du processus de savoir si tout se passe comme prévu. Celui-ci peut décider de cet indicateur, mais il est recommandé que les personnes impactées par l'activité soient impliquées dans la décision (notamment les personnes gérant les activités en aval). Typiquement, cela pourra être un indicateur booléen ou avec peu de granularité. Pour le choisir, dans un premier temps, le plus simple est de définir la notion de "se passe bien" et de répondre à la question : "si tout fonctionne parfaitement, que se passe-t-il ?". En effet, il est beaucoup plus difficile d'envisager tous les cas problématiques; il faudrait alors être très créatif. Cela forcerait aussi les parties prenantes à se focaliser sur les problèmes et les tensions : les aspects négatifs.

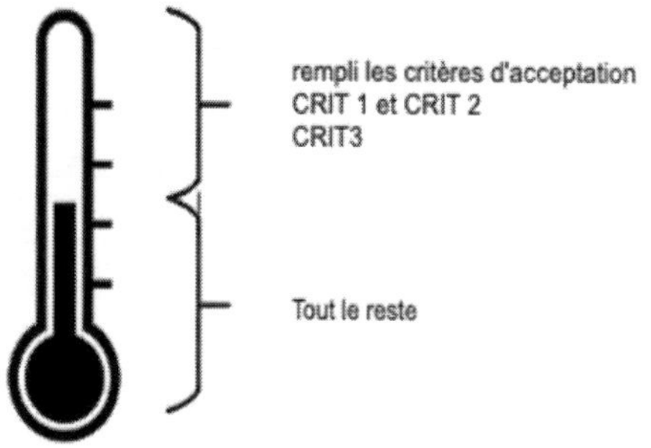

Thermomètre externe

Dans notre exemple, la définition de l'activité "installation de la ligne" pourrait être :

– Un ping est enregistré avec un numéro de téléphone existant dans le référentiel.

  ET

– L'adresse correspond au numéro de téléphone le jour de l'installation.

  ET

– L'installation a lieu dans un délai de cinq jours après la commande de la ligne (activité précédente).

La méthode QQOQCCP pourra être utilisée dans cette activité (cf. section Interviews).

- Ensuite, il faut définir les thermomètres internes. Ces indicateurs vont permettre aux personnes en charge de cette activité de connaître les anomalies du process. Pour cela, il faut prendre en compte les rejets ("ça ne se passe pas bien") du thermomètre externe et affiner les raisons. Ici seule la personne responsable de cette activité est généralement impliquée. Le plus simple est, dans un premier temps, de qualifier pourquoi la donnée ne rentre pas dans les critères d'acceptation. Cela peut être dû au process métier ou/et au process de chargement de données, mais aussi à une définition approximative des critères d'acceptation. (cf. Pour aller un peu plus loin - Qualité de données). Quelques exemples sur la qualité du process : l'activité peut survenir trop tard, trop tôt, avoir échoué, être restée en attente, ne pas survenir, une ou plusieurs informations peuvent être manquantes... Quelques exemples liés au process informatique : les données peuvent prendre trop de temps à remonter dans le système (latence), être manquantes, non fiables, partielles, pas assez granulaires.

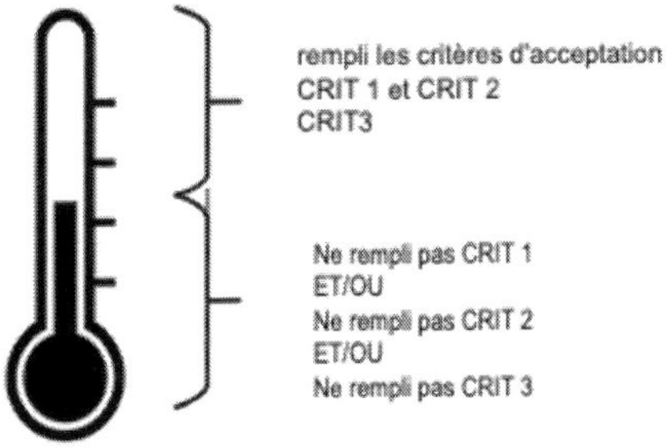

Thermomètre interne

Dans notre exemple, la définition de l'activité "installation de la ligne" pourrait être :

- Un ping n'est pas enregistré ou le numéro de téléphone n'existe pas dans le référentiel.
  OU
- L'adresse ne correspond pas au numéro de téléphone le jour de l'installation.
  OU

– L'installation n'a pas lieu dans un délai de 5 jours après la commande de la ligne (activité précédente).

Remarque

Pour simplifier l'implémentation (script), il est recommandé de s'inspirer des règles de développement utilisées en sécurité. On définit alors qui a accès au système et par défaut, l'utilisateur n'a pas d'accès. On définira ici le process ayant un problème comme un process ne répondant pas aux critères d'acceptations.

Il est important de définir les deux thermomètres séparément, car leur granularité est différente. En effet, la définition du thermomètre interne est vouée à changer régulièrement, à mesure que le responsable mène des investigations et résout les problèmes sur son activité. Lors des différentes itérations, il pourra demander à affiner les raisons. Si les deux indicateurs sont définis comme un seul, cela changera la définition et la granularité pour toutes les parties prenantes.

En revenant à notre exemple : lors de la première itération, le responsable des installations a défini "l'adresse correspond au numéro le jour de l'installation" comme critère d'acceptation. Ce critère renvoie en échec 80 % des données. Après des investigations, le manager s'aperçoit que l'adresse est correcte à J+1 dans le système, en raison d'un problème de chargement informatique. Le processus métier est correct. Il peut choisir de redéfinir le process comme suit : le process se passe bien si l'adresse correspond au numéro de téléphone au plus tard 2 jours après l'installation. 30 % des données sont maintenant renvoyées en échec. Ayant amélioré sa compréhension du système il peut alors le mesurer plus précisément et il sait que seuls 30 % de son process ne fonctionne pas pour d'autres raisons. Ces changements doivent être reflétés par le thermomètre interne, mais ils sont trop détaillés pour que le manager ou les personnes impactées par le projet ne s'en préoccupent régulièrement.

7.2 Avantages

Cette méthode simplifie grandement le recueil de besoins. Le processus est modélisé en amont ou avec l'aide des données. Cela facilite grandement l'effort à fournir pendant le projet décisionnel.

Elle est très visuelle pour les utilisateurs fonctionnels, ils savent généralement comment modéliser et mesurer le process. Se baser sur la modélisation de leur process métier facilite la conversation. Elle peut donc être utilisée comme un médium de communication.

Comme elle est itérative, elle s'intègre très bien dans les méthodologies agiles. Les parties prenantes réviseront les définitions fonctionnelles et techniques en fonction des investigations. La première itération peut avoir lieu avec peu de soutien du business et convient très bien pour un prototype. Lors des appels d'offres, les développeurs ont rarement accès aux utilisateurs et cette technique permettra de sortir une première version d'un *reporting* opérationnel.

7.3 Limites

Cette technique est basée sur des processus opérationnels, cela ne garantit pas l'alignement avec la stratégie de l'entreprise. Il sera sans doute nécessaire de l'associer avec un arbre de buts (cf. section Approche par objectifs).

Le processus à analyser doit être défini précisément. Si l'entreprise ne maîtrise ni ne documente ses processus, l'opération peut se révéler coûteuse.

La gouvernance de données à besoin d'être mise en place et d'être précise. Réduire le nombre de parties prenantes impliquées permettra de faciliter les décisions. Impliquer seulement la personne responsable de l'activité pour le thermomètre interne. La personne responsable de l'activité et les personnes impactées par cette activité pour le thermomètre externe.

Il faut veiller à ne pas tenter d'être parfait sur la qualité des données à la première itération. Cela peut prendre beaucoup de temps pour résoudre les différents problèmes. La première activité consiste à reconnaître les problèmes, pas à les résoudre.

7.4 Conditions optimales d'utilisation

La méthode des thermomètres est particulièrement utile pour les projets opérationnels dans un contexte où les processus métiers sont bien définis.

8. Groupe de collaboration

Cette approche prône de remplacer l'organisation hiérarchisée par un mode de travail beaucoup plus organique où la communication est la base. Le parti pris est que l'intelligence collective d'un groupe est toujours plus efficace que la décision d'un manager. Elle ne se préoccupe pas de la qualité des communications, mais vise surtout à multiplier l'échange d'informations pour faire émerger par l'intelligence collective des solutions aux problèmes envisagés.

8.1 Présentation

Tout d'abord, un petit exemple aviaire. Les oiseaux migrateurs sont un bel exemple de collaboration et d'intelligence collective. Ils parcourent de longues distances, il est donc important de minimiser les dépenses énergétiques. Certains oiseaux utilisent la force du groupe. Ainsi les oies sauvages volent en "V", chaque oiseau utilisant l'aspiration de son prédécesseur. Elles arrivent ainsi à augmenter leur rayon d'action de 70 %. Le prix à payer est la diminution de la vitesse de vol. Un oiseau isolé vole 24 % plus vite qu'une formation. C'est ce que font également les cyclistes.

"Si tu veux aller vite, marche seul, mais su tu veux aller loin, marchons ensemble." - Proverbe africain

Le principe est que des individus sont collectivement responsables d'un résultat et qu'ils allient leurs ressources, leurs connaissances pour atteindre cet objectif. Il n'y a alors plus de manager en tant que tel. Tous les membres du groupe sont alors traités d'égal à égal et les tâches sont partagées entre les individus.

La différence principale entre la coopération et la collaboration est que dans la première, les individus du groupe ont des tâches attribuées bien définies alors que dans la seconde les tâches ne sont pas l'apanage d'une personne.

On voit ici le groupe prendre de l'importance par rapport à l'individu et l'intelligence collective prendre le pas sur l'intelligence individuelle.

Le principe des groupes collaboratifs repose sur trois prérequis.

- La proximité : notamment physique. Les bureaux des membres du groupes seront placés les uns à côté des autres dans un *open space*. Les membres pourront alors interagir directement et cela facilitera la communication.
- L'intimité : il faut établir une relation de confiance entre les membres pour que les discussions soient productives. Tous les membres doivent être directement approchables.
- La permissivité : les relations hors du cadre du travail sont encouragées, des espaces sont prévus pour cela (billards, baby-foot...) afin de créer une cohésion d'équipe et de favoriser les relations apaisées.

Oui, mais...

Il faut alors une convergence des points d'intérêts de l'équipe. Pour obtenir un groupe fonctionnel, il faut que les individus soient motivés pour collaborer. Cela implique qu'il n'ait pas d'esprit de compétition et que le management soit bienveillant. Il faut aussi gérer la motivation des participants "stars", des carriéristes et autres "*performers*" qui auront tendance à moins donner, car le bénéfice ne leur sera pas directement attribué.

Si cet écueil est passé, cette technique a l'avantage de maximiser l'utilisation des ressources humaines, mais aussi de favoriser l'apprentissage collectif.

Pourquoi est-ce intéressant dans le cadre de projets décisionnels ? En créant des équipes pluri disciplinaires, les temps de développements peuvent être raccourcis. Toutes les personnes prenant des décisions sur le projet sont réunies ensemble et peuvent interagir de façon naturelle. Il est alors facile au développeur de demander des précisions sur la définition d'un KPI.

Pourquoi cela ne marche pas toujours ? Ce n'est pas parce que les personnes vont s'asseoir les unes à côté des autres que le tour est joué, que la communication sera facilitée et que le besoin émergera. L'important n'est pas de communiquer beaucoup, mais de bien communiquer.

8.2 Avantages

L'avantage de cette technique est qu'elle place l'humain au centre, mais aussi que si les conditions sont réunies et le groupe motivé elle est très efficace.

Comme les scores sont décloisonnés, elle permettra de maximiser l'utilisation des ressources en fonction de la charge de travail. Il sera alors facile pour les membres de l'équipe de monter en compétences sur des sujets connexes à leur expertise de départ.

Une équipe multidisciplinaire permettra de multiplier les points de vue et donc facilitera l'émergence d'une solution.

8.3 Limites

Cette technique nécessite un environnement bienveillant et offrant la possibilité de faire des erreurs. Dans des contextes où les changements du marché s'accélèrent et où les objectifs à court terme prennent la priorité sur les bénéfices à long terme, il paraît compliqué de mettre en place un contexte apaisé.

Cette approche ne garantit pas la découverte ni la qualité, des besoins réels de votre solution, elle permettra de multiplier les moments de communication dans l'équipe projet.

8.4 Conditions optimales d'utilisation

Cette approche est à coupler avec des techniques de recueil des besoins traditionnelles. Il est nécessaire d'avoir un management bienveillant et une équipe dont les membres se font confiance. Tous doivent avoir à cœur de se concentrer sur un problème précis.

9. Cas d'utilisation métier et scenarii

Les cas d'utilisation métier et les scenarii vont souvent de pair. Les cas d'utilisation vont décrire le contexte des scenarii.

Ils sont souvent une solution simple à mettre en place, mais peuvent s'avérer risqués et non exhaustifs.

9.1 Présentation

Comme décrit par Ivar Jacobson en 1987 : "Le cas [d'utilisation] métier est la description des interactions entre un système et l'utilisateur de ce système". Il peut être aussi vu comme une fonctionnalité cohérente et indépendante.

9.1.1 Les cas d'utilisation métier

Les cas métier (*business use cases*) peuvent être utilisés dans différents contextes. Ils permettront, par exemple, de définir les principales parties prenantes, la composition du comité de pilotage, la politique de sécurité des données ou le processus métier à capturer.

Pour formaliser les cas, il faut d'abord effectuer un diagramme de contexte. Ce schéma montrera les interactions entre le système (système informatique, processus...) et les autres "systèmes" (personnes, logiciels, machines, temps...). On placera ensuite les interactions entre le système étudié et son écosystème. Chaque interaction est définie comme un cas d'utilisation et est déclenchée par un "événement déclencheur". On peut aussi considérer les systèmes connexes (humains et machines) comme la ou les raisons d'être du système étudié.

Les *business cases* peuvent vous aider à définir les parties prenantes fonctionnelles de votre système. Par exemple : "John de la compta se connecte au système..." vous permettra de définir les utilisateurs et leur rôle. Cela peut aussi être : "Le système de comptabilité envoie les données automatiquement au système étudié tous les lundis..."

Qui dit rôle, dit sécurité. Les cas métiers dont la structure est : [Rôle] consulte/valide/modifie/... [jeu de données] sont très utiles pour définir la sécurité d'accès aux données. Par exemple : "John, de la comptabilité se connecte au système pour vérifier les notes de frais". Il sera alors évident que John aura besoin de la table et des rapports sur les notes de frais. Tandis que le système de comptabilité devra avoir un accès au système étudié.

Si, en plus, vous complétez avec une notion de temporalité, vous pouvez ébaucher les besoins en termes de fréquence des rafraîchissements des données. Reprenons notre exemple : "John, de la comptabilité, se connecte au système pour vérifier les notes de frais en fin d'année fiscale". Il sera alors évident que John aura besoin de la table et des rapports sur les notes de frais une fois par an tandis que le système de comptabilité permettra de rafraîchir ces données hebdomadairement.

Enfin, cette approche peut être une option pour identifier les sources de données de votre système. En effet, une donnée arrivant dans le système étudié sera la trace d'un événement déclencheur dans un système connexe. Il est alors important de différencier l'événement métier de l'évènement technique afin d'identifier correctement le déclencheur. Par exemple : une vente est effectuée le lundi, mais l'information remonte dans l'entrepôt de données le samedi suivant. Les chargements, les traitements et les agrégations des ventes se font à la suite de l'arrivée des données dans l'entrepôt et non de la vente du lundi.

9.1.2 Les scenarii

Après avoir identifié les cas d'utilisation et les événements déclencheurs, il peut être utile de définir les scénarii. Ce sont des séquences d'étapes répondant à un cas métier défini précédemment.

Le processus de prise de décision ne suivant que très rarement un processus défini, il est alors difficile de modéliser celui-ci en se basant sur les interactions entre l'utilisateur et le système.

Un scénario est formalisé comme ci-dessous :

Évènement Métier	Le nom de l'évènement métier qui déclenche le scénario.
Cas Métier	Le nom et numéro du cas d'utilisation du système.
Déclencheur	L'évènement qui déclenche le scénario. Cela peut être l'arrivée d'une donnée, une demande extérieure au cas étudié, une date ou heure précise.
Préconditions	Les conditions rendant possible le déclenchement du scénario.
Parties prenantes impliquées	Les personnes, rôles ou/et organisations ayant un intérêt, de la connaissance ou une dépendance avec le scénario étudié.
Partie prenante "active"	La personne, rôle ou organisation interagissant avec le système.
Évènement 1	La liste des évènements du cas étudié dans le cas nominal, les cas alternatifs et les exceptions
[...]	
Résultat	Le ou les résultats attendus par le système. Il peut aussi être nommé postconditions.

Les scénarii peuvent permettre de définir le processus métier à capturer. Comme cela relève de l'ingénierie des processus et des systèmes opérationnels, ce sujet ne sera pas traité ici.

Cette approche est tentante au premier abord, mais elle se révèle souvent inefficace et incomplète quand il faut définir les besoins fonctionnels et techniques dans le détail. Utiliser les cas métier et les scenarii pour définir le système décisionnel revient à définir les besoins de l'entrepôt de données sur la base de la liste (exhaustive) des requêtes ad hoc (en libre-service).

9.2 Avantages

Cette méthode est une approche *bottom-up* ; comme elle est basée sur des exemples il est très facile pour les parties prenantes d'éliciter le besoin fonctionnel et les scenarii sont facilement compréhensibles. C'est la méthode la plus simple à mettre en œuvre. Elle est utile en décisionnel si elle est employée à un niveau assez haut pour contenir la complexité du système. Elle peut être très performante pour définir les parties prenantes et la politique de sécurité d'accès aux données.

9.3 Limites

Le nombre de scenarii peut vite être exponentiel. Il est souvent difficile d'être exhaustif dans l'élicitation. Le plus gros risque sera alors de ne pas pouvoir quantifier ce qui se situe hors scope. Il sera alors impossible d'utiliser la règle dite des 80/20 avec certitude. Il arrive parfois qu'une grosse partie du besoin se retrouve hors du scope initial. Cette technique est à proscrire pour la définition des besoins de données.

Les scenarii peuvent cependant être utilisés pour tester le design du système. Ils apporteront une liste de questions auxquelles le système devra répondre et permettront de valider dans une certaine mesure le modèle de données.

9.4 Conditions optimales d'utilisation

Les cas d'utilisation métier et les scenarii peuvent être utilisés en début de projet pour définir les parties prenantes et les politiques de sécurité.

10. Analyse de protocole et apprentissage

L'analyse de protocole et l'apprentissage sont des techniques de recueil des besoins par immersion. Si on devait transformer cette démarche en émission de télévision, elle se nommerait sûrement "Vis ma vie". Ces deux techniques sont complémentaires, l'une va apporter le point de vue d'un expert et la seconde se focalisera sur les questionnements et les frustrations d'une personne débutant dans le métier.

"Ce que nous devons apprendre à faire, nous l'apprenons en le faisant." - Aristote

10.1 Présentation

Il s'agit pour l'analyste en charge du recueil des besoins d'aller sur le terrain pour observer les parties prenantes au travail, voire d'effectuer celui-ci directement.

L'utilisateur du futur système va se mettre dans la position du maître ou de l'expert, tandis que l'analyste incarnera l'apprenti.

L'analyse de protocole

La première étape sera celle de l'observation : l'analyse de protocole. L'analyste passera alors quelques heures à observer le travail de l'utilisateur. Il est essentiel de comprendre comment les décisions sont prises. Quelles informations sont utiles ? Pour quoi ? Dans quel but ? Quelles sont celles qui sont chronophages ? Comment elles sont agrégées, compilées ?

Cette première étape permet de découvrir le métier et les problèmes d'une personne souvent expérimentée dans son domaine. Elle permet d'avoir des détails sur les habitudes des utilisateurs, qui seront très précieux quand il faudra établir une stratégie de gestion du changement.

L'apprentissage

La seconde étape est la mise en pratique des savoirs emmagasinés : l'apprentissage. L'analyste va alors tenter d'effectuer le travail. Les mains sur le clavier, il pourra se mettre dans la peau d'un débutant. Cela lui permettra d'expérimenter les frustrations vis-à-vis du système existant avec une supervision. L'analyste devra faire attention à capturer ses interrogations, ses doutes et son cheminement mental. Il pourra alors repérer les imprécisions, les synonymes, les erreurs dans les données... Les questions seront par exemple : que veut dire le nombre de ventes ? Qu'est-ce qu'une vente ? Quel titre mettre au graphique ? Pourquoi les données semblent incohérentes ? Quelle est la meilleure source de données ? Quelle est la différence entre ces deux rapports ?

Durant ces étapes, il est important de capturer les premières impressions et interrogations de l'analyste. Elles serviront notamment à comprendre les incohérences du système existant.

Cette technique fonctionne bien si vos utilisateurs ont du mal à formaliser le besoin initial et à articuler une vision cohérente. Pour nombre de personnes, il est alors plus facile de montrer directement que d'expliquer dans une salle de réunion.

Il est important de modéliser le besoin durant les sessions d'observations. Cela permettra à l'analyste d'obtenir un feedback direct.

La réussite de cette technique repose beaucoup sur la capacité de l'analyste à généraliser l'observation afin de s'extraire de l'exemple observé et de capturer un besoin plus général. Comprendre si la donnée manquante est vraiment primordiale ou si elle l'est peu, mais qu'un grand manager la demande car il ignore qu'une autre existe.

Un second écueil de cette technique est qu'elle ne capture que l'existant. Il est impossible de capturer le besoin de la solution à produire. Cette capture ne peut se faire qu'en négatif, en comprenant les frustrations et en les résolvant dans la solution future.

Les frustrations de la solution existante peuvent être un outil pour faciliter le changement : "Regardez, ça ne marchait pas avant, nous avons résolu cela dans le prochain *dashboard*". Cela pourra être : "Actuellement, notre système est imprécis à 10 %. C'est beaucoup trop pour la tâche que je dois effectuer, donc je manipule les données directement sur Excel afin d'atteindre 5 % d'imprécisions." Ainsi vous savez quelle qualité de données est attendue pour la solution future (10 % d'erreurs minimum) et 5 % offriraient aux utilisateurs une diminution de la charge de travail.

Il est périlleux d'utiliser cette technique si le changement est important pour les utilisateurs. Elle leur donnerait envie de comparer les deux systèmes et donnerait la fausse impression que l'on tente de conserver l'ancienne manière de travailler. Les parties prenantes pourraient penser que la nouvelle solution sert à répliquer l'ancienne façon de fonctionner. Le changement d'outils, de KPI, de jeu de données, de définitions, de présentation serait alors vu comme un échec. Pour des solutions qui impliquent une importante gestion du changement, il convient de ne pas trop s'attarder sur l'ancienne façon de faire, mais plutôt de capturer les frustrations des utilisateurs pour y répondre.

Dans certains cas bien précis, j'ai pu observer cette technique fonctionnant à l'inverse. C'est notamment le cas pour certains projets d'automatisation. En effet, le projet venait automatiser le travail d'une personne en poste depuis des années. La partie prenante est arrivée en réunion : "Si je vous explique, je perds mon pouvoir et mon travail. Je ne peux pas me le permettre à quelques années de la retraite". L'approche ici a été d'offrir une formation à l'utilisateur pour que celui-ci développe directement les rapports et la base de données. Cette personne y a vu une promotion pour les dernières années de carrière et a vu son scope de travail augmenter, non diminuer.

10.2 Avantages

Cette technique est très avantageuse quand un ou plusieurs utilisateurs ont des difficultés à articuler leurs besoins, il est alors plus facile de montrer à l'analyste.

Elle permet souvent de recueillir des informations beaucoup plus précises et vérifiées que les interviews.

L'analyste va pouvoir se glisser dans la peau d'un utilisateur pour comprendre son quotidien.

L'approche de l'apprentissage inversé peut sauver certains projets dans lesquels les parties prenantes sont peu coopératives.

10.3 Limites

Cette technique permet surtout de capturer la situation existante, mais elle est assez imprécise sur la situation future.

Elle incitera les utilisateurs à comparer l'ancienne solution et la nouvelle. Si le changement est important, cela peut être perçu comme un échec.

Enfin, cette technique repose essentiellement sur la capacité de l'analyste à généraliser un besoin à partir d'exemples. Faut-il encore que les exemples montrés soient représentatifs du besoin à découvrir.

Le temps accordé au recueil des besoins grâce à cette technique est directement proportionnel à la variété des utilisateurs (ou des événements déclencheurs) dans le projet.

10.4 Conditions optimales d'utilisation

Des projets qui ne demandent que peu de gestion du changement. Un analyste ayant des capacités d'abstraction sera essentiel. Il faudra aussi laisser assez de temps à l'analyste pour s'immerger dans le métier.

11. Introspection

Cette technique est à la fois simple à mettre en place, elle peut être très performante, mais aussi risquée. On va parler de stars, de siestes, de promenades et de cafés.

11.1 Présentation

Vous est-il déjà arrivé de trouver une solution sous la douche, au réveil, à la pause-café ? Oui, alors vous avez utilisé cette méthode.

Edisson et Dali l'utilisaient déjà (oui, vous pourrez donc prétendre au génie !). Ils réfléchissaient à un sujet, puis le premier allait dormir sur une chaise avec un boulet de canon dans la main, tandis que le second allait à la sieste avec une clé accrochée à un fil. Lorsque cet objet tombait sur le carrelage, cela les réveillait et ils utilisaient ces idées provenant d'un demi-sommeil pour être créatifs.

Chouette ! C'est la méthode qui prône la sieste, les pauses-café, et les promenades.

Loin d'être juste une utopie, cette méthode est basée sur la neuroscience (tout de suite c'est moins drôle). Le cerveau à plusieurs états, dont deux qui nous intéressent ici : le mode "concentré" (*focus* en anglais) et le mode diffus.

L'état "concentré" est celui dans lequel vous vous trouvez quand vous tentez de résoudre un problème.

L'état diffus c'est celui dans lequel vous êtes lorsque vous rêvassez, flânez ou tout simplement lorsque vous vous occupez du quotidien. Durant cet état, le cerveau va vaguement penser au problème, mais il ne sera pas dirigé consciemment. Il sera donc plus créatif.

L'important est d'alterner les deux. De ne pas rester bloquer sur un problème et de prendre une pause si "ça ne vient pas".

C'est encore plus performant si vous donnez un surplus d'oxygène ou d'hormone du plaisir à celui-ci. La douche est un environnement humide donc riche en oxygène. Les promenades, le sport sont aussi bénéfiques. Le soleil, le café, le chocolat... à vous de choisir et d'alterner.

Vous pouvez aussi faire appel à un expert du domaine ou à une personne ayant de grandes capacités de modélisation. Il arrive qu'elles soient capables de repérer les incohérences rapidement. Néanmoins, c'est une ressource plutôt rare dans un projet.

Pour l'analyste cependant, ce livre peut servir d'introspection. Vous avez décidé d'aborder le recueil des besoins d'une certaine façon, mais ça piétine. Parcourir les différentes approches et leurs écueils vous permettra sûrement de comprendre le ou les points bloquants. Il sera alors plus facile d'orienter la discussion.

11.2 Avantages

Cette méthode est évidemment à utiliser en lien avec d'autres méthodes présentées ici.

Si cela fonctionne, vous aurez ce fameux moment "EUREKA" ! Même s'il n'y a pas de garantie de succès, il est possible de forcer la chance et la neuroscience est un magnifique outil pour cela.

La méthode fonctionne aussi bien sur des besoins techniques que fonctionnels. Elle peut aussi être utilisée pour comprendre les comportements, la politique et les centres d'intérêt des parties prenantes.

11.3 Limites

Cela reste une méthode annexe et il est impossible de garantir des résultats dans un certain délai. Il est aussi irréaliste de penser que l'on pourra éliciter tous les besoins avec cette approche.

C'est plus une astuce pour rendre votre cerveau plus performant, et vous aurez peut-être la chance de découvrir des besoins ou de les formuler de façon satisfaisante.

11.4 Conditions optimales d'utilisation

Quand la situation est bloquée, il vaut mieux prendre une pause. Lorsque les discussions tournent en rond et que les mots ajoutent à la confusion, il est temps d'aller marcher.

Cette approche est très utile dans le cas ou votre analyste est un expert du domaine.

12. Analyse du domaine technique

L'analyse du domaine technique est l'analyse des applications et systèmes existants. Ils constituent une mine d'informations fiables, mais dans laquelle il est facile de se perdre.

12.1 Présentation

On parle ici de *reengineering*, il s'agit de déterminer les règles de gestion de la solution existante en observant les systèmes, les scripts, les SLA, les documentations techniques, la sécurité, les données, les rapports et les exports.

Chacune de ces sources d'informations ne pourra vous en donner que sur la solution existante et chacune d'entre elles disposera d'informations particulières. Une donnée étant (la plupart du temps) la trace numérique d'un process métier (ou d'une absence de process), regarder les informations liées à cette donnée vous informera sur le process métier, mais aussi celui technique supportant le premier.

Les **systèmes** : en observant et comprenant l'urbanisation des systèmes vous pourrez en déduire des informations telles que la fréquence de rafraîchissement de données, l'heure de disponibilité, les scopes de chaque système, les dépendances en amont et en aval. Une dépendance en amont est un système dont votre solution dépendra. Une dépendance en aval est un système qui va être impacté par votre base de données.

Les **scripts** : vous y trouverez les définitions techniques, les règles de gestion actuelles des KPI, si les développeurs ont été consciencieux, ils ont sûrement laissé des commentaires qui pourront vous aider. Ils sont souvent plus à jour que les documentations techniques (oui, dans un monde parfait, il y a toujours des commentaires et les documentations techniques sont à jour... mais nous vivons dans la réalité).

Les **SLA** : les documents de reprise d'activité sont utiles pour connaître la criticité de votre base de données ; comprendre si votre solution a besoin d'un SLA plus court sera important pour savoir sur quelle plateforme positionner votre solution.

Les **documentations techniques** : si tout est bien ordonné, vous y trouverez les processus de données, les contraintes, les règles de gestion choisies, les étapes de maintenance ; si votre solution est une évolution de celle actuelle toute cette documentation sera très utile à utiliser comme base. Dans certains contextes vous pouvez même trouver les versions antérieures.

La **sécurité et la journalisation** : allez regarder qui a accès aux données, quels sont les types d'accès, qui les consulte, à quelle fréquence... Cela vous donnera une bonne idée des parties prenantes et des personnes qui pourront être impactées par votre projet. Il peut aussi s'agir des systèmes qui accèdent à votre base de données. Ils auront sûrement un impact si vous réalisez des changements, ou présenteront au moins un risque le jour de la mise en production de vos changements.

Les **données** : il arrive qu'on puisse retrouver des règles de gestion en fonction du comportement des données dans le système. Les données sont une trace d'un processus opérationnel numérisé. Il arrive que certaines règles de gestion soient floues ou que les données ne correspondent pas aux règles métier. Observer les données pourra être utile pour comprendre ce qu'il se passe réellement dans le système.

Les **rapports** : ils vous donneront le contexte d'utilisation des données. Les titres, les couleurs, les échelles, tout peut être source d'information pour retracer les règles de gestion actuelles. Moins utilisées, mais néanmoins importantes dans un *dahsboard*, les données entourant votre élément graphique. Vous comprendrez alors si la donnée est comparée à une autre (un histogramme avec deux métriques). Les filtres fréquemment utilisés vous informeront sur ce que vos utilisateurs regardent en priorité. Il existe souvent des journaux de rapports.

Les "**exports**" : que ce soit une impression, un fichier PDF dans un e-mail, dans une présentation PowerPoint... tout cela reste une source d'informations importantes si par exemple vous devez porter la solution existante sur une plateforme mobile. Mon préféré dans ce domaine est... l'exportation vers Excel ! Si les utilisateurs ont besoin d'exporter dans Excel, c'est qu'il est possible que leur besoin ne soit que partiellement satisfait. Ils comblent les manques grâce à des formules, des macros... Plein de règles de gestion qui ne seront sûrement pas documentées et qu'il faudra capturer.

12.2 Avantages

Si l'information existe, elle est souvent de bonne qualité. En effet, les journaux, les scripts, les données sont des bases sûres. Elles correspondent à la situation réelle et n'ont pas de problème de politique ou un point de vue à défendre.

Il arrive que certaines documentations ne soient pas à jour ou que les journaux ne soient pas sauvegardés. Une rapide vérification vous permettra de valider l'utilisabilité du matériel collecté.

12.3 Limites

Il existe évidemment les bugs, ce n'est pas parce que le script fait quelque chose que c'est bien ce qu'il faudrait faire.

Certaines informations peuvent venir à manquer. Les historiques de données peuvent être particulièrement difficiles à recréer.

Les informations techniques vous expliqueront ce qui a été fait, mais rarement le pourquoi.

Cela ne vous donnera pas d'indications sur le besoin fonctionnel futur, mais seulement sur l'actuel.

Si les structures techniques existent et qu'elles sont plutôt bien organisées, documentées et maintenues, cette option peut s'avérer très chronophage.

Évidemment si votre projet n'a pas d'existant et que l'on parle de quelque chose de complètement nouveau, vous n'aurez pas d'informations du tout.

12.4 Conditions optimales d'utilisation

Quand les structures techniques existent et qu'elles sont plutôt bien organisées, documentées et maintenues.

Votre solution est une amélioration d'une solution existante qui peut être utilisée comme base pour le projet.

13. Prototypage

Ou plutôt, les prototypes. Il en existe plusieurs sortes et chacune a des usages différents. Ils ont l'avantage d'être visuels et concrets pour les parties prenantes fonctionnelles.

13.1 Présentation

Une démarche, s'apparentant au *reverse-engineering*, est utilisée lors d'un prototypage. On part ici d'une solution même simpliste pour créer le cahier des charges.

Cette démarche est particulièrement utile dans plusieurs cas.

- Si votre solution n'existe pas, qu'il n'y en a pas d'analogue et que vos parties prenantes fonctionnelles peinent à imaginer la solution finale.

– Si vos parties prenantes n'ont pas d'expérience dans la formalisation de besoins, sont bloquées à certaines étapes.
– Si vous n'avez pas d'analyste ou qu'il a des difficultés à articuler le besoin, si la faisabilité du projet est en question.

Il est risqué de proposer un prototype lorsque les parties prenantes ont des habitudes très ancrées et que la proposition est éloignée de l'existant. La comparaison de l'existant et de la future solution risque de les déstabiliser.

Il existe quatre types de prototype : le prototype conceptuel, les prototypes basse fidélité, moyenne fidélité et haute-fidélité. Venant de l'anglais, les trois derniers sont aussi appelés : *low-fi*, *medium-fi* et *high-fi*.

Le prototype conceptuel : on parle ici de dessiner un schéma au tableau ou sur papier pendant que la négociation s'établit. Préparer des feutres ou des crayons de couleurs peut être une excellente option pour définir les rapports ou les jeux de données touchés.

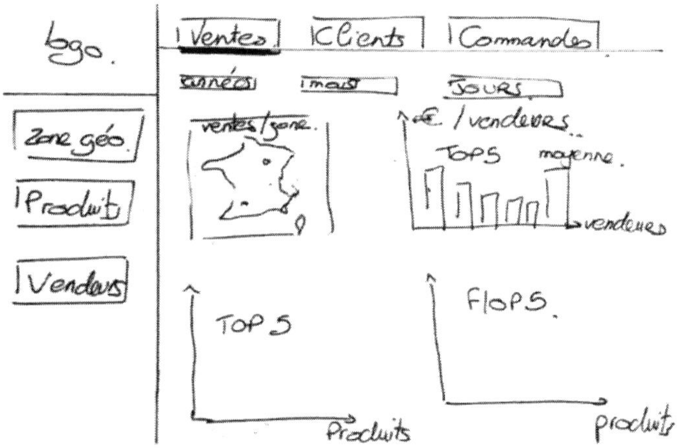

Prototype conceptuel

Le *low-fi* : un peu plus évolué, l'analyste arrivera avec des cartes représentant des listes déroulantes, des menus, des graphiques... Les parties prenantes compléteront les cartes avec les données qu'elles souhaitent voir apparaître et les positionneront sur un tableau ou une grande feuille de papier symbolisant l'écran.

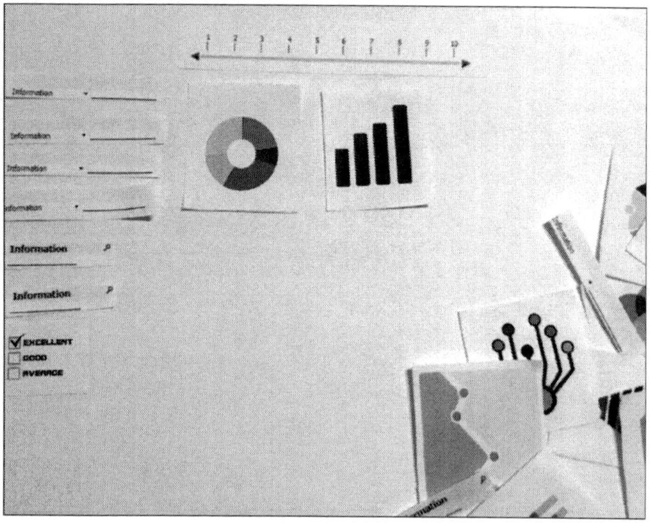

Prototype Low-fi

Le *medium-fi* : l'analyste et le développeur utilisent le ou les logiciels informatiques à disposition pour effectuer des captures d'écrans réalistes. Ces captures seront néanmoins statiques.

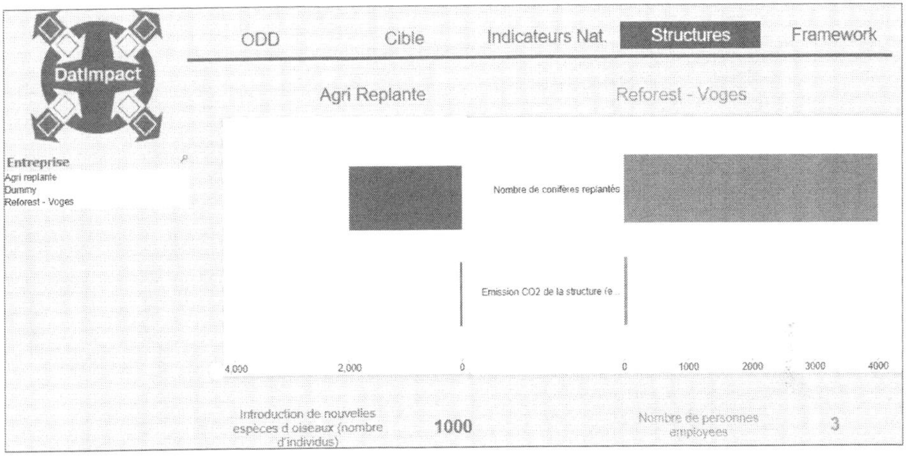

Prototype Medium-fi

Le *high-fi* : il est souvent appelé "*Proof of Concept*" ou POC. Il s'agit maintenant de mettre entre les mains des parties prenantes tout ou partie des fonctionnalités avec tout ou partie des données afin de les laisser "jouer" avec la démo.

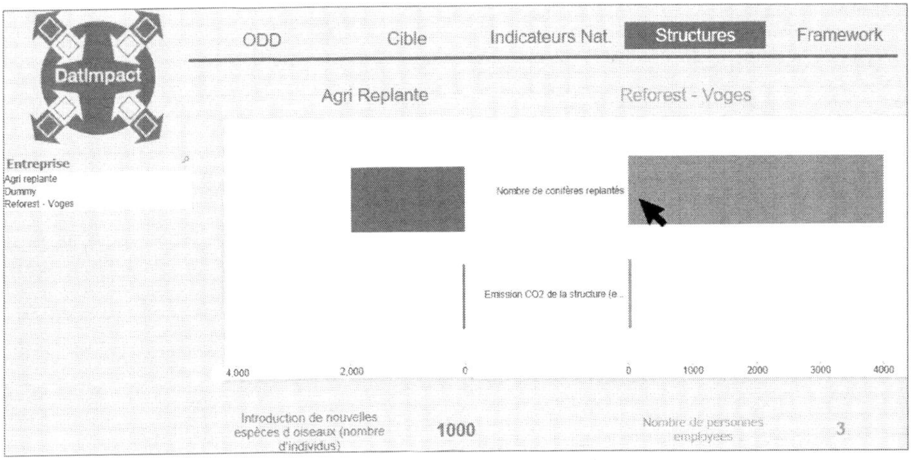

Prototype High-fi

Quand utiliser quel prototype ?

Tout dépend de ce que vous avez besoin de valider et de l'étape du projet dans laquelle vous vous trouvez.

Les deux premiers ont plusieurs avantages : ils acceptent de nombreuses itérations, sont rapides à mettre en place, ils ne nécessitent pas de logiciels sophistiqués. Avec peu d'investissement, il est facile d'obtenir un résultat probant. Personne ne les confondra avec le produit final. Ils rendent aussi possible la prise en compte de multiples alternatives.

Ils demanderont cependant un effort d'imagination aux parties prenantes. Ils ne permettront pas de démontrer la faisabilité technique de la solution.

Peu importe le prototype que vous choisissez, il est beaucoup plus simple de construire un prototype par cas d'utilisation / événement déclencheur (cf. section Cas d'utilisation métier et scénarii).

Il faut être prudent lors de la présentation de prototypes *medium-fi* et *high-fi*. Il arrive que certains utilisateurs soient réticents en raison d'une confusion entre les limites techniques et le périmètre du prototype. Les deux ne sont pas inclus dans le prototype, mais pour des raisons différentes.

Les limites techniques ne seront pas incluses dans la solution finale : les données ne le permettent pas, le logiciel utilisé ou la base de données n'incluent pas cette fonctionnalité, le rafraîchissement des données ne peut se faire dans le temps imparti...

Certaines fonctionnalités peuvent être aussi manquantes dans le prototype, car elles ne sont pas incluses dans le scope. Si elles étaient toutes incluses, nous parlerions de produit final.

Il revient à la personne (développeur, analyste, chef de produit...) présentant le prototype aux parties prenantes de bien expliquer ce qui sera inclus dans la solution finale et ce qui ne pourra pas l'être.

Voici quelques exemples d'utilisation de prototype.

Vous êtes dans les stades initiaux du projet, vous cherchez des alternatives de design de rapports et de tableaux de bords (*scorecard*). Vos parties prenantes fonctionnelles viennent pour imaginer l'interface graphique dont elles ont besoin.

Vous avez besoin de valider votre modèle de données. Vos utilisateurs fonctionnels et techniques se réunissent. Les premiers listent des requêtes potentielles pendant que les seconds valident le prototype du modèle de données.

Vous avez des difficultés à justifier le temps passé sur le modèle de données ou/et vos utilisateurs sont impatients de voir un résultat. En construisant un prototype de la visualisation *high-fi* basé sur un jeu de données très simple et nettoyé, vous pourrez faire patienter les parties prenantes fonctionnelles, prouver que cela fonctionne, valider l'interface et susciter de l'attrait pour votre solution. Si vous avez des développeurs *front end* et *back end* cela présente également l'avantage de définir et de valider le contrat d'interface.

Finalement, l'utilisation la plus commune d'un prototype *high-fi* est sûrement lors de la réponse à un appel d'offre. L'entreprise de consulting doit alors souvent prouver sa compréhension fonctionnelle et technique. On l'appellera alors *Proof of Concept*, démo...

13.2 Avantages

Les avantages des prototypes sont nombreux, ils facilitent la validation de l'interface utilisateur, mais attestent aussi de la faisabilité du projet. La diversité des approches permet de s'adapter à nombre de situations. Ils pourront notamment servir de support dans les projets avec différentes langues.

Les prototypes conceptuels et *low-fi* valideront une idée de design.

Les prototypes *medium-fi* et *high-fi* valideront quant à eux tout ou partie de la faisabilité technique.

13.3 Limites

Il existe plusieurs limites pour les prototypes.

Premièrement, il est très difficile de valider le modèle fonctionnel de données, les processus de chargements et leur périodicité, la couche Data Vault. Il n'est pas vraiment possible de valider du *reporting* en self-service, du *data mining*...

Les prototypes conceptuels et *low-fi* demandent beaucoup d'imagination aux utilisateurs.

Les prototypes *medium-fi* et *high-fi* devront être présentés avec beaucoup de prudence. Il faudra alors s'assurer des limites du prototype et du scope du produit final.

13.4 Conditions optimales d'utilisation

Les prototypes peuvent s'adapter à de nombreuses situations. Comme cette technique est visuelle, elle est idéale pour les besoins portant sur l'interface avec l'utilisateur de rapports prédéfinis, de *dashboards*... Elle peut aussi être le choix par défaut lors d'un manque de formation des parties prenantes ou/et de l'analyste.

14. Analyse du domaine

L'analyse du domaine est souvent oubliée lors des projets, elle peut être très fructueuse, voire obligatoire dans certains projets. Les besoins issus de cette analyse sont en général de très bonne qualité.

14.1 Présentation

Il faut d'abord définir "le domaine". Dans le recueil des besoins, il existe plusieurs "mondes" selon les recherches (Meta models for requirements engineering. Matthias Jarke, R.Dömges, S.Jacobs, H.W.Nissen, K.Pohl (RWTH Aachen, Germany, coordinating partner) ; N.Maiden, A.Sutcliffe, C.Taylor, D.Till (City University, London, UK) ; P.Constantopoulos, G.Spanoudakis, Y.Vassiliou (FORTH Heraklion, Greece) ; G.Grosz, V.Plihon, C.Rolland, J.R.Schmitt, S.Schwer, S.Si-Said, C.Souveyet (Universite Paris-Sorbonne, France), J.Bubenko, R.Gustas, P.Holm, P.Johannesson, J.Ljungberg, B.Wangler (SISU Stockholm, Sweden) Informatik V (Information Systems), RWTH-Aachen 52074 Aachen, Germany).

Il existe le monde de l'usage, celui du sujet (ou domaine) et le monde du système.

Commençons par décrire brièvement le monde de l'usage et du système. Le monde du sujet paraîtra alors plus clair.

Le monde de l'usage est le contexte dans lequel la solution étudiée devra s'intégrer. Il prend en compte les acteurs, les parties prenantes, les systèmes connexes, les tâches, les procédures et processus, mais aussi la politique de l'entreprise (temps, budget, ressources). C'est là qu'on tente d'atteindre les objectifs de l'organisation, c'est souvent ce que le *reporting* va mesurer. On parle ici du besoin fonctionnel, métier et des parties prenantes non techniques. Exemple : les vendeurs, les ventes, les processus métiers...

Le monde du système est le monde des spécifications techniques et du produit qui devra être livré. Ce monde est la résultante des deux autres mondes. Exemples : les plateformes techniques, les contraintes de sécurité, les serveurs, la capacité de la base de données...

Le monde du domaine/sujet comporte les connaissances du domaine hors du contexte de l'organisation. Ce sont toutes les informations qui ne sont pas importées par la politique, les points de vue des acteurs, les désirs, les envies et les ambitions des parties prenantes. En fonction de votre domaine d'application, ces informations peuvent provenir de sources très variées.

Les lois

C'est particulièrement vrai dans le cas de projets légaux et réglementaires. Beaucoup de contraintes de vos projets n'ont pas de liens avec les "envies" des parties prenantes, mais sont définies par le gouvernement. On en parle souvent comme des contraintes, mais les lois peuvent définir les besoins à haut niveau.

Prenons par exemple l'article 6-I de la loi "Informatique et liberté" : "il est interdit de traiter des données à caractère personnel qui révèlent la prétendue origine raciale ou l'origine ethnique, les opinions politiques, les convictions religieuses ou philosophiques ou l'appartenance syndicale d'une personne physique ou de traiter des données génétiques, des données biométriques aux fins d'identifier une personne physique de manière unique, des données concernant la santé ou des données concernant la vie sexuelle ou l'orientation sexuelle d'une personne physique."

En fonction de votre contexte de projet, vous pourrez en tirer les besoins et contraintes suivants : "le système ne pourra pas stocker les informations...", "les données seront stockées de manière anonyme et le système devra avoir prévu une mécanique d'anonymisation des données", "la solution devra être documentée en vue d'une déclaration à la CNIL (Commission nationale de l'informatique et des libertés)".

Dans la même veine, il y aura aussi les ordres du tribunal, les documents de corporations, les directives de l'ONU, les normes et les différents standards de l'industrie dans laquelle vous évoluez.

Notons également les standards et les bonnes pratiques techniques. Si vous cherchez dans la littérature, vous trouverez nombre d'exemples déjà validés par la communauté technique. Que ce soient les architectures, les modèles de données, les politiques de sécurité... En creusant un peu vous pourrez sans aucun doute trouver des spécifications de base qu'il sera possible d'adapter.

La communauté internationale a établi des modèles de données métiers standardisés par industries. Vous trouverez notamment les domaines suivants : commerces de détails, télécoms, banques, assurances, ventes de services... ils seront utiles pour obtenir une ébauche du besoin technique, il faudra alors les valider et les personnaliser avec vos spécificités.

Parmi les standards de votre domaine, il y a ceux de l'éditeur du logiciel. Ils peuvent tout d'abord être documentés et en ligne. Ensuite, l'éditeur du logiciel sera sûrement ravi de vous communiquer les pratiques, les benchmarks, les leçons apprises des autres clients. Il a tout intérêt à voir son produit utilisé correctement et les projets aboutir.

14.2 Avantages

L'analyse du domaine (ou du sujet) comporte plusieurs avantages.

Pour tous les projets légaux et réglementaires, c'est évidemment par là qu'il faut commencer. Pour les autres projets, les aspects légaux devront sûrement être inclus dans la solution : mieux vaut être averti des contraintes tôt dans le projet.

La force de la communauté. On trouve de tout sur Internet, mais il existe des communautés ayant déjà résolu (au moins partiellement) vos problèmes. Les solutions sont donc éprouvées et souvent fiables. Autre aspect important, en suivant les standards de l'industrie, il sera plus facile de former de nouvelles personnes intégrant le projet ou l'entreprise même pour une courte durée.

Un autre avantage important, vous pouvez vous extraire (au moins partiellement) des aspects politiques du projet. En effet, il ne s'agira plus de deux parties prenantes en désaccord, mais de ce que la loi, le tribunal, le gouvernement, la norme ISO, les standards de la communauté, l'éditeur du logiciel, etc. disent.

Cette approche peut vous donner des informations en opposition avec celles du monde de l'usage. Les besoins sont régulièrement contradictoires, il s'agit de négocier un accord entre les parties prenantes, cependant un cas est à noter quand il s'agit de projets légaux. Dans la plupart des entreprises, les aspects légaux et réglementaires prendront l'ascendant sur les besoins émis par les parties prenantes. Parfois, il arrive que les dirigeants décident de ne pas suivre les besoins légaux, estimant que le risque en vaut la chandelle. Il s'agit ici d'une analyse de risques et d'une estimation coût/bénéfice classique. Elle prendra en compte notamment : l'amende, l'impact sur la marque, la fermeture pure et simple de l'entreprise... Je n'en fais pas ici l'apologie, mais ça reste une option !

14.3 Limites

Il s'agit tout d'abord de ne pas se perdre dans le lot d'informations, il peut être utile de solliciter l'aide d'un "interprète" : avocat, législateur, éditeur du logiciel, formateur fonctionnel, technique, etc. Bref, toute personne ne faisant pas partie de vos acteurs, mais maîtrisant certains aspects de votre projet....

Le fameux "appel à un ami".

Il est rare que cette approche vous apporte les besoins dans leur intégralité. Elle est très utile comme point de départ, mais rarement suffisante.

Vous allez sûrement obtenir des informations contradictoires, il faudra alors les hiérarchiser.

14.4 Conditions optimales d'utilisation

L'analyse du domaine devrait être utilisée pour chaque projet. Elle vous fournira les aspects légaux, mais aussi les bonnes pratiques. En début de projet, il est important de savoir ce qui a déjà été fait ailleurs afin de ne pas réinventer la roue. Elle peut être réalisée de façon individuelle par l'analyste ou accompagnée par des "interprètes".

Comme nombre de contraintes émaneront de cette analyse, elle peut également être incluse dans la phase de cadrage et d'évaluation des coûts. Il peut aussi être utile de l'employer dans une analyse des risques du projet ou dans l'analyse d'opportunités.

15. Approche par objectifs

L'approche par objectifs ou par buts est l'une des plus adaptées aux projets décisionnels. Elle peut paraître complexe à mettre en place, mais elle permet d'ancrer les besoins, facilite l'alignement du système d'information décisionnel et limite le changement de scope. À noter que ce chapitre est fortement lié aux chapitres "Activités de recueil des besoins - Analyse du domaine" et "Activités de recueil des besoins - Analyse syntaxique et grammaticale".

15.1 Présentation

Qu'est-ce qu'un but ? D'après Axel van Lamsweerde "l'ingénierie des besoins s'intéresse aux buts à atteindre par le système considéré, à l'opérationnalisation de tels buts comme services et contraintes, à l'assignation des responsabilités aux agents qu'ils soient humains, logiciels ou matériels".

Il existe différentes méthodologies analysant le besoin grâce à l'approche par buts. Ce chapitre expliquera les grandes lignes, la philosophie de la méthode. Certaines méthodologies sont expliquées en détails dans le chapitre Méthodes de modélisation - Approche par objectifs, et Méthodes de modélisation - EKD.

Pour plus de clarté, établissons une convention. Même si les termes "objectif" et "but" peuvent être utilisés indifféremment, dans le cadre de ce chapitre nous utiliserons "but" lorsque nous parlerons du concept de l'approche, sinon nous utiliserons "objectif".

Ces différentes méthodologies ont pour vocation de définir les objectifs stratégiques, de les raffiner en objectifs opérationnels et d'en tirer les scénarii et besoins.

Les buts peuvent donc être définis à différents niveaux d'abstraction. Le plus haut niveau étant stratégique, puis on trouvera les buts tactiques, managériaux et les buts opérationnels. Ils couvrent différents types de préoccupations, certaines peuvent être fonctionnelles et d'autres non-fonctionnelles. Les buts s'intéressent tout d'abord aux objectifs du monde de l'usage et du domaine, ensuite certains seront supportés par le système considéré.

Un but peut être fonctionnel ou non fonctionnel. Il peut être aussi qualifié de "hard" ou "soft".

Un but fonctionnel va s'intéresser au service fourni par le système ou l'environnement.

Un but non-fonctionnel se préoccupera des qualités, du comportement du système ou de l'environnement. C'est notamment le cas des buts de sécurité, de performance, d'utilisabilité, de flexibilité de personnalisation (customisation) et d'interopérabilité.

Le "hard goal", ou "but dur", est un but qui peut être satisfait et mesuré clairement. On pourra attester s'il est atteint ou non.

Le "soft goal" est un but dont on ne peut trancher s'il a été atteint ou pas. Ces buts sont des alternatives qui participent à la réalisation du but de plus haut niveau. C'est notamment le cas des buts commençant par "éviter...".

Chaque but sera sous la responsabilité d'un agent. Cet agent peut être humain, une machine ou tout ou partie d'un logiciel. À noter que les buts de haut niveau sont en général sous la responsabilité d'un humain (manager, directeur...) tandis qu'on tentera d'automatiser les buts opérationnels. Dans une entreprise idéale, les objectifs de fin d'année des employés seront liés aux buts de l'entreprise.

Pour une explication détaillée et des exemples de l'approche par buts, vous pouvez vous référer au chapitre Méthodes de modélisation - Approches par objectifs.

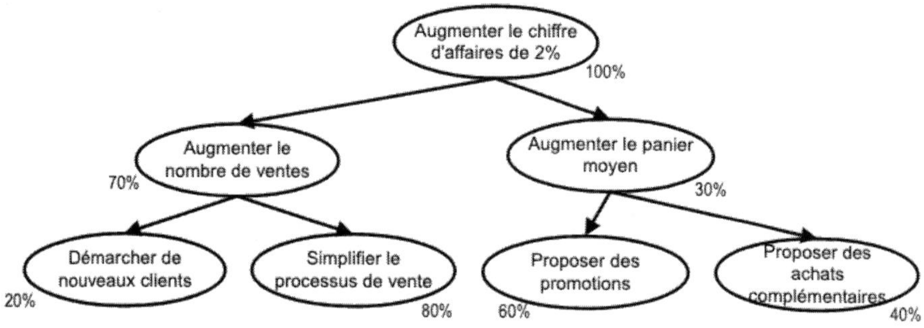

Exemple d'arbre de buts

15.2 Avantages

Il y a de multiples avantages aux approches par les buts.

Tout d'abord, avec un analyste formé à la méthodologie, les parties prenantes non fonctionnelles parviennent facilement à définir leurs objectifs. On parlera ici d'objectifs stratégiques avec un directeur général puis, en affinant, l'analyste déroulera la hiérarchie de l'entreprise en même temps que la hiérarchie des arbres de buts. Ce support est assez naturel pour les parties prenantes du métier.

Exploration des alternatives

L'exploration des alternatives grâce à l'analyse linguistique pourra révéler des buts auxquels les parties prenantes n'avaient pas pensé ou sous-estimés.

La complétude

Si les buts sont rendus opérationnels et qu'on peut en déduire le comportement attendu par le système, on peut valider la complétude du besoin.

La traçabilité

Chaque besoin devra être justifié, car il répond à un ou plusieurs objectifs. Il existe un lien fort entre la stratégie, le monde de l'usage et le monde du système. Il devient alors plus facile de prioriser les développements. Ce qui est hors du scope du projet (on peut décider de ne pas automatiser certains buts) est explicite donc les développeurs peuvent voir la *big picture* et bâtir leur solution pour supporter la stratégie globale. Un changement de priorité dans les développements doit passer par un changement de priorité dans les buts. Cela minimisera les modifications, car il faudra alors accorder toutes les parties prenantes.

Grâce à des techniques de priorisation adaptées, les négociations sont facilitées. J'ai pu voir des personnes voulant un changement de scope aller voir un chef de projets avec une demande qui aura été justifiée, validée et négociée entre toutes les parties prenantes en amont.

Finalement, cette approche facilite la gestion des conflits dans le projet. Elle permet de les identifier et parfois de les résoudre en amont des développements. Les parties prenantes seront informées que leur objectif de départ ne pourra être que partiellement atteint. On peut notamment utiliser pour cela des buts tel que "minimiser" à la place d' "arrêter".

15.3 Limites

La première limite est la formation de l'analyste et sa capacité de gestion des parties prenantes.

L'analyste doit être assez formé pour identifier les ambiguïtés dans les formulations des buts et les zones non couvertes.

Il doit aussi être assez pédagogue pour que la session ne soit pas frustrante. En effet, ces méthodologies nécessitent un accord des parties prenantes sur le vocabulaire, la formulation, le niveau d'abstraction. Les personnes voulant aller "droit au but" peuvent avoir l'impression de couper les cheveux en quatre. Le process d'élicitation pour que toutes les parties prenantes s'accordent sur le même sens des buts peut être difficile.

L'abstraction des différents buts : il peut parfois être difficile d'homogénéiser les différents niveaux de buts (notamment dans les arbres de buts ou dans MAP).

15.4 Conditions optimales d'utilisation

Cette solution est idéale et facile à implémenter quand la stratégie de l'entreprise est bien définie et qu'il faut y aligner le système décisionnel.

Même si le processus d'élicitation est plus difficile, elle révélera toute sa puissance si le scope change régulièrement ou/et si les parties prenantes changent. Le projet ne pourra pas être remis en cause sans raison valable.

Elle est aussi très intéressante pour visualiser la *road map*. On y montre facilement ce qui n'est pas dans le scope du projet, mais qui interviendra plus tard ou qui sera réalisé par une autre équipe. Les buts matérialisent la *big picture*.

16. Analyse syntaxique et grammaticale

L'analyse syntaxique a pour but de supprimer les ambiguïtés et de vérifier que le besoin est bien compris par tous sans quiproquo.

"Mal nommer les choses c'est ajouter au malheur du monde." - citation apocryphe d'Albert Camus

16.1 Présentation

Les parties prenantes exprimeront le besoin en langage naturel. Le langage naturel est le moyen de communication habituel entre humains, quelle que soit la langue. Les communications sont alors basées sur une série de suppositions telles que : "le mot que j'emploie a le même sens pour mon interlocuteur", "l'autre comprend le raccourci que je viens de faire, car ce sujet a déjà été abordé", "ai-je la connaissance technique, technologique, métier, etc. nécessaire pour comprendre ce que mon interlocuteur dit ?", "il a perçu l'ironie/l'exaspération dans mon propos".

Voici les bases de nombre de quiproquos : la plupart du temps nous ne nous les relevons même pas, mais dans le recueil des besoins cela peut coûter cher.

Un exemple dans la publicité : vous vous souvenez sûrement de cette publicité pour Canal+ ou deux protagonistes discutent. Le premier décrit le film "La marche de l'empereur" avec plein d'empereurs qui marchent sur la banquise. Les images suivantes représentent les points de vue des deux protagonistes. Le premier décrit des manchots marchant sur la banquise tandis que le second pense à des empereurs Bonaparte.

Un exemple typique serait : "la solution devra présenter le nombre de ventes par type de clients." Qu'est-ce qu'une vente ? Pour le comptable ce sera certainement chacune des lignes sur la facture. Pour le gestionnaire de la relation client, ça sera plusieurs produits, mais un seul client. Le responsable produit verra le nombre de produits vendus, peu importe le nombre de clients... et que dire si le processus implique un paiement différé, si c'est un système d'abonnements...

Le problème est tellement criant qu'il existe dans certains domaines un *framework*. C'est le cas du SATC, utilisé par la NASA pour valider les besoins.

Cependant il existe donc des moyens de diminuer l'impact de ces ambiguïtés : le langage formel. C'est une approche qui permet de formaliser le besoin pour qu'il soit compréhensible par un ordinateur. Pour être tout à fait honnête, c'est un peu verbeux et peu digeste pour la lecture par des humains. Une approche d'élicitation des besoins en langage formel annihilerait tout l'aspect social et cognitif du processus. Alors, pourquoi l'envisager ici ? Avoir été sensibilisé à cette approche permettra aux différentes parties prenantes d'être vigilantes lors des sessions de travail et limitera les débats. Une session piétine un peu, souvent parce que les parties prenantes ne parlent pas le "même langage". Cette introduction vous permettra de mettre le doigt sur nombre de problèmes de communication.

Le processus d'élicitation des besoins est donc un processus social et cognitif. Les parties prenantes vont s'exprimer avec différents points de vue, différentes connaissances sur le domaine et différents niveaux d'abstractions. Il est alors important de "mettre tout le monde d'accord".

D'où peuvent venir ces ambiguïtés ?

Elles peuvent être lexicales : il faut ici veiller à ce que chaque concept soit défini par une et une seule taxonomie. La chasse aux synonymes est donc ouverte (deux termes pour désigner la même chose) et la pêche aux imprécisions est de mise (on emploie alors le même mot pour deux significations).

Les synonymes : dans une entreprise de vente de produits avec abonnement telle que les vidéos à la demande, l'acquisition d'un nouveau client peut être décrite comme suit :

- Pour le responsable des ventes, c'est une conversion.
- Le client "entre" dans la base des clients pour le responsable rétention clients.
- Pour les avocats, le client signe un contrat.
- Pour le marketing, il "devient client".
- Enfin, pour le responsable des produits : le client a acheté un abonnement.

Il est alors indispensable de vérifier que tout le monde parle bien de la même chose. Un glossaire peut aider à préciser les concepts pour créer une culture commune.

Prenons maintenant l'inverse : les imprécisions. Quand l'avant-vente et le responsable commercial d'une SSII parlent de "client", il est possible qu'ils évoquent des choses différentes. L'avant-vente verra sûrement Monsieur Paul, gestionnaire des achats chez la Société Bidule. En effet, pour lui c'est la personne qu'il a besoin de convaincre pour gagner le marché. Le responsable commercial verra, lui, le manager, Madame Fanny, la personne avec qui il va travailler (et le comptable verra la personne morale comme client, et non pas une personne physique). Ce cas est souvent réglé en précisant le vocabulaire. Il est alors utile de ne plus utiliser le terme posant un problème durant l'élicitation afin de ne pas retomber dans les mêmes travers : ne pas conserver "Client" pour Mme Fanny et "Acheteur" pour M. Paul. Il faudrait alors utiliser "Manager" pour Mme Fanny. Cela forcera toutes les parties prenantes à faire la distinction.

La confusion peut être également dite référentielle : on utilise ici des anaphores, des pronoms, des noms génériques. Un exemple typique en français : "Paul travaille avec Pierre, il a vu sa sœur". "Il" : parle-t-on de Paul ou de Pierre ? Et pour "sa sœur" : parle-t-on de la sœur de Paul ou de Pierre ? A-t-il plusieurs sœurs, si oui, de laquelle parle-t-on ? Une formalisation plus correcte serait donc : "Paul travaille avec Pierre, Pierre a vu Marie, la plus grande des sœurs de Paul."

Les ambiguïtés peuvent aussi provenir du domaine. Parfois les termes employés sont volontairement génériques. C'est notamment le cas dans le domaine légal, les articles des lois doivent s'adapter à toutes les entreprises et tous les secteurs d'activité.

Comment gérer les ambiguïtés ?

Il faudra fournir le contexte, expliquer les limites de la spécification, de la traçabilité (pourquoi ce besoin existe), donner des exemples, des scénarii pour les tests...

L'analyste pourra recentrer les discussions. Demander aux intervenants de préciser leur vocabulaire. Ce processus peut être frustrant, il est donc important de mettre l'accent sur la construction d'une culture de projet, sur l'amélioration de la communication, et ne pas pointer du doigt les incohérences.

Dans le cas des projets avec des parties prenantes arrivant en cours de réalisation à cause du planning ou du *turnover*, il est essentiel de formaliser par écrit les définitions ou/et d'avoir une personne chargée de la formation des nouveaux arrivants. Si la personne chargée de l'intégration est aussi l'analyste, elle pourra bénéficier des questions d'un interlocuteur ayant des yeux neufs.

Une autre stratégie peut être utilisée : coordonner les définitions entre les parties prenantes techniques et fonctionnelles. Il s'agit ici de s'assurer que chaque définition fonctionnelle aura une et une seule définition technique (source, règle de gestion implémentée / script, champs, périodicité, sécurité).

Enfin, faites-vous l'avocat du diable, réfléchissez et prenez du recul. Est-ce que quelqu'un pourrait interpréter la phrase d'une autre façon (involontairement, ou volontairement pour échapper à une partie du travail à effectuer).

L'analyste pourra aussi s'inspirer des approches par buts (cf. Méthodes de modélisation - Approche par objectifs, Méthodes de modélisation - MAP, Méthodes de modélisation - EKD) ou même de l'approche CREW - L'écritoire. Les paragraphes suivants ne s'intéresseront qu'à la formulation des buts/besoins issue de ces méthodologies.

Les KPI étant les objectifs de l'entreprise, on peut se baser sur la formulation des buts. Elle été documentée par Prat en 1997. Les besoins fonctionnels peuvent aussi être élicités avec les approches par buts.

Un but est composé d'un verbe et de plusieurs paramètres. Les paramètres peuvent avoir plusieurs fonctions. Le KPI sera alors formalisé comme ceci : <Verbe>$_{verbe}$ <Paramètres>$_{fonction}$. Ils peuvent définir un "Objet", un "Résultat", une "Source", une "Direction", une "Référence", un "Moyen", une "Manière" ou un "Bénéficiaire", une "Qualité", une "Quantité", un "Lieu" et un "Temps". À noter que la Manière peut être à son tour formulée comme un but.

Voici la description des paramètres les plus utilisés dans les projets décisionnels.

L'objet est une ou plusieurs entités affectées par le but. Elles existent avant la réalisation du but. Exemple : (Augmenter)$_{\text{verbe}}$ (le panier moyen)$_{\text{objet}}$.

Le résultat est une ou plusieurs entités affectées par le but. Elles n'existent pas avant la réalisation du but. Exemple : (Créer)$_{\text{verbe}}$ (le rapport des ventes)$_{\text{résultat}}$.

La référence : elle décrit l'entité à propos de laquelle l'objectif existe. Exemple : (Créer)$_{\text{verbe}}$ (le rapport des ventes)$_{\text{résultat}}$ (des nouveaux clients)$_{\text{référence}}$.

La source est l'information source du but. Exemple : (Créer)$_{\text{verbe}}$ (le rapport des ventes)$_{\text{résultat}}$ (des nouveaux clients)$_{\text{référence}}$ (à partir de la base CRM et des fichiers connexes)$_{\text{source}}$.

La direction est le point terminal du but. Exemple : (Créer)$_{\text{verbe}}$ (le rapport des ventes)$_{\text{résultat}}$ (des nouveaux clients)$_{\text{référence}}$ (à partir de la base CRM et des fichiers connexes)$_{\text{source}}$ (dans le répertoire partagé)$_{\text{destination}}$.

La manière : elle décrit la façon dont l'objectif peut ou doit être atteint. Exemple : (Créer)$_{\text{verbe}}$ (le rapport des ventes)$_{\text{résultat}}$ (des nouveaux clients)$_{\text{référence}}$ (à partir de la base CRM et des fichiers connexes)$_{\text{source}}$ (dans le répertoire partagé)$_{\text{destination}}$ (automatiquement)$_{\text{manière}}$.

Le moyen est l'outil impliqué pour atteindre le but. Exemple : (Créer)$_{\text{verbe}}$ (le rapport des ventes)$_{\text{résultat}}$ (des nouveaux clients)$_{\text{référence}}$ (à partir de la base CRM et des fichiers connexes)$_{\text{source}}$ (dans le répertoire partagé)$_{\text{destination}}$ (automatiquement)$_{\text{manière}}$ (avec SSRS / l'outil de *reporting*)$_{\text{moyen}}$.

La qualité : celle à atteindre ou à préserver. Exemple : (Créer)$_{\text{verbe}}$ (le rapport des ventes)$_{\text{résultat}}$ (des nouveaux clients)$_{\text{référence}}$ (à partir de la base CRM et des fichiers connexes)$_{\text{source}}$ (dans le répertoire partagé)$_{\text{destination}}$ (automatiquement)$_{\text{manière}}$ (avec SSRS / l'outil de *reporting*)$_{\text{moyen}}$ (avec 98 % de données intégrées dans le rapport)$_{\text{qualité}}$.

Le bénéficiaire : la personne ou le groupe qui profitera de la réalisation de ce but. Exemple : (Créer)$_{\text{verbe}}$ (le rapport des ventes)$_{\text{résultat}}$ (des nouveaux clients)$_{\text{référence}}$ (à partir de la base CRM et des fichiers connexes)$_{\text{source}}$ (dans le répertoire partagé)$_{\text{destination}}$ (automatiquement)$_{\text{manière}}$ (avec SSRS / l'outil de *reporting*)$_{\text{moyen}}$ (avec 98 % de données intégrées dans le rapport)$_{\text{qualité}}$ (pour le manager des ventes)$_{\text{bénéficiaire}}$.

Lieu : il situe l'objectif dans l'espace, qui peut être virtuel. Exemple : (Créer)$_{\text{verbe}}$ (le rapport des ventes)$_{\text{résultat}}$ (des nouveaux clients)$_{\text{référence}}$ (à partir de la base CRM et des fichiers connexes)$_{\text{source}}$ (dans le répertoire partagé)$_{\text{destination}}$ (automatiquement)$_{\text{manière}}$ (avec SSRS / l'outil de *reporting*)$_{\text{moyen}}$ (avec 98 % de données intégrées dans le rapport)$_{\text{qualité}}$ (pour le manager des ventes)$_{\text{bénéficiaire}}$ (accessible sur sa tablette)$_{\text{lieu}}$.

Temps : situe l'objectif dans le temps. Exemple : (Créer)$_{\text{verbe}}$ (le rapport des ventes)$_{\text{résultat}}$ (des nouveaux clients)$_{\text{référence}}$ (à partir de la base CRM et des fichiers connexes)$_{\text{source}}$ (dans le répertoire partagé)destination (automatiquement)$_{\text{manière}}$ (avec SSRS / l'outil de *reporting*)$_{\text{moyen}}$ (avec 98 % de données intégrées dans le rapport)$_{\text{qualité}}$ (pour le manager des ventes)$_{\text{bénéficiaire}}$ (accessible sur sa tablette)$_{\text{lieu}}$ (tous les lundis avant 9h GMT)$_{\text{temps}}$.

Notre besoin devient alors : Créer automatiquement, avec 98 % de données intégrées dans le rapport, dans le répertoire partagé avec SSRS / l'outil de reporting, le report des ventes des nouveaux clients à partir de la base CRM et des fichiers connexes, pour le manager des ventes accessibles sur sa tablette tous les lundis avant 9h GMT.

Il existe également toute une taxonomie des verbes, en fonction de leur classification certains paramètres sont obligatoires, facultatifs ou non applicables. Donc nous pouvons déjà noter que les verbes de changement seront particulièrement utilisés pour les KPI (voir méthodologie EKD-CMM) : Maintenir, Arrêter, Améliorer, Ajouter, Introduire, Prolonger (*Extend*), Adopter ou Remplacer.

Cette approche syntaxique est plus précise que l'approche des *smart goals* qui ne sera donc pas décrite ici.

16.2 Avantages

Même si cette technique est rarement implémentée formellement, être conscient du problème et savoir quoi chercher lors des sessions de travail permettra de réduire le risque de quiproquo, facilitera les conversations si elle est appliquée avec diplomatie et augmentera grandement la productivité de votre recueil des besoins.

Sans vouloir tout préciser, avoir conscience des ambiguïtés potentielles peut grandement faciliter les conversations. La plupart du temps, lorsqu'une une conversation piétine en réunion, il s'agit d'une ambiguïté de langage. La personne pouvant la conceptualiser et la verbaliser correctement prend souvent le rôle de rassembleur et de leader.

Cette technique est très performante quand elle sert de support à une autre méthode : interview, approche par buts, Delphi... Elle permettra lors du process de vérifier si l'on peut compléter la phrase pour être sûr que l'on a toutes les informations.

16.3 Limites

Implémentée de façon trop rigoureuse, cette approche peut être très frustrante pour les parties prenantes, elle devient alors inefficace et le recueil des besoins peut devenir peu lisible par un humain s'il est formulé en langage formel. Il convient donc d'utiliser cette méthode avec discernement.

16.4 Conditions optimales d'utilisation

Lors des sessions de travail ou après, l'analyste et les parties prenantes peuvent prendre le point de vue linguistique pour rapidement analyser la qualité de la formulation.

Elle peut aussi être utilisée en formation pour sensibiliser les différentes parties prenantes aux problèmes d'ambiguïtés. Cela facilitera les conversations ultérieures.

17. Pensée systémique

La pensée systémique est applicable à de nombreux stades du projet. Elle ne constitue pas une technique de formalisation des besoins à proprement parler, mais améliorera grandement la qualité de la solution considérée.

"La connaissance progresse en intégrant en elle l'incertitude, non en l'exorcisant." - Edgar Morin

17.1 Présentation

La pensée systémique est une façon de percevoir la solution envisagée. Il s'agit de penser dans la globalité. On ne considère pas l'environnement et la solution séparément, mais la solution comme faisant partie intégrante d'un tout. L'environnement désigne une agrégation de systèmes avec différentes parties interagissant et avec des fonctionnalités différentes. L'environnement et la solution sont vus dans une interdépendance forte.

Voici plusieurs exemples issus ou non du monde décisionnel permettant de comprendre l'importance de cette démarche.

Prenons un exemple dans la médecine.

L'anatomie est la description de la structure du corps humain, de ses organes et de leur position. Le cerveau et le bras sont perçus comme deux parties différentes avec des caractéristiques séparées. L'approche systémique considérera que le bras n'a pas de raison d'être sans un cerveau pour envoyer les ordres de mouvements et, vice-versa que le cerveau n'a pas de raison d'être sans un membre pour traduire le signal électrique en mouvement.

Un exemple dans la définition des KPI.

Cet exemple provient d'une étude réalisée par le fond monétaire international (IMF Working Paper - "Does 'Grease Money' Speed Up the Wheels of Commerce ? - Prepared by Daniel Kaufmann and Shang-Jing Wei - Authorized for distribution by Vito Tanzi March 2000) qui dit ceci en substance : prétendons que vous travaillez pour une entreprise qui utilise la corruption pour accélérer les process avec le gouvernement local. Comment le dirigeant va-t-il mesurer le "succès" de la corruption.

Cela va sûrement être le temps moyen entre le début et la fin du process ? Les études montrent que si l'on considère la corruption comme une transaction, oui la corruption est efficace. Mais si on considère l'entreprise dans sa totalité et dans une vision à long terme, on s'aperçoit qu'il y a des impacts. Les agents du gouvernement demandent des dessous-de-table de plus en plus conséquents. Les processus ont tendance à se complexifier offrant de nouvelles opportunités de corruption. Les autres parties de l'entreprise perdent en crédibilité et en efficacité, car les agents du gouvernement tentent d'avoir des dessous-de-table. Les risques ne sont plus minimisés (média et image de marque, tribunal, amendes, peines de prison...). Finalement, les recherches concluent que le prix de la corruption pour les entreprises surpasse le bénéfice attendu. Il est certain qu'une approche systémique permettrait aux mafieux d'y voir un peu plus clair.

La vision systémique permet de construire des solutions stratégiques. On ne parle plus ici de répondre à des parties prenantes du projet, on veut alors le faire de manière à satisfaire l'organisation dans sa totalité. Cela permet de satisfaire les besoins dans le scope tout en pensant aux besoins hors du scope.

C'est aussi un excellent moyen d'acquérir l'adhésion au projet et de construire un réseau d'influence qui pourra aider à lever les obstacles du projet.

Les développeurs tout d'abord prendront plus facilement l'initiative des décisions s'ils ont une visibilité sur la solution finale et les enjeux extérieurs. Combien de fois avons-nous entendu : "on ne sait pas où l'on va, on a deux semaines de visibilité".

Vous avez sûrement, en dehors de votre projet, toute une série de personnes qui sont impactées par celui-ci, mais qui n'en font pas partie. Elles ont aussi des intérêts et si vous construisez une solution en les connaissant à haut niveau, elles pourront faire levier dessus et s'en servir de base. Ces personnes ont maintenant tout intérêt à ce que votre projet réussisse. Parfois, il n'est même pas nécessaire de changer la solution.

Par exemple : considérons un projet de migration de lignes de téléphone fixes d'un réseau cuivré au réseau de fibres optiques. Le processus est complexe et l'entreprise fait face à de nombreux mécontentements. La DSI décide de construire un *datamart* pour gérer au plus près ce processus. L'analyste et le chef de projet cherchant à constituer l'effectif du projet vont voir l'équipe des désabonnements mobiles. L'équipe cherche à comprendre la raison des mécontentements des clients de téléphones mobiles. En utilisant l'approche systémique, l'analyste et le chef de projets ont promis de préparer les données pour qu'elles soient utilisables par l'équipe des désabonnements. Ces derniers savent qu'ils vont avoir une source de données gratuite et sont prêt à prêter une ressource pour aider le projet de *datamart*.

C'est un exemple typique des bénéfices que vous aurez à considérer : le hors scope autant que le scope.

À l'inverse, en réfléchissant globalement, peut être qu'une équipe a déjà couvert une partie de votre scope, il y a peut-être des intérêts communs, des fonctionnalités, process, parties de scripts, ou connaissances à récupérer.

Cela vous permettra également de minimiser les coûts de votre projet. En connaissant à haut niveau les besoins des phases futures, les modifications suite à des mauvais choix de design (spécialement dans la partie ETL et modèle de données) seront minimisées. Vous améliorerez aussi la qualité, car il y aura moins de patches et de versions d'une même partie de la solution. Le but de la séparation en différentes phases d'un projet est de produire des incréments, non de refaire le travail de développement.

Vous pourrez aussi minimiser certains risques. Pour le projet de migration de lignes de téléphone, les aspects de compte-rendus légaux ont été considérés hors scope. Lorsque le régulateur est intervenu, la solution a été dans l'incapacité de répondre aux besoins et ne pouvait pas être utilisée comme base de travail. Un autre projet a dû reprendre le travail depuis le début pour satisfaire le régulateur… et le tribunal. Les délais et les coûts de livraison ont été substantiels.

Que faut-il pour bénéficier de cette technique ? Il faut accepter que les parties prenantes prennent du recul, sortent de leur fonction et osent se poser les bonnes questions. Il faut donc un environnement de travail où la bienveillance règne et où le court terme ne fait pas (tout le temps) la loi.

Si le sujet vous intéresse, les écrits du philosophe Hervé Morin sont une source d'informations passionnantes.

17.2 Avantages

Cette technique permettra d'améliorer grandement la qualité de la solution, car elle vous permettra de voir la *big picture*.

Elle sera primordiale pour minimiser les changements entre les phases du projet.

L'approche systémique sera utile pour motiver les équipes du projet, mais aussi pour fédérer les personnes, qu'elles soient parties prenantes ou externes au projet.

C'est aussi la meilleure manière de faire chuter la charge de travail. Est-ce que quelqu'un a déjà fait ce que vous faites ? Est-ce qu'il est possible de détourner leur solution pour atteindre notre objectif ?

17.3 Limites

Il est difficile de tout anticiper et il arrive qu'on perde de vue l'intérêt de l'entreprise quand on est face aux intérêts des parties prenantes.

Il faut bien connaître l'environnement de l'entreprise, sa structure, les intérêts des différentes parties prenantes... Ce qui peut être difficile pour des prestataires, des nouvelles recrues ou si l'environnement est constamment changeant.

17.4 Conditions optimales d'utilisation

Spécialement au début, mais aussi tout au long du projet, cette technique vous permettra d'utiliser au mieux les ressources externes du projet.

Elle nécessite un environnement où les personnes peuvent penser hors des sentiers battus en toute sérénité.

Il faut alors avoir un analyste curieux et impliqué, des parties prenantes récompensées pour agir au-delà de leur scope et un management encourageant.

18. Brown cow model

Le modèle de la vache brune pour ceux qui sont à cheval (ou à vache) sur le français (et nos amis québécois). C'est un modèle utile pour dissocier le besoin fonctionnel et technique. Il permet de faciliter la conversation entre les différentes parties prenantes dans un projet où la gestion du changement est importante.

18.1 Présentation

D'accord ! Je vous dois une explication à propos du nom. Il vous manque tout d'abord des informations.

Le modèle Brown Cow dispose de quatre cadrans. Il sépare l'actuel et le futur, le quoi du comment. Cela va permettre assez simplement de différencier les besoins fonctionnels des spécifications techniques, mais aussi va dépolluer les conversations des habitudes passées. Ici on chasse le fameux : "on fait comme ça depuis toujours..." . Ça marche bien pour limiter la reproduction des faiblesses et des incohérences de l'ancien système.

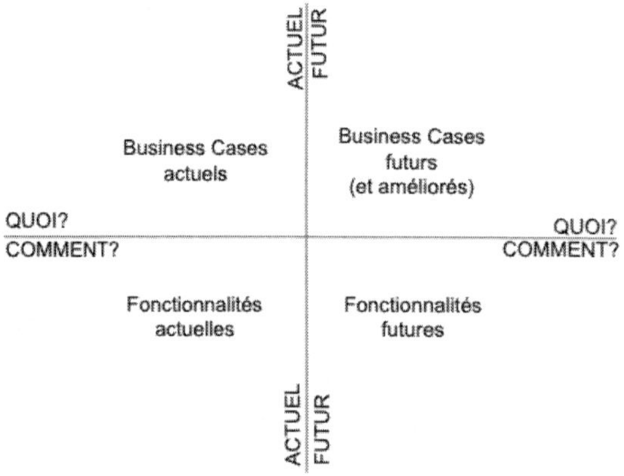

Brown-Cow Model (Modèle de la vache brune)

L'importance de la séparation entre le QUOI et le COMMENT.

En faisant une distinction claire entre le besoin technique et le fonctionnel, vous laissez la possibilité d'envisager différentes options d'implémentations. Cela sera d'autant plus utile si l'entreprise est très centrée sur les parties prenantes fonctionnelles. Cette approche donnera un outil pour recadrer les parties prenantes fonctionnelles définissant directement le besoin technique. Comme ce responsable marketing qui arrive en demandant : "je veux que les données de cette table soient chargées quotidiennement dans ce système". Suivant la distance hiérarchique et l'influence des parties prenantes, il peut être compliqué de recentrer la demande. Dans le modèle Brown-Cow, les parties prenantes fonctionnelles sont responsables des deux cadrans supérieurs alors que les cadrans inférieurs sont sous la coupe des techniciens.

L'importance de la séparation entre l'ACTUEL et le FUTUR.

Le passage de l'actuel au futur se fait via le QUOI. Il s'agit ici de définir si l'on souhaite conserver les fonctionnalités de l'outil ou les remplacer, les modifier. Une fois cela fait on pourra décrire le cadrant COMMENT - FUTUR. Finalement on le comparera au cadran COMMENT - ACTUEL pour estimer l'effort (changement pour le système), les coûts et évaluer la gestion du changement nécessaire (changement des parties prenantes).

Comme les cadrans supérieurs sont agnostiques du point de vue de la technologie, cette approche permet de remettre à plat le besoin et de minimiser la dette technologique et la dette de modélisation. Cette méthodologie forcera les parties prenantes à justifier les habitudes prises et à vérifier si elles sont toujours opportunes.

Ah oui !!! J'avais promis une explication…

La démarche Bown Cow commence le plus souvent par remplir le cadran inférieur gauche ACTUEL - COMMENT. En anglais c'est le cadran HOW - NOW. Il existe un virelangue pour enfant : "How now brown cow". Pas trop déçu ?

18.2 Avantages

Bien que cette technique soit rarement utilisée, elle est très intéressante pour cloisonner les rôles et responsabilités des différentes parties prenantes.

Les utilisateurs devront alors justifier leurs besoins, les habitudes et on s'assurera de minimiser la dette des systèmes antérieurs.

18.3 Limites

Cette approche est à utiliser lorsqu'il y a une situation ACTUEL. Elle n'est pas opportune pour de nouveaux projets et de nouvelles plateformes.

Elle est aussi peu appropriée si l'on pressent que l'ancien système et le nouveau sont très différents. Il vaudra mieux alors éviter les comparaisons entre les deux systèmes ou les deux besoins fonctionnels.

Le modèle Brown Cow ne garantit pas la qualité de l'élicitation, mais cadre les débats.

18.4 Conditions optimales d'utilisation

Le modèle Bown Cow est utile dans le cas de projets existants, demandant une attention particulière quant aux changements.

La situation idéale est lorsque des parties prenantes "marchent sur les plates-bandes" d'autres. Cette approche a le mérite de définir "qui parle sur quel sujet".

19. Tableau comparatif

	Approche collective	**Approche individuelle**	**Complexité de mise en place**	**Quand choisir cette option**
Workshop	X		X	Faire émerger une solution collective Collaboration facile
Interviews		X	X	Collaboration difficile Travail préparatoire Analyste formé
Delphi	X	X	XXX	Collaboration difficile Influence de l'une des parties prenantes (expérience, niveau hiérarchique sexe, culture...)
Brainstorm	X		X	Faire émerger une solution collective Collaboration facile Créativité nécessaire
Design Thinking	X		X	Définition de l'interface Sentiments utilisateurs importants
Thermomètres		X	X	Process métiers bien définis Définition d'une base pour les métriques Indisponibilité des parties prenantes fonctionnelles

	Approche collective	Approche individuelle	Complexité de mise en place	Quand choisir cette option
Groupe collaboratif	X		XX	Faire émerger une solution collective Collaboration facile Méthodes agiles
Cas d'utilisation métier et scénarii		X	XX	Définitions des process métier *Reporting* opérationnel.
Analyse de protocole et apprentissage		X	XX	Parties prenantes fonctionnelles peinant à expliciter leur besoin Peu de changement dans les process opérationnels Connaissance tacite
Introspection		X	X	Analyste expert du domaine. En complément avec d'autres méthodes
Analyse du domaine technique		X	XX	Architecture existante déjà en place Structures techniques plutôt organisées et documentées Nécessité de comprendre les contraintes

	Approche collective	Approche individuelle	Complexité de mise en place	Quand choisir cette option
Prototype		X	XXX	Visualisation des interfaces nécessaires Appels d'offres et réponses à des marchés
Analyse du domaine		X	X à XXX	Recherche des contraintes légales, des bonnes pratiques, des standards...
Approche par buts	X	X	XX	Aligner la solution avec la stratégie de l'entreprise Gérer un scope et les changements Gérer les priorités Analyste formé
Analyse syntaxique et grammaticale		X	XXX	En complément d'une autre approche Pour maintenir la vigilance sur les ambiguïtés et les résoudre Analyste formé
Pensée systémique		X	XXX	Comprendre les impacts des décisions Gérer un système dans sa globalité pour maximiser la valeur ajoutée

	Approche collective	Approche individuelle	Complexité de mise en place	Quand choisir cette option
Brown-Cow model		X	XX	Amélioration d'un existant Scope des parties prenantes mal définis Gestion du changement de l'existant crucial

Chapitre 6
Parties prenantes

1. Introduction

Les parties prenantes du projet ? Facile ! Celui qui paie, celui qui fait fabriquer, les autres à côté et ceux qui râlent fort... oui, mais pas que! Cette partie sera succincte, car elle relève plus de la gestion de projets que du recueil des besoins en tant que tel.

2. Répondre aux besoins des parties prenantes du projet : le scope

Il y a plusieurs rôles généralement bien définis, et même si une personne peut avoir plusieurs casquettes, il s'agit de comprendre les rôles et responsabilités de chacune. Nous donnerons ici de grandes généralités, mais les scopes peuvent varier énormément d'une structure à l'autre. Comprendre les grandes lignes permettra néanmoins de savoir qui prend les décisions sur quel domaine.

Les noms peuvent varier suivant les méthodologies et les scopes peuvent changer en fonction des structures et tailles des projets et des entreprises.

2.1 Le chef de produit

Ce rôle a été créé pour la première fois par *Procter and Gamble*. L'entreprise a placé une personne en charge de sauver les mauvaises ventes d'un produit : le chef de produit.

En anglais, on parle de *product manager*. Il a une vision macroscopique du projet et va coordonner les étapes allant de la conception à la livraison, établir une *roadmap* et définir les principales fonctionnalités attendues. Il sera aussi responsable de l'alignement de la solution sur les objectifs de l'organisation, mais aussi sur la vision du produit. Il est orienté vers le business car il est là pour définir le problème à résoudre.

2.2 Le product owner

Le *product owner* a été défini pour la première fois en 1995 dans la méthodologie agile nommée Scrum. Ce rôle n'est pas défini/utilisé dans les méthodes de gestion de projets traditionnelles.

Le *product owner* a une vision détaillée du projet. Il surveille la bonne réalisation de la solution, il est également responsable du *backlog*, des *users stories* et des points. Enfin il veille à la maximisation du profit de la solution (retour sur investissements). Il est orienté vers le développement, car il est là pour définir la solution. Il est en contact étroit avec l'équipe du projet.

2.3 Le sponsor

C'est la personne ou le groupe de personnes qui finance le projet (argent, ressources...). Le sponsor a en général la "volonté politique" de voir le projet se réaliser. Il va communiquer sur le projet (relation publique) avec le *top management*. Il aura aussi la charge de résoudre ou de faire remonter les problèmes situés hors du scope du chef de projet.

2.4 Le manager de portfolios

Le gestionnaire de portfolios est responsable de la gouvernance à une échelle macroscopique. Il cherchera à savoir quels sont les projets à engager, la valeur et les bénéfices des projets, leur profitabilité. C'est souvent un rôle rempli non pas par une personne mais par un comité de managers seniors.

2.5 Le manager de programmes

Le gestionnaire de programmes est chargé de coordonner différents projets pour obtenir des bénéfices par mutualisation. Il agit souvent en support du chef de projet.

2.6 Le chef de projet

Le chef de projet est la personne chargée d'atteindre les objectifs du projet, dans les délais et en respectant le budget. Il est notamment en charge de planifier le projet, garder le projet sous contrôle, identifier et minimiser les risques, fournir un compte-rendu d'avancement à toutes les parties prenantes.

2.7 L'équipe de projet

La ou les personnes qui vont réaliser la solution. Le chef de projet, les experts techniques, les développeurs, les architectes, les responsables de la sécurité, les testeurs... Ils peuvent avoir les mains sur le clavier ou fournir un support technique. Le chef de projet est généralement considéré comme faisant partie de l'équipe technique.

2.8 Le comité de pilotage

Le comité de pilotage est un groupe de personnes (souvent des managers ou des exécutifs) prenant les décisions stratégiques du projet concernant le budget, les changements de scope ou de délais. Ils aident à la résolution des problèmes que les équipes ont remontés.

2.9 Le client ou l'utilisateur

Le client est la ou les personnes (ou organisations) qui utiliseront la solution livrée. Il en existe plusieurs types, ils peuvent être internes ou externes. Deux sortes de configurations importantes sont à noter. Tout d'abord, il est possible de ne pas avoir à faire aux utilisateurs directement, mais à des représentants. Ensuite il arrive que le client et l'utilisateur soient des personnes distinctes. C'est par exemple le cas pour un projet sous-traité par une banque, dont la solution sera utilisée par ses clients. L'entreprise de conseil aura de manière distincte un client (la banque) et des utilisateurs (les clients de la banque).

2.10 Les gestionnaires opérationnels

Ce sont les personnes responsables du quotidien de l'entreprise : les responsables fonctionnels, mais aussi les responsables de la maintenance de votre solution, des serveurs, des sauvegardes, de la gestion du mobilier et de l'immobilier... Ils sont généralement peu impliqués, mais fournissent un support au long cours.

2.11 Les partenaires

Ce sont toutes les organisations ayant un lien contractuel avec la vôtre en vue de délivrer une partie du projet : des éditeurs de logiciels, des prestataires de service, des entreprises extérieures...

3. Répondre aux parties prenantes hors projet : le besoin de l'entreprise et la stratégie

On parle maintenant des personnes qui ne seront pas autour de la table, mais qui ont un intérêt positif ou pas dans la réussite de celui-ci. Il peut s'agir d'équipes qui sont impactées par le processus métier, des équipes qui sont en amont ou en aval des parties prenantes du projet, des personnes qui seront impactées, car, lors des arbitrages, vous avez remporté les ressources ou les budgets, voire les deux.

3.1 Le processus métier

On touche là au nerf de la guerre ! Votre solution répond maintenant aux besoins des parties prenantes du projet, mais pour en faire une solution pérenne, stratégique, utilisée par tout le monde... Bref la seule et unique "source de vérité", il va falloir qu'elle réponde aux besoins de personnes non impliquées dans le projet et dont, par définition, vous ne connaissez pas le besoin. Dans ce chapitre je les appellerai les parties "non" prenantes.

Il y a tout de même une solution. Si l'on reprend l'analogie du restaurant (cf. Quelles informations recueillir et quand ? - Analogie du restaurant : le processus et le timing), le plus important est de faire pousser vos légumes et de les cuisiner sans vous préoccuper trop de "Paul qui viendra manger à midi".

Construisez les historiques pour tracer le plus fidèlement possible les informations des bases sources sans vous préoccuper du ou des modèles qui les utiliseront.

Le modèle de données sera construit pour supporter un process métier avec ses faits et ses dimensions. Il ne sera pas construit en fonction d'un rapport que vous devrez fournir. Garder en tête que la durée de vie d'un rapport peut être de seulement quelques minutes permettra sûrement de vous tenir loin de ce genre de solution. Quel effort pour si peu de bénéfice !

Maintenant, on peut voir le bénéfice, votre historique et votre modèle de données (le *back end*) étant une "visualisation agnostique", tout le monde pourra s'en servir ou au moins les utiliser comme base pour les améliorer. Vous avez construit une "source de vérité".

Cela ne veut pas dire que vous devez produire une solution pour répondre à leurs besoins immédiatement. Il s'agit de construire la solution pour que d'autres puissent prendre la suite. Votre solution pourra alors être enrichie et améliorée, mais ne sera pas détruite ou concurrente d'une nouvelle.

Il faut faire une différence entre les besoins des parties prenantes du projet et les besoins de l'organisation.

Dans nombre de projets, une division va payer, elle poussera pour que la solution réponde à son besoin au moindre coût et dans des délais les plus courts. Mais c'est une vision à court terme. L'intérêt de l'entreprise sera de mutualiser les ressources et de faire réutiliser une solution technique par le plus de divisions et de personnes possible pour diminuer les coûts de développement, de maintenance, favoriser la cohésion, améliorer la gouvernance et la qualité des données. Et cela même si le projet prend un peu de retard. Il est souvent plus bénéfique de livrer un peu plus tard et d'avoir toute l'entreprise au diapason que de réaliser un projet pour chaque division du métier avec le même ensemble de données.

C'est là que le *business analyst* et les équipes techniques doivent arriver à justifier l'approche. Il faut tout d'abord chercher les parties "non" prenantes, et parfois il faut aller chercher loin : toutes les équipes qui utilisent ou pourraient utiliser l'ensemble de données que vous allez développer. Ils peuvent utiliser la même source de donnée, car leur processus opérationnel est supporté par la même plateforme informatique. Ils peuvent travailler en amont de vos parties prenantes et pourront confronter vos résultats et les leurs pour donner de la cohérence au système. Ils sont impactés par le travail de vos parties prenantes (en aval) et seront ravis d'avoir un peu de visibilité sur leur travail des prochains mois. Leur scope peut inclure tout ou partie du scope qui vous intéresse, mais pour des raisons politiques, ils ne seront pas invités à la table du projet.

Toutes ces personnes ont peut-être déjà été impactées par votre projet, elles ont peut-être dû partager des ressources ou des budgets. Si vous leur montrez qu'ils pourront réutiliser votre solution gratuitement pour leurs besoins, vous gagnez de sérieux alliés pour influencer le projet dans la bonne direction.

En reprenant l'exemple du chapitre précédent : un projet légal dans le domaine des télécommunications. L'entreprise devait migrer les lignes fixes de l'ancien réseau à la fibre optique. Le processus ne fonctionnait pas et nombre de clients avaient été laissés avec une ligne coupée. Le gouvernement demandait donc de justifier le nombre de clients ayant été affectés par le problème, de les rembourser et de payer une amende. L'équipe qui a influencé le projet était l'équipe marketing et de recherche des désabonnements de lignes mobiles. A priori, rien à voir avec notre affaire. Ils avaient remarqué une augmentation des désabonnements de leur côté et tentaient de savoir d'où venait le problème. Les clients qui avaient les deux produits étaient énervés après la marque et en profitaient pour résilier toutes leurs lignes. Ces équipes n'avaient pas été invitées au recueil des besoins du projet, mais elles étaient contentes de prêter une ressource pour réutiliser la solution.

3.2 Le processus technique

Il y a aussi des personnes qui n'ont pas un intérêt direct dans le projet, mais qui peuvent influencer (espérons dans le bon sens) sa réalisation.

Ce peuvent être des équipes techniques qui ont une solution similaire. Elle peut être temporaire, développée par les équipes métiers, des consultants... J'ai personnellement croisé des entreprises qui avaient quatre équipes pour contourner l'équipe qui devait réaliser les projets (pour des raisons de budgets, délais de livraison, politiques...). Ces équipes peuvent être contentes de vous confier la responsabilité de la solution qu'ils ont développée, ou à l'inverse, frustrées de laisser une partie de leur scope leur échapper. Il s'agit ici de comprendre les intérêts de chacun.

Un autre exemple, certains techniciens ont développé des *frameworks*, des fonctions, des méthodes de travail généralisables (généricité des bases de données, chartes graphiques, routines, documents de bonnes pratiques...). Ils seront ravis de vous prêter main forte si vous pouvez montrer que leur travail facilite le vôtre.

Les montées en compétences peuvent aussi être un très bon levier. J'ai vu des personnes venir aider le projet bénévolement. En échange on les formait : au recueil des besoins, à la méthodologie de projets, à la compétence technique... tout dépend des intérêts de la personne.

Au niveau technique aussi, vous pourrez obtenir l'aide de personnes non impliquées si elles peuvent réutiliser votre travail. L'une des techniques qui fonctionne très bien : généraliser les documentations techniques, les scripts (généricité, séparation de la logique et des spécificités liées aux données...). Nombre de développeurs seront ravis de remonter leurs manches si vous leur promettez un script qui fait le nettoyage des données automatiquement. Leur savoir, ou même des fonctionnalités déjà codées pourront vous épargner une partie du scope.

3.3 Les ressources

Il s'agit d'autres équipes projet, hors de votre scope. Ici aussi, vous avez peut-être été en concurrence sur des budgets, des ressources ou même le support du management.

L'union fait la force ! Est-ce qu'il y aurait des fonctionnalités communes, des choses à mutualiser, une ressource, une fonctionnalité, une approche à partager ? Loin d'être concurrents, il faut aller chercher des économies d'échelle. Cela peut vous permettre de livrer dans le respect du budget, dans les délais et d'améliorer la cohérence de l'ensemble. Le management appréciera l'effort. Vous appréciez sans doute de faire supporter par les deux projets une partie du scope ou tout au moins de ne pas construire deux solutions concurrentes.

3.4 Conclusion

Il y a maintes solutions pour impliquer des personnes qui n'ont pas d'intérêts directs dans votre projet. Il en va de la pérennité de votre solution. C'est une grosse partie du travail pour la faire accepter comme une solution stratégique et utilisée par tout le monde, et non plus comme une solution temporaire utilisée par quelques personnes ou des divisions ayant payé pour la concevoir.

Cette approche vous donnera aussi des moyens pour influencer le projet dans la bonne direction, pour récupérer des compétences et des ressources sans avoir à négocier les budgets. La collaboration, l'échange et la réciprocité sont alors la clé.

4. Exemple

Voici un exemple d'une différence entre le besoin de l'organisation et des parties prenantes.

En 2020, le monde a connu une pandémie : "COVID-19". Pendant la période de confinement, en France, chaque personne devait sortir avec une attestation de déplacement dérogatoire. Elle avait pour but de dissuader les gens de sortir et de les faire réfléchir au caractère indispensable de chaque sortie.

Une entreprise a proposé une version électronique de la déclaration dans le but de simplifier la démarche.

Dans cet exemple, l'entreprise a pris en compte le besoin du citoyen (l'utilisateur de la solution) et non de l'organisation (la société) ; la dématérialisation de l'attestation allant en effet à l'encontre de son caractère dissuasif.

Il est donc essentiel de lier les besoins des utilisateurs avec les objectifs de l'organisation pour pouvoir répondre aux deux.

Chapitre 7
Techniques de modélisation

1. Kimball

Ralph Kimball est considéré par beaucoup comme le père de la Business Intelligence. Il a théorisé dans le milieu des années 80 les concepts de base des données dimensionnelles. Cette approche dimensionnelle fait l'objet de nombreux ouvrages (dont plusieurs *best sellers*) dans ce domaine. Kimball est connu pour l'invention de la modélisation dimensionnelle (première activité du second chemin dans le schéma ci-dessous). Cela est assez réducteur. Il propose en effet une approche où les différents aspects de la construction d'un entrepôt de données sont intégrés. Ce chapitre n'a évidemment pas pour ambition de résumer les pratiques de modélisation, mais de les relier avec le sujet de ce livre. Après une description succincte des étapes, et des besoins à collecter pour réaliser chacune d'entre elles, nous verrons quand l'utiliser.

Lors de l'étape de définition des besoins fonctionnels, Kimball propose une approche à base d'interviews des parties prenantes fonctionnelles et techniques. Celle-ci est décrite dans le chapitre Activités de recueil des besoins - Interviews.

Dans le cycle de vie du projet vu par Kimball, après une étape de planification et de recueil des besoins, les activités se divisent en trois pistes. Elles se rejoindront pour les phases de déploiement avant de se poursuivre avec la maintenance et les améliorations.

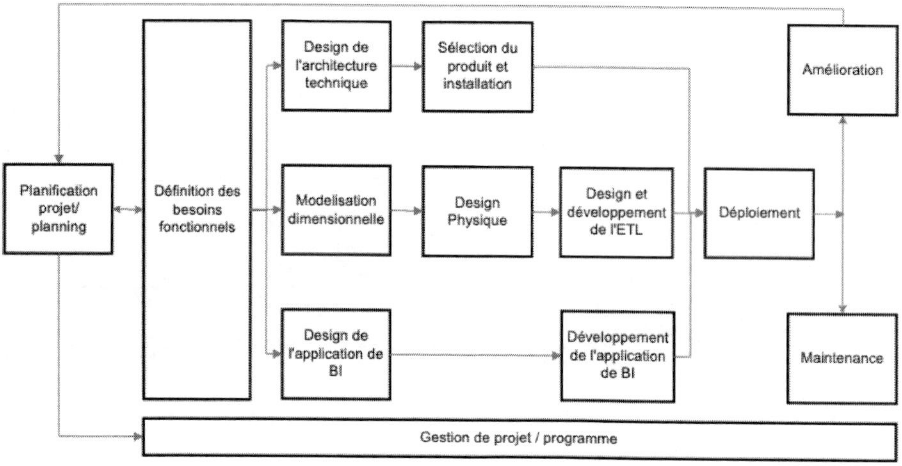

Le diagramme du cycle de vie du projet selon Kimball

1.1 Le cycle de vie des données

Il existe plusieurs activités : la modélisation dimensionnelle, le design physique, et enfin le design et le développement de l'ETL.

Concernant la modélisation dimensionnelle, il existe des livres entiers sur le sujet. Dans les grandes lignes, Kimball établit cinq étapes pour définir un entrepôt de données :

- Identifier un processus métier à analyser : il s'agit ici de définir le périmètre fonctionnel. Le processus métier qui sera capturé, les activités de ce processus et les besoins en matière de *reporting*, la définition des métriques qu'il est souhaitable d'utiliser. Dans un deuxième temps, il faudra profiler les données nécessaires avec les personnes travaillant sur les sources de données.
- Établir la granularité : le grain est le niveau de détail le plus fin qui sera utile. Il faut alors trouver un juste milieu. Une granularité trop fine (trop de détails) produirait trop de données et ralentirait le système. Une granularité trop grossière (pas assez de détails) ne permettra pas d'avoir assez d'informations pour creuser certaines problématiques et utiliser le système pour d'autres usages ultérieurs. Cette seconde option peut mettre en péril le principe de "*single source of truth*" (une seule source de vérité).

- Identifier les dimensions liées aux faits. Une fois les granularités des faits choisies, Il faudra définir les dimensions. Elles constituent le contexte d'analyse des métriques. Une liste des colonnes utiles sera établie. Il faudra alors prendre en compte la conformité ces dimensions.
- Définir la table de faits. Il faut ici utiliser les définitions fonctionnelles des métriques pour définir leurs correspondances techniques. Habituellement les faits sont des données numériques que l'on pourra agréger.

On voit ici que les étapes sont purement orientées vers la modélisation technique et que l'on considère que le besoin fonctionnel est bien défini et non volatile. Ces étapes viennent donc en aval du processus de recueil des besoins.

La seconde activité du cycle de vie des données et le "design physique" à partir de la modélisation dimensionnelle. On documentera alors les systèmes sources et les tables cibles. Logiquement, la modélisation dimensionnelle et le design physique de la base de données se ressembleront fortement. Le design physique prendra en considération les contraintes des plateformes techniques : le logiciel, le matériel, les capacités de stockages… Cette activité est donc très dépendante de l'architecture et des outils en place.

Les gestionnaires de bases de données et/ou l'équipe de gouvernance développeront les conventions de nommage et les standards de la base de données. Ces éléments seront capitaux pour assurer une expérience utilisateur satisfaisante.

L'activité suivant le "design physique" est le développement du modèle de données. Ainsi, après avoir choisi le serveur sur lequel devra être développé le système, on développera les différentes couches de l'entrepôt de données, les tables de *stagging*, la mécanique d'ETL, les tables d'audits, de qualité de données, les structures de support de la sécurité…

Les bases de données décisionnelles étant optimisées pour les requêtes sur des grands volumes de données, les gestionnaires développeront ensuite les index nécessaires. Ils chercheront la solution optimum entre l'accélération des requêtes des utilisateurs et la surcharge lors des chargements de données. Certaines entreprises vont alors établir une stratégie d'optimisation avec des bonnes pratiques pour supporter les développeurs.

Ensuite, les développeurs définiront les agrégations et les cubes OLAP. Les tables d'agrégation sont souvent la méthode la plus optimisée pour gérer les gros volumes de données quand les index ne sont pas satisfaisants. Il faudra alors comprendre les scenarii d'utilisation des requêtes des utilisateurs et en définir des motifs. Dans une bonne gestion de la base donnée en production, les équipes techniques veilleront à ce que ces motifs soient toujours pertinents tout au long du cycle de vie des données.

Finalement, le design physique inclura les structures de stockage, les blocs, les disques, les partitions, la gestion des espaces. Le tout dans le but de faciliter les chargements, la maintenance et les performances d'utilisation du système.

1.2 Le cycle de vie de la technologie

Ce "chemin" (*track* en anglais) comporte deux étapes. Le design de l'architecture technique et la sélection et installation du produit choisi.

Le design de l'architecture est une série de modèles qui décriront les différents composants. Cela permettra de détecter des incohérences dans l'architecture, les rôles et les responsabilités de chaque composant, de déterminer ceux qui sont obligatoires ou facultatifs. Ces modèles servent également de support de communications avec les parties prenantes fonctionnelles, les équipes techniques, mais aussi le management.

Il est important de trouver un juste milieu entre deux états peu enviables. D'un côté, une architecture peu réfléchie qui créera une dette de modélisation et de nombreux problèmes pouvant aboutir à une refonte complète du système. À l'inverse il arrive qu'à vouloir une architecture parfaite, l'organisation alourdisse grandement la procédure et ne permette pas d'aboutir à la livraison d'une solution dans les temps ou les budgets impartis.

Le design de l'architecture nécessitera souvent la création d'une équipe de quelques personnes travaillant sur le sujet. Elles devront alors comprendre les besoins fonctionnels et l'implication de ceux-ci en matière d'architecture (temporalité, disponibilité, performance...).

Ensuite, elles collecteront les contraintes, mais aussi les standards, les directives techniques et les limites non négociables définies par les experts et les pratiques de l'organisation. Pendant cette étape, il sera important de prendre connaissance des retours d'expériences (*lessons learned*) des anciens projets.

L'équipe établira alors la liste des besoins techniques d'architecture. Elle inclut mais ne se limite pas à : la disponibilité de la plateforme, les parcellisations et mise en miroir des chargements, les métadonnées indispensables, le réseau et la bande passante nécessaire, les capacités nécessaires pour les chargements de données... Elle définira également le modèle d'architecture. Habituellement l'équipe s'enfermera pendant une ou plusieurs journées pour obtenir un modèle. Il faudra alors définir les différentes parties, mais également leurs interactions et interfaces. À cette étape, de nombreux compromis seront nécessaires et il sera essentiel que chaque personne en comprenne les avantages et les inconvénients. On définira alors les fonctionnalités primordiales pour le succès du projet et l'ordre des phases d'implémentation. L'équipe pourra, dans certains cas, évaluer si un logiciel sur étagère doit être utilisé ou s'il est plus opportun de développer les fonctionnalités. Le plan d'architecture pourra alors être utilisé pour communiquer avec les différents acteurs du projet.

Ensuite, vient l'étape de sélection du produit et de son installation.

Ce n'est évidemment pas nécessaire pour tous les projets. Le cas échéant, il faut alors établir une matrice d'évaluation des produits : définir les critères de sélection, mais aussi définir leur pondération.

Ensuite, l'équipe conduira une étude de marché des outils et solutions répondant aux critères de sélection. On aboutira alors à une liste restreinte des solutions et des vendeurs les plus pertinents.

Si nécessaire, il pourra être demandé aux vendeurs de réaliser un prototype permettant de confirmer les fonctionnalités ou de tester certaines limites de la solution.

Enfin, la dernière phase sera la sélection finale du produit, son installation en test et la négociation du contrat.

1.3 Le cycle de vie des applications BI

Les deux activités du *track* "cycle de vie des applications BI" sont : le design de l'application et son développement.

Même s'il est de plus en plus courant de considérer que le *data warehouse* se doit d'être accessible en self-service, développer des applications BI permettra d'obtenir de nombreux gains rapides : amélioration de l'acceptation des utilisateurs, qualité et cohérence des analyses, rapidité d'utilisation... Elle permettra à une part importante des utilisateurs d'obtenir rapidement leur rapport en manipulant seulement des variables. Les applications peuvent alors être perçues comme un kit de démarrage de l'entrepôt de données.

Le design et le développement de l'application BI sont souvent les activités les plus créatives et excitantes. En s'appuyant sur toute l'architecture et les données construites, les développeurs commencent à percevoir les premiers bénéfices. Ils feront part aux utilisateurs de leurs progrès faciles à réaliser, ce qui galvanisera et aiguisera l'appétit des différentes parties prenantes.

La spécification des applications BI commence généralement par la sélection d'un ensemble de visualisations prioritaires à développer. Il est alors primordial de prendre en compte les priorités des différentes parties prenantes et de les consolider. Souvent, il est possible de faire "d'une pierre, deux coups". En effet, les utilisateurs sont souvent animés par les mêmes priorités, mais avec des points de vue différents. Prenons un exemple : le responsable des ventes souhaitera voir le nombre de ventes par vendeur pour calculer les bonus de chacun. Le responsable des stocks voudra avoir les ventes pour gérer les stocks et approvisionnements des produits. Le manager des produits voudra voir les ventes de chaque produit pour connaître son TOP 10. Un rapport montrant les ventes par produits et vendeurs ne sera peut-être pas idéal mais, au moins dans un premier temps, il permettra de répondre aux trois managers. Pour une approche simplifiée de cette étape, la méthode des thermomètres est très pratique (cf. Activités de recueil des besoins - Méthode des thermomètres).

C'est aussi le moment de définir ou de prendre en compte les standards de design, les chartes graphiques, les normes de l'entreprise, les contraintes légales de présentation.

Enfin, vient l'étape du développement des applications BI. Les développeurs commenceront par définir les conventions de nommage, les calculs, les bibliothèques, dictionnaires et standards de développements. Ils auront à cœur de pérenniser leur solution pour minimiser les refontes et les modifications ultérieures.

Kimball conseille ici d'investir dans la formation des développeurs et des utilisateurs. En effet, des erreurs de design peuvent être coûteuses et assez pernicieuses. Il arrive que les utilisateurs utilisent des rapports pendant des années avant de s'apercevoir qu'ils n'ont pas la bonne information ou qu'ils n'utilisent pas l'outil de la bonne manière.

La première livraison d'une application BI est souvent très fructueuse. Les développeurs maîtrisant parfaitement l'outil et les données seront à même de trouver des informations auxquelles les utilisateurs n'avaient pas pensé. Ils procèderont également aux tests de l'architecture et du modèle de données. Ils testeront la qualité de données qui a été obtenue lors du processus d'ETL. Une fois les développements de l'entrepôt de données terminés, ils pourront également tester les temps de réponse, le système d'indexation, d'agrégation et la sécurité.

2. Data Vault

Data Vault est une approche de modélisation de données. Elle sert à définir les tables et les relations dans l'entrepôt de données. Celle de Kimball est basée sur la modélisation des processus, ceux-ci sont relativement volatiles. Ces changements demanderont alors de la maintenance. Data Vault cherche à modéliser les concepts métier, il y aura en conséquence beaucoup moins de changements. En effet, les concepts ne sont pas la description de la manière de procéder, mais des éléments de base pour penser le business et communiquer. Un changement de concept relève alors d'une remise en cause complète du business.

La 3NF (troisième forme normale) est une modélisation utilisée pour les systèmes opérationnels (ERP, CRM, Ventes, Comptabilité, Finance...). Elle est optimisée pour un accès rapide à un petit nombre de données en écriture ou en lecture.

La modélisation dimensionnelle (de type Kimball) est quant à elle utilisée pour la construction des *datamarts*. Elle est optimisée pour l'interrogation (lecture) d'un grand volume de données.

La modélisation Data Vault est utilisée dans l'EDW (*Enterprise Data Warehouse*), elle optimise l'intégration, l'historisation et l'agilité du système.

Le concept sous-jacent est la "décomposition unifiée". Décomposons la "décomposition unifiée" : d'un côté on cherchera à découpler les différents composants d'un concept métier afin d'augmenter la flexibilité. D'un autre côté, la capacité première d'un *data warehouse* est l'intégration. Il faudra alors conserver les liens entre les différents composants du concept.

Chacun de ces composants à un rôle défini. La modélisation Data Vault demande beaucoup de rigueur. Il n'est possible d'en tirer un bénéfice que lorsque la modélisation est conforme aux principes de la méthodologie.

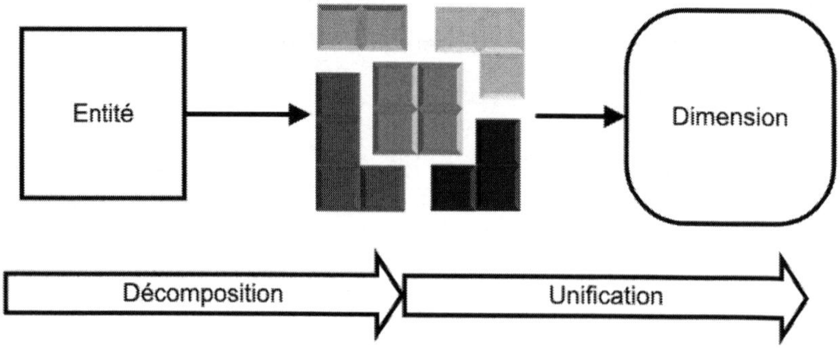

Schéma Entités - Composants - Dimensions de Data Vault

2.1 Les concepts de base

La constellation : c'est la représentation d'un concept métier incluant son ensemble primaire et les ensembles reliés.

L'ensemble : toutes les parties d'un concept métier considérées ensemble. Chaque partie est alors envisagée en relation avec l'ensemble. Chaque partie est définie par son rôle.

Il existe trois rôles, ce sont les briques élémentaires de la modélisation DataVault. : les clés naturelles (Hubs), les relations (Links) et le contexte (Satellite).

Comme la modélisation Data Vault se doit d'être rigoureuse, cela vaut d'expliciter l'implicite. Un Hub est seulement constitué de la clé naturelle et rien d'autre. Un Link comporte seulement les attributs de la relation et rien d'autre. Un Satellite contient seulement le contexte et rien d'autre.

Le Hub : c'est donc une clé naturelle d'un concept métier et rien d'autre. À l'implémentation il deviendra une table avec un seul attribut : la clé métier. Quelques exemples de concepts : Vente, Client, Produit, Facture... Les clés métier correspondantes : vente_id, num_client, code_produit, num_facture...

Le Link : il sert de lien entre deux Hubs (et seulement entre des Hubs). Implémenté il deviendra une table avec deux attributs. Par exemple : vente_id/num_client, vente_id/num_produit, num_produit/cat_produit_id ...

Le Satellite : il contient toutes les informations contextuelles, les informations descriptives et les historiques. Les clés primaires de ces tables sont identiques à celle du Hub associé à une date (ou heure, pour l'historisation). Plusieurs satellites peuvent avoir la même clé primaire. Le choix de construire un ou plusieurs satellites peut être fait en fonction de la volatilité des données (certaines changent plus vite que d'autres), de leur origine...

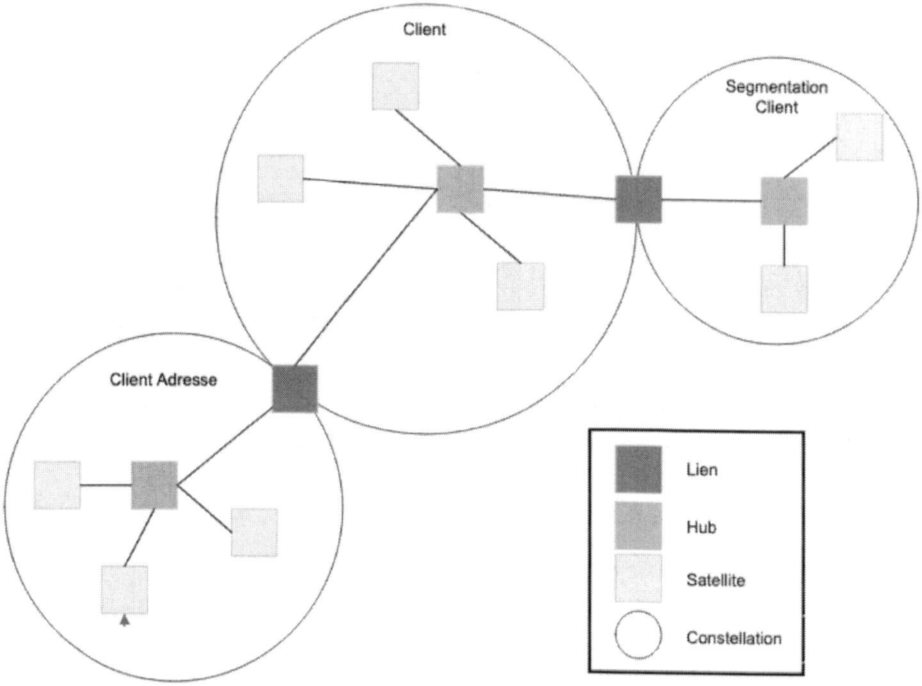

Principaux concepts de la modélisation Data Vault

2.2 Pourquoi et quand utiliser Data Vault?

Les entrepôts de données deviennent de plus en plus riches avec l'intégration de données semi-structurées ou non structurées, de référentiel de métadonnées (données décrivant les données), des besoins accrus en agilité... Les techniques mises en place par Data Vault absorbent mieux ce type de changement que les méthodes de modélisations traditionnelles.

Cette méthodologie est optimisée pour absorber les changements facilement, autoriser les développements incrémentaux, gérer de manière native les historisations, accommoder les audits, intégrer, aligner et réconcilier les données hétérogènes, fournir une traçabilité pour les exceptions et les bugs. Elle est aussi plus stable dans le temps, car la modélisation est centrée sur les concepts et non les process.

Que d'avantages ! Oui, mais...

Certains considèrent Data Vault comme la Rolls Royce pour les modélisations d'EDW. Mais tout le monde n'a pas besoin ou ne peut se payer une Rolls Royce.

Tout d'abord les équipes techniques devront apprendre et s'adapter à la nouvelle méthode de modélisation. Cela demande du temps, des efforts et de la rigueur à court terme, les bénéfices étant eux surtout visibles à long terme.

La modélisation Data Vault va construire de nombreuses tables, jointures... Le modèle ne sera alors pas forcement beaucoup plus complexe, mais il sera plus compliqué. Les motifs, jointures, *patterns* sont en général assez identiques, cela réduit donc grandement la complexité. Reste qu'il faudra développer et maintenir tous ces artefacts.

Le modèle construit en Data Vault n'a pas pour vocation à être interrogé directement par les utilisateurs ou les outils de *reporting*/analytiques. Il sera implémenté en sous-couche d'un modèle de *datamart* et d'une modélisation dimensionnelle.

Quand faut-il considérer Data Vault ?

Tout d'abord si votre EDW doit intégrer de nombreuses sources de données, que de nouvelles sources arrivent fréquemment ou que les sources existantes sont amenées à changer régulièrement. Ensuite si l'historisation et la traçabilité sont des éléments essentiels de votre problématique. Si votre entrepôt de données doit être conçu de manière pérenne et que l'approche en silo n'est pas acceptable. Si votre EDW a besoin d'être agile et/ou que MDM (*Master Data Management*) est sur votre *road map* ou déjà en place. Si vos règles de gestions sont amenées à changer régulièrement.

Quand faut-il considérer une méthode de modélisation traditionnelle ?

Si vos systèmes sources sont stables et assez homogènes. Si votre scope est bien défini. Si les audits et la traçabilité ne sont pas le cœur de votre problématique. Si votre solution n'a pas besoin d'être pérenne et si on cherche à construire un système à bas coûts.

Chapitre 8
Limitations

1. Introduction

Les limitations du processus de recueils sont nombreuses. Vous avez maintenant pleinement conscience que les notions parcourues dans les différents chapitres ne vous permettront pas d'avoir une et une seule manière d'approcher cette étape et de garantir votre succès. Ici, pas de check-list menant au succès.

La complexité du recueil des besoins en fait une étape très intéressante et riche. Elle est à la fois créative et pleine d'apprentissages. Il vous faudra naviguer entre les différents écueils et limitations afin de mettre tout le monde d'accord sur la solution à livrer. Voici les principaux facteurs limitant la portée ou l'exactitude du recueil des besoins.

2. Les limitations sociales

La formation des parties prenantes est cruciale pour le succès. L'analyste doit être formé, mais aussi motivé. Il est important d'être conscient que le diable se cache dans les détails, mais qu'il faut être réaliste sur l'effort à fournir et la précision nécessaire.

La formation des parties prenantes fonctionnelles

Elles doivent être pleinement conscientes de l'intérêt du recueil des besoins pour que leur participation soit fructueuse. Il y a deux extrêmes à éviter. D'un côté, vos utilisateurs vous font confiance et les équipes pensent pouvoir se mettre à la place de l'utilisateur, provoquant un effet tunnel dont l'issue peut être très décevante. De l'autre, des parties prenantes très/trop impliquées. Elles auront tendance à surqualifié le besoin, voir à qualifier le besoin technique. Les équipes techniques n'auront alors plus la latitude pour être force de proposition et supporter pleinement le business.

La formation des équipes techniques

Il arrive que des erreurs soient commises car les équipes techniques sont peu formées aux nouvelles plateformes. Il en résulte des problèmes d'architecture, de développement, de qualité des données. Cela peut mettre en péril la solution et nécessiter une refonte totale du système développé.

Hormis la formation, de nombreuses autres caractéristiques peuvent altérer le processus de recueil des besoins. Les capacités d'élicitation et d'abstraction des différentes parties prenantes peuvent rendre le processus de maïeutique difficile. Le temps alloué par les différentes parties prenantes peut venir à manquer. Les connaissances, les différentes expériences et les cultures seront aussi à prendre en compte. Un développeur junior peut avoir des difficultés à contredire un manager expérimenté... même sur des aspects techniques.

Dans la catégorie des dynamiques de groupes, de nombreux écueils peuvent altérer le résultat. Le passif des parties prenantes : certaines personnes peuvent avoir travaillé ensemble précédemment avec plus ou moins de succès. Elles arriveront alors rarement dans le projet en faisant table rase du passé. Les différences hiérarchiques peuvent aussi influencer grandement le recueil des besoins. Dans certaines cultures notamment, il est très mal vu de contredire ou de mettre en question le manager. Il sera alors quasiment impossible de bénéficier d'une approche collaborative fructueuse.

3. Les limitations techniques et fonctionnelles

Le coût et le temps

Il arrive que, par manque de temps et/ou de budget, l'étape de recueil des besoins soit sacrifiée. C'est notamment le cas lors de projets avec de forts enjeux où les parties prenantes veulent tout de suite "faire" quelque chose pour être rassurées. L'étape de recueil des besoins peut être alors perçue comme non productive.

Les domaines fonctionnels et techniques peuvent être sujets à d'importants changements. Ainsi, il sera difficile de les documenter; il arrive aussi que les informations soient manquantes (par exemple : anticipation sur de nouvelles législations).

La définition d'un besoin suffisamment décrit peut se montrer très différente en fonction des points de vue. Les acteurs fonctionnels auront souvent tendance à décrire grossièrement alors que les développeurs préféreront des exigences très détaillées. Il faudra alors trouver le bon compromis entre un besoin décrit sur un coin de table et une documentation permettant d'automatiser complètement les développements. La qualité attendue dépendra également du domaine fonctionnel et du type des gains souhaités dans le domaine. Des prévisions de ventes d'une petite entreprise pour la prochaine année ou des rapports légaux dans le domaine du nucléaire ne nécessiteront pas la même attention. Le process de recueil des besoins devra donc être adapté aux enjeux.

L'existant et les limitations des plateformes techniques modifieront le processus. Est-il vraiment nécessaire de tout documenter lorsque l'existant inclut déjà une grande partie de la problématique ? Faut-il respecter tous les standards et les bonnes pratiques du domaine (qui peuvent être coûteuses) alors que la solution attendue est temporaire et a vocation à être remplacée.

Les données peuvent également influencer le recueil. Elles interviennent souvent comme une contrainte. Elles peuvent être manquantes, insuffisantes, non disponibles, etc. Même le meilleur besoin fonctionnel ne pourra alors pas être satisfait, il faudra alors éviter de passer du temps sur un besoin que la solution ne pourra pas supporter.

Le langage

Même si c'est l'outil indispensable pour recueillir le besoin, il présente des limites. Toute verbalisation inclut un ensemble de connaissances tacites, d'ambiguïtés et de suppositions pouvant impacter le besoin. Lorsqu'on évolue dans un contexte international, le langage peut également devenir une barrière si tous les utilisateurs ne maîtrisent pas la même langue. À l'inverse, il arrive que des personnes multilingues puissent trouver des solutions plus facilement.

Pour optimiser le recueil des besoins, il vous faudra trouver une solution optimum en naviguant entre les différentes limitations de votre contexte. Les limites étant multifactorielles, il sera impossible d'obtenir une solution parfaite. Il faut alors s'adapter au plus près à votre contexte et vos contraintes. Garder en tête les avantages et les inconvénients de l'approche que vous avez choisie vous permettra d'en connaître les risques.

Chapitre 9
Recueil des besoins et gestion de projet

1. Introduction

Une partie du recueil des besoins est incluse dans les méthodologies de gestion de projet. Même si ces méthodologies ne permettent pas d'éliciter, de spécifier le besoin, de minimiser les ambiguïtés elles peuvent néanmoins gérer la priorisation, les dépendances et même le contrôle qualité.

Il existe deux grandes familles de gestions de projets. Les méthodes traditionnelles, elles sont aussi dites en cascade, supportées par des consortiums tels que PMP, PRINCE, etc. Elles sont maintenant concurrencées par les méthodes agiles. Celles-ci peuvent être SCRUM, KANBAN, etc. le but de ces méthodes est d'être plus adaptatives que les traditionnelles.

Ce chapitre n'a pas pour vocation de vous présenter les méthodes de gestion de projets dans le détail. Nous nous intéresserons donc aux interconnections entre le recueil des besoins et la gestion de projets, dans le but de comprendre les limites mais aussi les avantages des différentes approches. La présentation des méthodes permettra donc une compréhension de notre sujet par le biais de la gestion du scope.

2. Dans un contexte traditionnel

Les méthodologies de gestion de projets traditionnelles, qu'elles soient PMP, PRINCE 2… sont aussi nommées en cascade. Ce sont les mêmes méthodes qui servent à créer une solution décisionnelle ou un Airbus.

Ces méthodes étant assez rigides, elles permettent néanmoins d'assurer une certaine cohérence. Voyons les plutôt comme des boîtes à outils. On utilisera le processus en fonction du contexte, des difficultés et des risques du projet. Il arrive que l'activité et le livrable associé ne soient pas strictement nécessaires. Cependant, en vérifier la nécessité contribue déjà à améliorer sensiblement la gestion des risques.

2.1 Présentation

Les méthodes traditionnelles sont très orientées sur les processus. Il s'agit ici de suivre une séquence d'activités. Chacune d'entre elles comportant des livrables dont le format est souvent prédéfini.

Même s'il existe des différences, elles ont toutes une approche similaire : éliciter (collecter) les besoins, définir ce qui entre et sort du scope, définir les tâches à effectuer pour répondre au scope, vérifier que le scope fonctionnel est couvert par la solution, gérer les changements du scope.

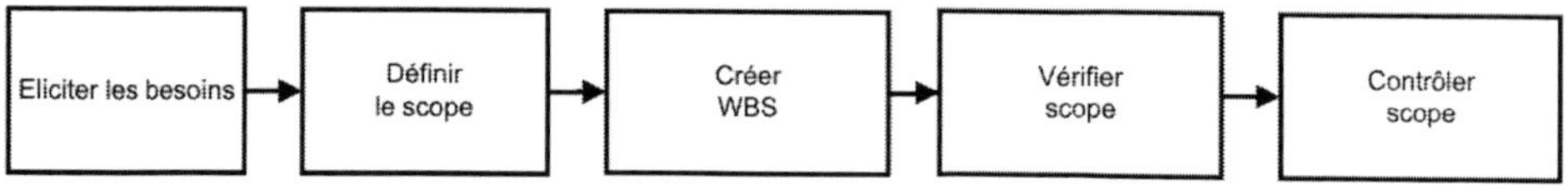

Processus de gestion de projet traditionnel

2.2 Éliciter les besoins

Une fois l'objectif du projet défini et la liste des parties prenantes complétée, il faut alors récupérer la liste des besoins fonctionnels. Pour cela, l'analyste pourra utiliser un panel de techniques choisies parmi les activités proposées dans le chapitre Activités de recueil des besoins. Trois livrables sont associés avec cette activité : la documentation des besoins, le plan de gestion des besoins et une matrice de traçabilité.

La documentation des besoins

Ce ou ces documents décriront la liste des exigences qui permettront de répondre aux besoins fonctionnels. Un document peut être construit de façon itérative. Dans un premier temps, les descriptions seront de haut niveau, puis on affinera avec le temps. Ils doivent cependant passer certains critères de conformité : non ambigus, identifiables, complets... (cf. Un peu de théorie... - Assurance qualité). Un document peut prendre plusieurs formes, une liste, un arbre de buts, une description de process, la photo d'un tableau blanc (ou même noir...). Il est important durant cette étape de déterminer les priorités associées à chaque besoin. Le contenu sera en fonction de ce qui paraît nécessaire : les besoins fonctionnels, l'objectif du projet, les descriptions des processus métier qui devront être capturés, les besoins non fonctionnels (sécurité, charte graphique, performance, aspect légal, durée de rétention des données, gestion des purges, accessibilité...), les critères d'acceptation et de qualité des besoins, les besoins de formations, les suppositions et les contraintes...

Le plan de gestion des besoins

Ce document est rarement formalisé, même si, en y regardant de plus près, il peut être très simple. Il sert à planifier comment le scope sera géré.

On y indiquera comment réaliser le suivi des activités (planification, suivi et *reporting*), comment le suivi des changements sera effectué, comment on validera ou refusera un changement, comment on effectuera l'analyse d'impacts et de risques...

Même s'il est simple, il permet de prendre un peu de recul et de réfléchir à la manière dont les étapes suivantes seront abordées. Par exemple : quelle est la meilleure méthode de priorisation ? Dans quel cas est-il préférable d'utiliser telle ou telle technique ? Doit-on convoquer toutes les parties prenantes pour un changement mineur ? Quelle est notre définition d'un changement majeur ?

Toutes ces questions peuvent avoir des réponses simples, mais il est souvent sage d'y réfléchir en amont pour éviter les conflits ultérieurs.

La matrice de traçabilité

Le but de la matrice de traçabilité est de lier chaque exigence aux objectifs du projet. Cela permet, dans un premier temps, de justifier la valeur de l'exigence, dans un second temps, cela permettra de produire une analyse d'impact des changements de scope. Finalement, on pourra vérifier que chaque objectif est rempli par le scope délivré.

On y documentera donc : les objectifs et sous-objectifs du projet, les exigences (numéro identifiant, description textuelle, responsable, parties prenantes à l'origine de l'exigence, priorité, version...).

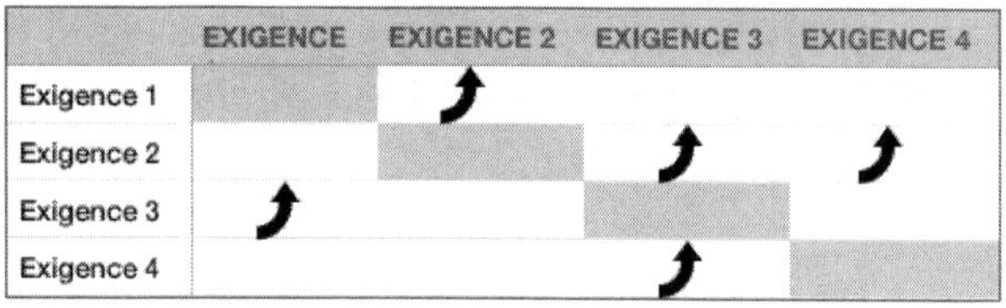

Exemple de matrice de traçabilité

2.3 Définir le scope

Vient ensuite la définition du scope. Construite de façon itérative, il s'agit de décrire le scope du projet (notamment s'il y a plusieurs phases). On mettra donc la description des besoins en face des contraintes (techniques, budgets, temps, compétences...) et des risques.

Pour cela, et selon la précision nécessaire, on pourra faire appel à des experts du domaine (consultants, parties prenantes, seniors, experts techniques, éditeur du logiciel...). Une autre option sera de réaliser une analyse du produit, on établira alors la liste de toutes les tâches à mener (WBS, voir ci-dessous) puis on en estimera le coût, la faisabilité, la durée, etc. En les comparant aux contraintes et aux priorités, on déterminera si elles figureront dans le scope ou non.

Enfin, une analyse des alternatives peut être faite pour évaluer les options d'implémentations et choisir la plus optimale.

À la fin de cette étape, on aura la liste des exigences et les activités qui permettront d'y répondre.

L'équipe aura alors une visibilité plus fine sur les éléments suivants : la description du scope, les critères d'acceptation des développements, la solution à livrer, les exclusions, les contraintes, et les hypothèses du projet.

La WBS (Work Breakdown Structure)

C'est la liste des activités nécessaires à la réalisation de chaque composant de la solution.

Ainsi, on part des livrables (table, rapport...) pour décomposer la réalisation du composant en activités. Elles seront plus ou moins affinées en fonction de la visibilité et du besoin des équipes techniques (certains développeurs débutants auront peut-être besoin d'avoir plus de détails). Dans l'idéal, les tâches seront détaillées jusqu'à l'obtention d'une unité de travail (*work package*). La décomposition peut permettre de découper le projet en différentes phases. La subdivision du projet en phases peut notamment être utile si l'on ne peut pas, au départ, définir des activités précises. On réalisera une première phase d'investigations, puis on définira la suite des activités nécessaires.

Il est important de faire attention dans cette étape à la réutilisabilité des composants. En effet, une table peut être utilisée dans plusieurs rapports. Il ne sera nécessaire de la développer qu'une seule fois.

Souvent la WBS s'accompagne d'une documentation dans laquelle on retrouvera : une description précise de la tâche à effectuer, les responsables de la réalisation, les dates butoirs principales, les ressources et compétences nécessaires, une estimation des coûts, la qualité attendue et les critères d'acceptation, les références techniques (base de données, ports...).

2.4 Vérifier le scope

Dans la gestion de projet la phase de vérification du scope est communément appelée "les tests". Il s'agit de vérifier que les composants livrés sont conformes au scope initialement défini et qu'ils remplissent les critères d'acceptation. Cette étape fait partie intégrante de l'ingénierie logicielle et ne sera donc pas couverte dans ce chapitre.

Il est cependant possible de vérifier le scope avant les développements. Non pas en vérifiant que les composants livrés répondent bien aux exigences, mais en vérifiant que les exigences techniques et la solution conceptualisée correspondent bien aux besoins fonctionnels et aux objectifs de l'organisation. On vérifiera ici l'alignement entre la stratégie des parties prenantes fonctionnelles et la solution qui sera livrée. Il y a deux intérêts principaux à cette étape : améliorer la qualité de la solution livrée et gagner la confiance des parties prenantes. Cette phase est la plupart du temps assez simple et prend peu de temps. Le travail est réalisé grâce à une inspection, une relecture ou un *workshop* avec les utilisateurs.

Le *workshop* est surtout utile pour la vérification des rapports et des modèles de données avec les utilisateurs. Il a l'énorme bénéfice de tisser une relation de confiance avec les parties prenantes. Ainsi, il est demandé aux parties prenantes fonctionnelles de venir avec toutes les questions, les informations que la solution devra leur apporter. L'équipe technique présentera la solution puis on testera la solution pour en vérifier les limites et les capacités. Ce test de robustesse permet de cerner les avantages et les limites de la solution.

L'équipe technique pourra aussi vérifier la modélisation avant de commencer les développements. L'un des principaux problèmes d'une méthodologie en cascade c'est l'"effet tunnel". Les parties prenantes expriment leurs besoins puis ont une faible visibilité jusqu'à la livraison complète du projet (même s'il est possible de découper le projet en phases). Ce *workshop* leur permettra de voir quels seront les besoins livrés et jusqu'où la solution supporte leurs exigences. C'est un gage de transparence entre les parties prenantes.

Enfin, même si c'est plus rare, il est possible de montrer les besoins couverts dans la solution qui ne sont pas dans le scope. Si la modélisation suit les bonnes pratiques, il est fort probable que d'autres personnes de l'organisation puissent réutiliser certaines parties. Admettons que votre organisation fasse de la vente en ligne de produits (physiques). La direction de la logistique vous appelle pour les aider à suivre la gestion des retours des clients. Votre modèle de données suivra donc ce processus. L'équipe marketing n'est pas impliquée. Dans la réalité l'équipe gérant la rétention des clients pourra sûrement réutiliser votre modèle pour comprendre l'impact des retours sur la fidélisation des clients. En leur démontrant que votre projet pourra être utilisé pour leur analyse, ils deviendront vos alliés. En fait, vous allez prouver ici que votre solution va devenir pérenne et qu'elle pourra être utilisée comme "source de vérité" (*single source of truth*).

2.5 Gérer les changements

Cette étape, dans le contexte de ce livre, est le processus de gestion des exigences lors d'un changement de scope. Il vous faudra alors reprendre la documentation des exigences, et le plan de gestion des besoins, pour analyser le changement et l'impact.

Comment optimiser la gestion du changement ?

Une matrice de traçabilité (ou un arbre de buts), un plan de gestion du changement et un modèle de continuité implémenté faciliteront la gestion du changement. Ils permettront de minimiser les coûts liés à l'analyse et à l'implémentation du changement.

La matrice de traçabilité ou l'arbre de buts permettent de documenter la corrélation entre le besoin fonctionnel et le besoin technique. Ils vous permettront de visualiser rapidement les composants de la solution impactés par un changement de besoin fonctionnel ou de stratégie de l'entreprise. (cf. Recueil des besoins et gestion de projet - Dans un contexte traditionnel - Éliciter les besoins pour la matrice de traçabilité et Méthodes de modélisation - Approche par objectifs.

Le plan de gestion des besoins documentera le processus à suivre pour chaque type de changement. Il permettra donc d'éviter les conflits, mais aussi de s'assurer d'une gestion de l'ensemble des besoins cohérente au cours du projet. Il est beaucoup plus facile de prévoir en amont des changements, plutôt que de tenter de mettre un process en place au moment où les parties prenantes ont besoin de changer le scope. (cf. Recueil des besoins et gestion de projet - Dans un contexte traditionnel - Éliciter les besoins).

Le modèle de continuité peut être formalisé comme une documentation. C'est avant tout une approche globale allant de l'objectif métier au composant technique avant de s'assurer des liens entre les différentes parties. Il permettra également de minimiser le coût d'analyse d'un changement.

2.6 Les avantages

La méthode traditionnelle apporte plusieurs avantages.

Premièrement, les méthodes traditionnelles sont orientées processus et non personnes. On n'attendra pas ici que chaque partie prenante ait toutes les compétences et comprenne les tenants et les aboutissants, même les risques, de chaque décision. Le travail sera plus cadré, notamment pour des équipes avec peu d'expérience.

Ensuite la qualité de la solution sera maximisée. En effet, on ne parle pas ici de *patches* à chaque itération, mais d'une analyse du scope et des effets pour chaque changement. Cette approche permet de maximiser la qualité de la solution finale délivrée.

C'est aussi une approche très exhaustive. Elle poussera les équipes à justifier les livrables sur lesquels elles feront l'impasse. Si les approches traditionnelles permettent de construire des avions et des navettes spatiales, elles sont suffisamment robustes pour supporter le développement d'une solution décisionnelle. Attention, je ne prétends pas ici que tous les livrables de la gestion de projets traditionnelle doivent être utilisés pour chaque projet. Néanmoins, connaître leur raison d'être est important afin de faire les bons choix et de pouvoir estimer le risque prit par l'impasse réalisée sur un livrable ou un autre. Choisir de faire l'impasse sur une partie du processus c'est faire le choix d'augmenter le risque sur le projet.

Les projets agiles présentent des limites pour changer d'échelle ou gérer des projets complexes, c'est grâce aux méthodes traditionnelles que les plus gros projets sont gérés. Ces méthodes sont préférables si le projet est complexe, important et/ou que vos parties prenantes sont débutantes.

Ces méthodologies ont l'avantage d'aider à éliminer les changements superflus. Si certains changements sont nécessaires au cours du projet, tous ne sont pas justifiés. Ainsi, avoir un processus de gestion du changement en bonne et due forme forcera les parties prenantes à justifier l'intérêt du changement. De nombreuses fois, le changement n'est pas dû à un changement des buts de l'entreprise, c'est le reflet des orientations politiques des différentes parties prenantes. Ces changements ne servent pas l'organisation, mais les intérêts d'une seule personne.

Les méthodologies traditionnelles sont capables de gérer les dépendances entre les besoins et les activités. C'est particulièrement important dans le monde décisionnel. Il est impossible d'obtenir un rapport si les données ne sont pas prêtes et la plateforme montée.

Dans le cas où votre organisation à un taux de *turnover* des équipes important, ou si vos équipes travaillent à distance, il est important d'avoir des documentations écrites. Ces méthodes traditionnelles permettent une gestion de la connaissance nettement plus pérenne que les méthodes agiles.

La méthodologie traditionnelle fonctionne avec un scope et un budget fixés. L'organisation définira les objectifs du projet dans la note de cadrage, il sera alors plus difficile d'assister à des changements de scopes non contrôlés. En effet, chaque changement de scope passera par un processus d'approbation souvent assorti d'une rallonge budgétaire. Il est alors plus facile de contrôler ce qui est livré et pour quel prix.

2.7 Les limites

Tout n'est pas rose dans le monde de la gestion de projets traditionnelle, loin s'en faut. Tout d'abord, le premier reproche est la longueur et la lourdeur du processus. Le processus est assez rigide, ce qui peut être contreproductif avec le risque de se concentrer plus sur le processus que sur le produit à livrer. Tout le monde n'envoie pas Philae sur Tchouri! (cf. Importance du recueil des besoins - Mythes).

En effet, si on suit à la lettre les processus pour un petit projet plutôt simple, la plupart de la documentation produite sera inutile. Les parties prenantes auront alors l'impression de remplir de la documentation sans obtenir de bénéfices précis. La bureaucratie peut-être très démotivante pour les parties prenantes. Ainsi, il faudra choisir avec intérêt les livrables et la façon dont on documente les informations.

Les tests se font tout à la fin du projet, c'est notamment le cas pour les tests d'intégration. Cela peut conduire à un risque important, notamment sur les exigences non fonctionnelles.

La communication des parties prenantes fonctionnelles et techniques est plus formelle. Les parties prenantes fonctionnelles n'étant pas impliquées quotidiennement dans le projet. Cela peut réduire l'efficacité du projet, en effet, une grande partie de la communication est non verbale et ne peut être capturer.

3. Dans un contexte agile

3.1 Présentation

L'objectif principal des méthodologies agiles est de délivrer rapidement un produit ayant la meilleure qualité possible grâce à une gestion *lean*.

Le *lean management* est une philosophie issue des systèmes de productions de Toyota dans les années 1990. Cette manière de gérer vise à produire seulement les composants ajoutant de la valeur au produit final et à réduire tout ce qui n'en ajoute pas. Toyota était célèbre pour sa réduction des *seven wastes* que l'on pourrait traduire par sept déchets (même si la traduction du mot japonais original s'approche plus de "futilité" que de "déchet") : la surproduction, le surstockage, le transport de matériel inutile, le *surprocessing*, les mouvements de personnel inutiles, les erreurs défauts et rebuts, les temps d'attente et les délais, la sous-utilisation de compétences. On peut facilement adapter cette philosophie à des solutions décisionnelles : la capture de données trop granulaires, un stockage redondant et des historiques trop granulaires ou/et trop longs, des couches de l'entrepôt trop nombreuses, des process trop compliqués, des équipes mal organisées, mal employées (développeurs *back-end* employés à développer du *front-end*...), des bugs et des problèmes de qualité de données, des processus mal synchronisés, des ressources matérielles non optimisées/utilisées, un management trop rigide et un manque de formation.

On se concentrera ici sur la livraison des exigences qui ont une forte valeur ajoutée pour le client (responsable produit, *customer*...). Les méthodologies agiles supprimeront l'inutile pour se focaliser sur les besoins strictement nécessaires. Cela est possible grâce à une méthode adaptative et réactive plutôt que prédictive et rigide.

Les méthodologies agiles mettent l'accent sur les personnes plus que sur le processus. Ainsi, une collaboration étroite entre les parties prenantes permettra de comprendre les besoins et la solution développée. Celle-ci ne comportera ni plus ni moins que le strict nécessaire.

Le *manifesto* agile met l'accent sur plusieurs principes :

- Favoriser les personnes et les interactions par rapport aux processus.
- Favoriser la collaboration avec les utilisateurs par rapport aux contrats.
- Favoriser une plateforme fonctionnant par rapport à une documentation.
- Favoriser le changement par rapport à la planification.

Qu'est-ce qui change par rapport aux méthodes traditionnelles ?

La phase d'élicitation change peu par rapport aux méthodes traditionnelles. Toute l'équipe de développement est présente avec le client pour cette phase. Cette collaboration étroite permettra de minimiser la documentation et les spécifications écrites.

La phase de priorisation est très importante. En effet, pour ne garder que le nécessaire, il est important de prioriser correctement les besoins.

L'identification des interdépendances. L'un des principes est que les besoins sont indépendants les uns des autres. Initialement, les méthodologies agiles ont été utilisées dans le domaine du développement Web. Ainsi chaque page est indépendante des autres. Il est alors aisé de les prioriser sans prendre en compte les dépendances de développement.

La négociation du scope est une phase importante et itérative. Elle se réalise en début de phase (*sprint*). Elle permet de définir ce qui sera dans la prochaine livraison. La fréquence peut aller de deux semaines dans le cas d'un sprint à deux mois pour les itérations les plus longues.

3.2 Le processus

Le recueil des besoins n'a que peu de place dans les méthodologies agiles. Le présupposé est que les besoins vont changer donc qu'il est futile de chercher à les figer. Ainsi on tentera d'éviter au maximum d'écrire les besoins. Pour être adéquate, la solution technique devra s'adapter au plus près aux besoins métier. On n'attendra donc pas que la totalité du besoin soit définie pour livrer. La solution prendra donc en compte les changements d'environnements fonctionnels et techniques et permettra de synchroniser les deux. L'élicitation des besoins et les développements se dérouleront simultanément.

Cette parallélisation sera facilitée par une équipe pluridisciplinaire et travaillant coude à coude.

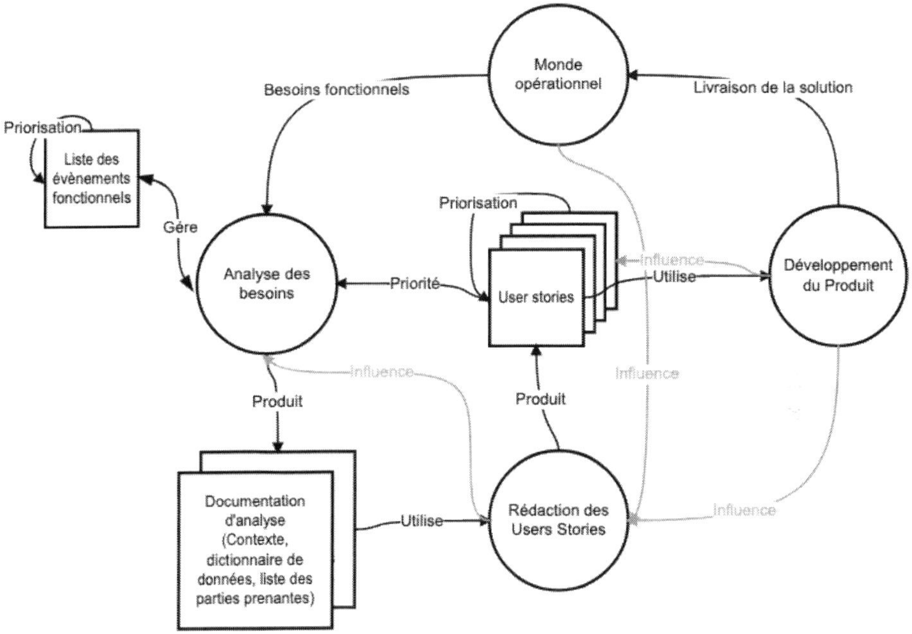

Processus de gestion agile des besoins

Tout d'abord, le besoin provient des parties prenantes fonctionnelles. Elles sont en charge de répondre à une problématique métier. Elles vont donc définir le problème qui doit être résolu.

Ensuite, vient une phase d'analyse du besoin fonctionnel. L'analyste cherchera à comprendre le besoin, à définir pourquoi celui-ci est important, à lister les parties prenantes, et les événements déclencheurs de ce besoin.

Les événements déclencheurs sont alors ajoutés au *backlog du business analyst*. Lors d'une séance de priorisation, les parties prenantes fonctionnelles, ordonnanceront les événements déclencheurs en fonction des priorités du business. L'analyste prendra ensuite l'événement déclencheur ayant la plus haute priorité pour l'analyser. Il générera alors un artefact d'analyse (scénario, *business case*, modèle...).

Cet artefact va servir de base pour la définition des fonctionnalités et du design de la solution. Cette étape sera réalisée par les parties prenantes techniques, fonctionnelles et l'analyste (si celui-ci à un rôle séparé). Il est capital à cette étape d'impliquer toutes les parties prenantes afin de trouver la solution optimale, tant sur les aspects fonctionnels que sur les caractéristiques techniques.

Une fois la définition des besoins techniques effectuée, l'équipe devra alors communiquer sur la solution retenue. Elle établira alors des *users stories*. C'est une collection de fonctionnalités supportées par la solution. Elles auront plus ou moins la même granularité qu'un cas d'utilisation métier (*Product Use Case*). Idéalement, ces *users stories* suivent toutes le format suivant : en tant que [rôle], j'ai besoin de [fonctionnalité] lors de [événement déclencheur]. Par exemple : en tant que manager des ventes, j'ai besoin de consulter mes ventes, lors des calculs de bonus mensuels.

Ces *users stories* sont alors ajoutées au *backlog* des développements et priorisées en fonction des dépendances techniques. Dans l'absolu, les besoins exprimés sont indépendants en agile. En réalité, il peut être également nécessaire de prioriser en fonction des dépendances et des contraintes techniques.

Ensuite, il s'agira pour les équipes techniques d'associer les besoins non fonctionnels à chaque *user story* (utilisabilité, sécurité, design technique et technologique, innovation). Enfin, ils détermineront les besoins techniques atomiques.

Comment écrire une bonne *user story* ?

La granularité doit être située entre le cas d'utilisation du produit et l'exigence atomique. Elle doit être basée sur un événement déclencheur métier. Il existe un *framework* pour définir et rédiger une bonne *user story* : c'est le *framework* Volere (cf. Pour aller un peu plus loin - Les outils du marché).

3.3 Les rôles

Les méthodologies agiles étant fortement orientées vers les personnes et peu vers les process, pour fonctionner de manière efficace, ces personnes doivent avoir des compétences multiples.

Le responsable produit

Il peut être aussi nommé *product owner*, client, utilisateur... c'est la personne qui aura la charge du besoin fonctionnel. Il est en général le porte-parole des futurs utilisateurs. Il devra avoir une connaissance approfondie de la totalité du domaine et du besoin métier supporté par la solution et de bonnes notions sur les technologies pour pouvoir collaborer avec l'équipe technique. Notamment sur des sujets concernant les traitements, l'architecture et l'infrastructure. Il devra être à même de prendre les décisions en comprenant les avantages et les risques qui en découlent. Il devra être imaginatif. En effet, si les solutions proposées sont trop proches de l'existant, elles risquent de n'avoir que peu de valeur ajoutée. Le responsable produit doit donc être capable de remettre en cause le statu quo. La personne doit aussi être capable d'articuler et de formaliser le besoin. En effet, il arrive que certains experts aient des difficultés à expliquer leur domaine. Après tant d'années, beaucoup d'informations leur semblent relever du bon sens. Le responsable produit devra aussi avoir autorité pour prendre des décisions. En effet, il sera au contact avec l'équipe et répondra aux questions directement, il lui faudra donc avoir la latitude pour faire les choix qui s'imposent. Oui, il existe peu de personnes dans les entreprises rassemblant toutes ces particularités, elles sont en fait très rares et très demandées. Le responsable produit devra également être disponible pour l'équipe à temps complet. Son rôle est aussi de remplacer la documentation écrite des besoins fonctionnels. Sa disponibilité est l'une des clés du succès.

L'équipe technique

Ici aussi le directeur de casting va chercher à trouver des rock stars. On parle des développeurs, des architectes, des modeleurs, des responsables de la sécurité, de la plateforme, des ressources techniques... On cherchera donc des personnes qui seront très motivées, en effet, le management n'étant que peu présent dans cette méthodologie, l'équipe est dite "auto-motivée". De plus, les rôles dans cette équipe multidisciplinaire sont plus fluides, il faudra alors beaucoup communiquer et s'impliquer. Dans la plupart des méthodologies agiles, la collocation est de rigueur. Les développeurs devront idéalement se situer dans le même espace pour faciliter les discussions. Comme toute l'équipe participe au recueil des besoins et à la négociation avec le responsable produit, il faudra que chacun des membres puisse être à l'aise avec ce processus (ni trop obtus concernant les choix techniques, ni trop introverti pour ouvrir le débat et oser s'opposer, ni une star voulant prendre le dessus sur toute l'équipe). Les développeurs étant peu encadrés par le management ou un processus, ils devront finalement avoir autorité pour prendre des décisions techniques. Enfin, il est important qu'ils soient compétents techniquement. Et comme l'équipe est pluridisciplinaire, les techniciens doivent être capables et avoir l'envie d'apprendre les autres compétences de l'équipe (en raison d'une inégalité dans la charge de travail ou les dépendances, ils peuvent être amenés à travailler hors de leur domaine d'expertise).

L'analyste

Il est possible d'avoir un analyste dans le projet, mais dans cette configuration c'est souvent un développeur expérimenté qui assume ce rôle. Bien plus qu'être un simple scribe, l'analyste a un regard neutre sur la situation. Il sera là pour faciliter la conversation, notamment dans les phases de négociation. Il aura aussi en charge le travail d'élicitation et de spécification des besoins. Il lui faudra là un sens critique et un sens de l'écoute développés. De la compétence de l'analyste découlera la qualité du processus maïeutique et la valeur ajoutée de votre solution. Il faudra donc quelqu'un qui sache conserver du recul dans les négociations et qui comprendra à la fois le point de vue fonctionnel et les aspects techniques du projet. L'analyste est souvent vu comme la personne qui animera le projet.

Le management

Dans les méthodes agiles, le management est peu présent. En effet, les membres de l'équipe sont sensés s'auto-motiver. Le management est donc là pour promouvoir un univers collaboratif. Il se peut qu'il intervienne directement dans les phases de négociation et de priorisation. Il pourra arbitrer si les parties prenantes ne parviennent pas à trouver un accord. Une autre manière pour le management d'intervenir directement est de faciliter la collaboration entre plusieurs équipes agiles. Ici, il pourra articuler les différents développements, synchroniser le travail et les priorités des différents *backlogs* des *business analysts*. Enfin, le management doit veiller à garder un œil sur les opérations, notamment pour les calculs de bonus et les promotions des membres des équipes.

3.4 Les avantages

Deux avantages importants : la flexibilité et l'orientation sur l'humain plus que sur les processus.

Toute la méthodologie est basée sur la flexibilité des besoins dans le but d'aligner au plus près la solution proposée aux besoins des parties prenantes fonctionnelles. Ainsi, l'organisation sera en mesure de tirer un maximum de bénéfices des développements. La flexibilité vient également de la priorisation. En effet, les fonctionnalités les plus importantes seront livrées en priorité et il ne faudra pas attendre le développement de toutes les fonctionnalités avant d'utiliser la solution. De plus, ces premières livraisons peuvent donner un nouvel éclairage aux problématiques métiers. La méthodologie permettra d'adapter la suite des développements à la lumière des nouvelles connaissances.

Finalement, si par l'implémentation de l'agilité, l'organisation pourra s'adapter plus facilement aux changements, cela est aussi vrai pour les changements d'environnements techniques. En effet, les environnements techniques changent fréquemment, un développement itératif permettra de minimiser le travail demandé par des montées de version, des changements applicatifs ou de méthodologies. Seulement la partie développée avant le changement devra être analysée et adaptée. Dans la gestion de projet traditionnelle, le projet sera soit livré sans prendre en compte les changements, puis un nouveau projet (une nouvelle phase du projet) sera initié, soit les changements seront inclus dans le scope et une évaluation de la totalité du scope devra être réalisée, causant un surcoût important.

3.5 Les limites

Les méthodologies agiles favorisant une approche réactive au détriment de la proactivité d'une part, et le recueil de besoins mettant l'accent sur la planification d'autre part, les limitations sont importantes de ce point de vue-là.

La taille de l'équipe

Elle impacte la communication, plus la taille de l'équipe grossit, plus il est compliqué d'avoir une communication efficace. L'élicitation et la négociation sont rendues plus difficiles. La quantité d'informations est exponentielle lorsqu'on multiplie les parties prenantes. Il faut alors mettre "à niveau" les membres de l'équipe qui ne travailleront pas forcément sur les exigences dont on parle. Ensuite, la qualité de la communication est impactée, plus on multiplie les interlocuteurs plus la conversation se complexifie.

La différence entre le besoin de l'organisation et le besoin d'une partie prenante

Il y a une différence substantielle entre remplir le besoin d'une organisation et le besoin d'une partie prenante. La partie prenante aura tout intérêt à obtenir un résultat rapide pour lequel elle a payé. L'organisation quant à elle aura intérêt à ce que le projet puisse être réutilisé pour d'autres objectifs et d'autres utilisateurs. On touche ici du doigt le concept de *single source of truth*. Tous les utilisateurs doivent avoir accès à une source d'informations uniformisées afin de minimiser les écarts. Par exemple : un directeur des ventes travaillera avec l'équipe de développement pour établir un *reporting* commercial de fin de mois. Celui-ci devra avoir la même source d'information que le manager travaillant sur la planification de la logistique et de l'approvisionnement. Le directeur des ventes aura tout intérêt à avoir sa solution livrée avant la fin du mois, alors qu'une plateforme un peu plus robuste pourrait répondre aux besoins des deux divisions (cf. Parties prenantes).

La composition de l'équipe

Les méthodologies agiles reposent fortement sur les compétences des parties prenantes (cf. Recueil des besoins et gestion de projet - Dans un contexte agile - Les rôles). Dans la réalité il est rare d'arriver à composer l'équipe avec des rock stars ayant toutes les compétences et étant capables de travailler ensemble. Il arrive souvent que des conflits émergent, c'est notamment le cas dans les contextes sensibles (calculs des bonus et reconnaissance du travail, pression et stress, plans de suppressions d'emplois...). Les scopes n'étant que peu décrits, il peut se révéler difficile de cadrer les débats en cas de frictions.

Le changement d'échelle

Les méthodologies agiles sont adaptées pour les projets de petite envergure avec des exigences indépendantes. La recherche dans le domaine peine toujours à savoir si le changement d'échelle est possible. En effet, les projets avec des besoins complexes ou des scopes larges ont comme conséquence un volume d'informations important. Comme ils prennent plus de temps, il est aussi compliqué de conserver l'information lorsque les ressources quittent le projet et que d'autres arrivent.

Les dépendances entre exigences

Elles peuvent rendre les méthodologies agiles inefficaces. L'un des principes d'agile est que les exigences doivent être indépendantes. Il faut se replacer dans le contexte de leur création. L'agilité a été démocratisée grâce à des projets de développement web. Ces projets présentent de faibles dépendances entre les tâches. Il est possible de développer les pages du site web indépendamment et de les relier grâce à des variables. Il faut alors s'organiser pour la communication entre la base de données et l'interface. En s'accordant sur des contrats d'interfaces, c'est faisable. Puis, les méthodes agiles ont été adaptées aux systèmes décisionnels, c'est là que ça se complique. Il y a des dépendances fortes entre les développeurs de la base de données et ceux des interfaces (*reporting*, serf-services...), les règles de gestion étant souvent affinées et modifiées en fonction de la qualité des données et des investigations. De plus il existe une temporalité très différente entre les développements du *back-end* et du *front-end*. Les historisations devront idéalement commencer bien avant que le *reporting* ne soit demandé. Enfin, la charge de travail est très différente. Le temps nécessaire pour construire un rapport et celui requis pour historiser et créer le modèle de données sont très différents. Avoir une personne réalisant le *back-end* et une autre le *front-end*, c'est l'assurance (dans une architecture classique) d'avoir un développeur de rapports qui sera au chômage technique et un développeur de bases de données qui sera toujours surchargé. On peut aussi multiplier les développeurs *back-end*, ce qui nous fera rencontrer des problèmes liés à la taille de l'équipe où le développeur *reporting* devra faire une partie des développements de la base de données (cf. Quelles informations recueillir et quand ?)

Il faudrait alors minimiser les dépendances entre les exigences. La solution hybride présentée à la fin de ce chapitre permettra de mettre en place des liens plus flexibles entre les différents besoins. Cela réduira également l'impact sur les délais de livraison. Il est possible de définir un besoin grossièrement pour débuter les développements.

Priorisation des besoins non fonctionnels

Il y a fort à parier que les négociations sont plus compliquées lorsqu'il s'agit de besoins non fonctionnels. En effet, le client ne verra pas forcement l'impact et la priorité de besoins tels que la sécurité, le design, la qualité des données, la gouvernance, une modélisation conforme aux standards, un modèle de données générique qui permettra des changements d'échelle et sera plus robuste face aux changements fonctionnels, une plateforme qui pourra intégrer des développements ultérieurs... Il est parfois difficile pour l'équipe technique de justifier les coûts d'une solution qui sera conçue correctement opposée à une solution temporaire qui apportera des risques. La plus rapide sera souvent favorisée si les développeurs ne parviennent pas à avoir gain de cause auprès de l'utilisateur.

Gestion du gaspillage

Les méthodologies agiles prônent la priorisation de l'important et dépriorisent ce qui a peu de valeur ajoutée pour l'utilisateur. Il y a trois grandes hypothèses. Les exigences ne sont pas connues au début, les exigences peuvent changer au cours du projet et le coût du changement est peu cher et constant dans le temps.

Il arrive que les exigences ne soient pas connues au début du projet et qu'elles aient besoin de changer. Cependant le développement du SI doit être aligné avec la stratégie d'entreprise. Ainsi les changements majeurs surviendront seulement si la stratégie de l'entreprise change. Utiliser les activités permettant d'aligner le domaine fonctionnel et le système décisionnel permettra de minimiser les coûts liés aux changements. Il en va de même grâce au modèle de continuité. Il paraît que ces hypothèses servent souvent d'excuses pour justifier une démarche peu constructive de recueil des besoins.

Dans les projets décisionnels, la volatilité des exigences amène un coût important. Les recherches montrent que le coût des changements et la complexité associée sont exponentiels. Plus on multiple les versions de la même solution, plus on ajoute des lignes de codes, on génère des problèmes de versions et on augmente la complexité de livraison. Il est fort probable que la version finale soit livrée en retard à cause de la surcharge de travail. Il faudra aussi compter sur un surcoût et une maintenance plus complexe de la solution. On assistera également à une augmentation des ressources utilisées, que ce soit en termes de stockage, de CPU, mais également humaines lors des développements et de la maintenance. Finalement, un autre inconvénient, et non des moindres, les retards de livraisons satisfaisantes peuvent induire un surcoût pour le business. Dans la littérature scientifique, les chercheurs peinent à prouver le retour sur investissement de ces méthodologies.

Tout l'objectif va être alors de livrer une autre partie du scope à chaque itération tout en minimisant les changements. Ce problème est connu sous le nom du "paradoxe du singe savant". Un singe qui tape indéfiniment au hasard sur un clavier est presque sûr d'écrire un texte donné.

Gian-Carlos Rota l'a théorisé sous cette forme : si le singe pouvait taper aléatoirement sur un clavier à la vitesse d'une touche par nanoseconde, alors la durée d'attente pour que le singe écrive complètement Hamlet serait si longue que l'âge estimé de l'univers paraîtrait insignifiant en comparaison. Ce n'est donc pas une bonne méthode pour écrire une pièce de théâtre. Homer Simpson en fait l'expérience dans l'épisode "La grève centrale" et Asimov dans "Le doigt du singe". Ainsi, l'approche réactive n'est pas la meilleure solution dans toutes les circonstances. Il ne s'agit pas ici de redévelopper le besoin de multiples fois en espérant qu'on finira bien par aboutir à une solution viable.

Paradoxe du singe savant par les Simpsons

La gestion du coût

Les méthodologies agiles sont dites à scope et budget variables. Il sera donc difficile de juger du coût de la fonctionnalité développée. Ainsi durant les itérations l'équipe s'engagera pour un effort à fournir. Ce type de contexte ne convient pas pour un contrat à échéance déterminée ou des projets avec une relation contractuelle/client contrainte par un scope ou un budget prédéfini.

La recherche montre que les méthodologies agiles ne sont pas recommandées pour des applications critiques gérant la sécurité, les projets importants et complexes, les projets qui ne peuvent pas être livrés de manière incrémentale (*reporting* légal...) et les projets stratégiques de long terme (architecture...).

Quand utiliser agile ?

Ces pratiques sont plus adaptées lorsque les tâches sont moins dépendantes, les besoins assez simples (notamment s'ils sont des exigences de visualisation). Cela peut notamment convenir lors de projets de reporting avec peu de dépendances (peu de back-end)

4. Proposition d'approche hybride

Cette démarche hybride s'approche plus d'un cycle en "W", à mi-chemin entre les deux grands types de pratiques : agile quand c'est possible, traditionnelle quand c'est nécessaire. On tirera donc le meilleur des deux mondes. C'est celle que j'ai expérimentée et qui s'est révélée la plus flexible concernant les différents projets que j'ai été amenée à conduire. Mais alors, comment ça marche ? Comme c'est hybride, tout est déjà expliqué dans les autres chapitres avec plus de détails. Afin de ne pas être trop répétitive, seules les étapes seront détaillées ci-dessous avec les références aux chapitres concernés.

Pour tirer le meilleur parti de ce chapitre, il est nécessaire d'être à l'aise avec d'autres concepts développés dans ce livre, l'arbre de buts, les méthodes agiles, la méthode des thermomètres, l'analogie du restaurant, l'analyse des processus, le sauvetage en mer.

Cette méthode permet de faciliter la gestion du scope et des délais. Elle facilite aussi le découplage des exigences (les dépendances) grâce à une gestion de la granularité et un découpage des phases de développement. Pour des problématiques de charge de travail et de délais de livraisons (cf. Quelles informations recueillir et quand ?), de réutilisabilité des composants, de contraintes d'architecture, etc. il paraît difficilement envisageable et inefficace de gérer les rapports et la construction de la base de données de façon imbriquées.

4.1 Le processus

Le processus est composé de cinq étapes : comprendre les objectifs, définir les process, construire les chargements et le squelette de données, définir le modèle de données métier et définir la visualisation. Les trois dernières étapes peuvent être effectuées de manière itérative. Cela peut être les différentes parties du process séparément pour une modélisation dimensionnelle (type Kimball) ou construire les différents concepts séparément dans le cas d'une modélisation EML (type Data Vault).

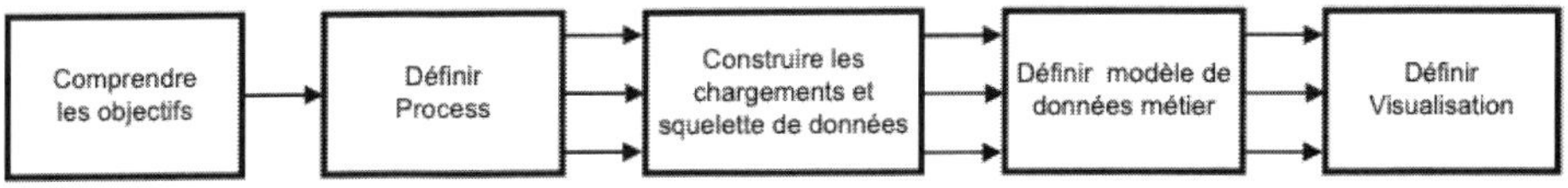

Processus hybride de recueil des besoins

4.2 Comprendre les objectifs des utilisateurs

La raison d'être du système décisionnel étant de supporter les décisions et la stratégie de l'entreprise, pour qu'il soit utilisable, il est important d'être à leur service. La première étape va être de modéliser les objectifs des utilisateurs. Pour cela, une approche dite par buts ou par objectifs permettra de cartographier les priorités de l'organisation. Un arbre de buts modélisera l'objectif stratégique de vos parties prenantes et on pourra l'affiner en objectifs tactiques et opérationnels.

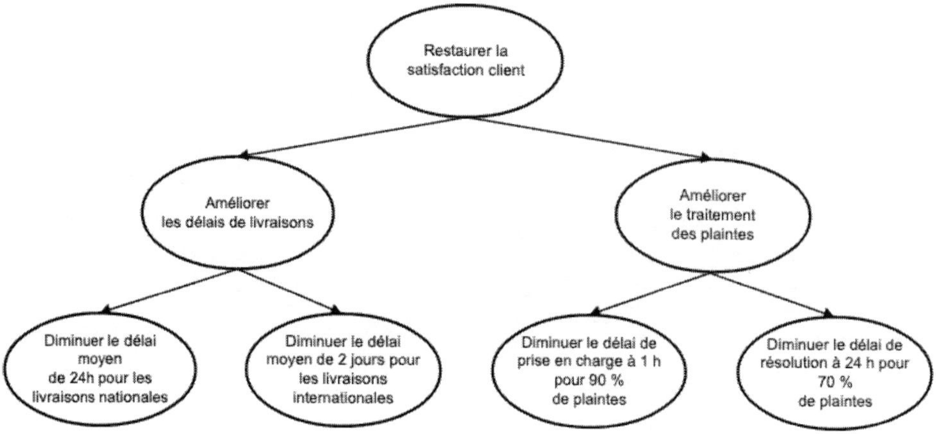

Exemple d'arbre de buts pour un service de livraisons de produits

Pourquoi cette étape est-elle utile ?

Elle va permettre de donner de la cohérence à la solution créée. On s'assurera ici que l'on comprend la solution à supporter. L'étape de priorisation se réalise donc sur les objectifs des parties prenantes métier et non sur les exigences techniques. On évite ici les incohérences habituelles entre les priorisations réalisées par des parties prenantes métier sans tenir compte des contraintes et des dépendances techniques.

Quand est-ce que cette partie devient importante ?

Comme c'est la base pour relier le système décisionnel à la stratégie, cette étape est importante pour assurer l'utilisabilité de celui-ci. Ça l'est encore plus lors d'un changement de contexte opérationnel et d'un changement de scope. Pour pouvoir faire changer le scope d'un projet, il faudra alors justifier que la stratégie et le domaine fonctionnel changent. On minimisera ainsi les changements d'exigences sans réels fondements. C'est notamment le cas, lorsque les parties prenantes fonctionnelles de votre projet changent.

Lier les objectifs de l'entreprise et les développements permettra également de se focaliser sur les priorités de l'entreprise et de minimiser l'impact de l'ambition personnelle de vos parties prenantes.

Cela assurera la motivation de l'équipe technique. Les changements peuvent être démotivants pour les équipes techniques. L'arbre de buts pourra être utilisé pour communiquer et justifier les raisons du changement. Ainsi les développeurs n'auront pas l'impression d'avoir travaillé "pour rien".

4.3 Définir les processus mis en place pour répondre aux objectifs

Une fois que la stratégie et les objectifs de l'entreprise sont modélisés, il faut maintenant comprendre les processus métier qui supporteront ces objectifs. Cette étape sera décomposée en deux parties. La première consistera à définir le processus métier. Il faudra alors se concentrer sur les activités des utilisateurs. On s'attachera ici à modéliser le processus opérationnel.

La seconde partie sera dédiée à la découverte des sources de données. Les étapes du processus fonctionnel seront supportées par un système opérationnel ou plus. Il faudra alors faire la liste de ces systèmes. Cela constituera les sources de votre nouveau système. Vous pouvez aussi l'envisager comme les "évènements déclencheurs" des équipes agiles construisant vos systèmes opérationnels.

Arrêtons-nous un moment sur ces deux informations.

Les données sont une trace d'un événement ayant eu lieu dans le monde fonctionnel. Cette trace d'évènement doit présenter deux caractéristiques pour être utilisable dans un système décisionnel. Tout d'abord, l'évènement doit être supporté par un système opérationnel informatique : il faut que la donnée soit créée. Ensuite, il faut qu'elle soit persistante. En effet, la donnée doit être stockée dans le temps et avec une granularité suffisante.

Admettons que vos systèmes opérationnels soient construits grâce à des méthodologies agiles. Les activités du processus opérationnel qui auront besoin d'être supportées seront considérées comme un "évènement déclencheur". En empruntant quelques raccourcis, cet évènement déclencheur sera l'une des tables de faits du système décisionnel et le développement réalisé par les équipes opérationnelles, l'une de vos sources de données.

Pourquoi cette étape est-elle utile ?

Cette étape vous permettra de trouver les processus qu'il faudra capturer, vous pourrez ainsi lister toutes les sources de données.

C'est cette modélisation qui servira de base pour la définition des métriques et du *reporting*.

Quand est-ce que cette partie devient importante ?

Pour optimiser les développements si vous avez une source qui est utilisée de multiples fois.

Cette étape est aussi importante lorsque vous avez plusieurs systèmes qui supportent la solution opérationnelle. C'est notamment le cas lors de migrations, de solutions temporaires, de processus multiformes (ventes par différents canaux...).

4.4 Construire les chargements et le squelette du modèle de données

Vous connaissez maintenant la liste des sources principales qui serviront à la solution. Vous savez également la contribution de chaque source aux objectifs des utilisateurs. Vous pouvez donc aller au champ.

"Aller au champ" : en conservant l'analogie du restaurant, "aller au champ" c'est construire les historiques de données. Il est maintenant possible de débuter la capture et l'historisation des données (cf. Quelles informations recueillir et quand ?).

Il n'y a pas besoin d'attendre de connaître la définition des rapports et des interfaces. Cette partie réclame du temps, les historiques ne se construisent pas en un jour, comme les carottes ne poussent pas en une nuit. Si vous savez que votre restaurant aura besoin de carottes dans quelques mois, faites-les pousser. Si vous savez qu'il y a une forte probabilité que cette source de données soit utilisée dans la solution, commencez à historiser.

Reconstruire des historiques qui n'ont pas été capturées peut s'avérer très coûteux voire impossible. Personne ne veut aller restaurer tous les journaux des backups quotidiens des bases de données opérationnelles sur les deux dernières années (oui, ça s'est vu !).

Si vous implémentez une méthode Agile, chaque *user story* (une fonctionnalité à développer) deviendra une source à historiser.

Pourquoi cette étape est utile ?

Cette étape est l'étape de capture des données. Cela vous garantira d'avoir accès à celles données nécessaires en temps voulu en fonction des priorités du business. Il arrive qu'on ajoute une étude d'opportunité/risques à cette étape. C'est notamment le cas pour les besoins légaux. Quel est le risque associé à la non-disponibilité de cette information ?

Quand est-ce que cette partie devient importante ?

Cette étape est importante pour mutualiser les développements, les ressources humaines, celles de stockage, les process de chargements, et ceux de disponibilité des systèmes opérationnels...

Elle est aussi souvent la garantie de livrer le projet dans les délais. Personne ne veut se retrouver à aller planter des carottes alors que votre client est à table, déjà affamé. Vous ne voulez pas avoir à construire les historiques si votre PDG attend le rapport en salle de réunion.

4.5 Définir votre modèle métier de données

Vous savez quelles étapes du processus sont importantes, vous connaissez les objectifs des utilisateurs du système.

D'un autre côté, vous savez quelles sources de données sont disponibles ou quand elles le seront. Vous avez également une idée de ce à quoi les données ressembleront. Vous pouvez donc... entrer en cuisine !

Dans notre analogie, la cuisine est le lieu où on définit le menu, les plats, où l'on vérifie les calories...

Il est maintenant possible de construire le modèle de données, au moins le squelette : tables de faits, dimensions, clés primaires et si besoins *hubs*, *satellites* et *links*.

On entre ici dans la phase des définitions des KPI. Pas besoin d'attendre que les carottes soient dans le frigo pour savoir qu'elles seront au menu. Vous pouvez commencer à définir les indicateurs et les métriques. Une première version des KPI peut être obtenue assez simplement grâce à la méthode des thermomètres. Elle permet d'avoir une première visibilité (même temporaire) avant d'entamer la phase des négociations avec toutes les parties prenantes.

Vous pouvez aussi définir une politique de qualité, de sécurité, de gouvernance de données. Quels champs seront retenus, ou exclus... comme on définit une stratégie de sauvetage en mer avant de partir à la recherche de la victime. C'est un moment très opportun pour définir les critères d'acceptation de la qualité des données. En effet, sans pouvoir appréhender les volumes, vous éviterez aux développeurs la tentation de sauter sur chaque problème pour le résoudre (surtout quand le son volume est insignifiant ou que l'erreur n'est pas importante pour le business).

Le chef sait ce qu'il faut cuisiner, la qualité attendue, le menu, les ingrédients : vous pouvez lancer les développements des couches de transformation et de stockage de la base de données (les couches TL de l'ETL).

Si vous implémentez une méthode Agile, chaque *user story* (fonctionnalité à développer) deviendra une table de votre modèle de données business) ou une chaîne de chargement de votre ETL.

Pourquoi cette étape est-elle utile ?

Difficile de concevoir une solution sans passer par la définition d'indicateurs.

Quand est-ce que cette partie devient importante ?

Lorsque votre solution répond à plusieurs parties prenantes fonctionnelles, lorsque plusieurs visualisations sont prévisibles, lorsque votre arbre de buts comporte plusieurs objectifs qu'il vous faudra supporter.

4.6 Définir les visualisations nécessaires

Vous connaissez le menu, les envies des clients.... Vous pouvez entrer en salle.

Vous connaissez les priorités et les objectifs de vos utilisateurs, vous connaissez la liste des indicateurs et des métriques... Vous pouvez entamer la phase de présentation des données.

Ici, deux grandes stratégies à choisir, entre le restaurant gastronomique et le *fast food*.

Le *fast food*, tout d'abord, on parle ici de *self-service*. Les denrées sont exposées et l'utilisateur est responsable de la composition de son assiette. Vos utilisateurs auront un catalogue à disposition et il leur revient de fabriquer leur visualisation. Lors du projet, cette partie est souvent constituée par une formation des utilisateurs, la mise en place de recommandations, la rédaction de documentations (quelle métrique utilisée pour quel genre de décision)... L'un des risques est la mauvaise utilisation. Celle d'une métrique, ou l'utilisateur ne parvient pas à utiliser le catalogue, l'outil... Cela peut aussi être dû à un détournement de l'utilisation. Admettons que des données soient disponibles pour les prévisions marketing, ce champ ne pourra pas alors être utilisé sans vérification pour des rapports légaux. Il faut ici faire attention aux restrictions alimentaires des utilisateurs : attention à l'intoxication !

L'autre approche c'est le restaurant classique ou gastronomique. Ici les développeurs définiront les rapports, les *scorecards*, etc. pour les utilisateurs. On s'emploiera à démontrer que les objectifs de l'arbre de buts initial sont remplis. On pourra aussi fournir des rapports techniques permettant de surveiller la qualité de données en production (cf. Pour aller un peu plus loin - Qualité de données).

Il est assez courant d'adopter une approche hybride durant cette partie, quelques rapports de base sont établis et l'utilisateur prendra la main pour les améliorer ou les personnaliser lors de la phase de production.

Sur une note plus personnelle, il sera sans doute nécessaire d'engager une conversation à propos de la responsabilité lors d'un mauvais usage des données. Les systèmes devenant de plus en plus complexes, les données étant de qualité assez inégale, les parties prenantes changeant de plus en plus fréquemment, il est important de s'interroger sur la question de la responsabilité. Comment pouvons-nous faire pour que l'utilisateur soit assez confiant et puisse produire une visualisation. Il faut alors que les données soient disponibles, que l'utilisateur soit formé à l'outil, au catalogue, qu'il comprenne les limites (données qui arrivent tardivement, niveau de qualité...), et s'engage à ne les utiliser que pour leur objectif et, s'il doit les détourner, en comprendre les risques.

Si vous implémentez une méthode Agile, chaque *user story* (une fonctionnalité à développer) deviendra un rapport ou un ensemble de rapports répondant à un but de votre arbre.

Pourquoi cette étape est-elle utile ?

Difficile d'envisager une solution sans la rendre accessible à l'utilisateur. Cela dit, si votre organisation opte pour le *self-service*, les exigences seront limitées à une formation et à une assistance.

Quand est-ce que cette partie devient importante ?

Elle devient importante si vous optez pour un ensemble de rapports intégrés avec de multiples parties prenantes (en nombre et en variété). Il faudra alors cadrer au maximum l'utilisation des données afin d'éviter les erreurs.

Chapitre 10
Pour aller un peu plus loin

1. Introduction

Ce chapitre a pour objectif de toucher du doigt les principaux sujets connexes. Chacune de ces parties pourrait être le sujet d'un livre complet.

2. Gouvernance

Le Gartner Group fait une différence entre la gouvernance des données et celle de l'information.

La gouvernance des données est "la spécification des autorisations de décisions et d'un *framework* de responsabilités pour assurer un comportement adapté pour la valorisation, la création, la consolidation et le contrôle des données et des analyses".

La gouvernance de l'information est "la spécification des autorisations de décisions et d'un *framework* de responsabilités pour assurer un comportement adapté pour la valorisation, la création, le stockage, archivage et la suppression des informations". Cela inclut les process, les rôles, les politiques, les standards et les métriques qui assureront une utilisation efficace et efficiente des données permettant à l'organisation d'atteindre ses objectifs.

Il existe plusieurs raisons de mettre en place un système de gouvernance de données. Selon une étude réalisée en 2017 par CIO Water Cooler, 54 % des sondés prennent l'initiative pour améliorer l'efficience de leur système, 39 % pour des raisons réglementaires et 7 % pour améliorer la relation client.

L'équipe de gouvernance est habituellement composée du *top management*, des responsables d'équipes, des équipes de gestion de projets et des *stewards*.

L'engagement du top management est capital pour le succès de l'initiative. La même étude montre le taux de compréhension de l'intérêt de la gouvernance par le business. Avec le support du top management, le taux de personnes comprenant principalement ou totalement l'intérêt passe de 32 % à 72 %.

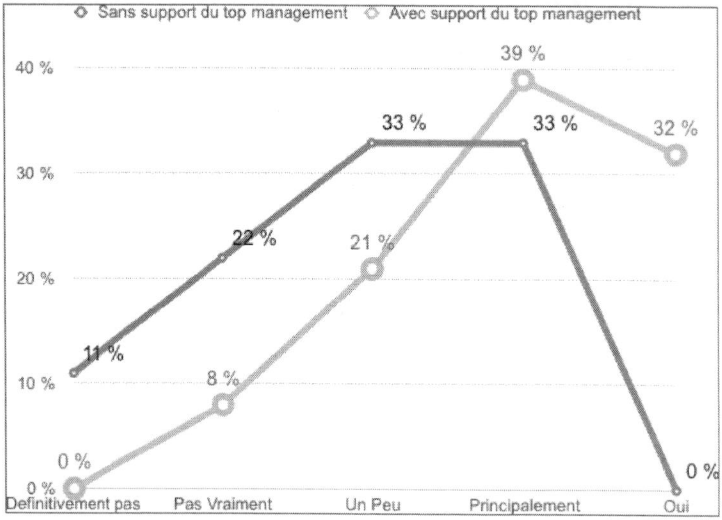

Taux de compréhension de l'intérêt de la gouvernance avec et sans support du top management. Source : Data Gouvernance Survey 2017 - CIO WaterCooler et Veritas.

Le rôle du steward est aussi capital, c'est la personne chargée de faire respecter les process et les bonnes pratiques. Il sera aussi souvent responsable de proposer les améliorations et de gérer le changement des pratiques au sein des équipes.

Il y a de multiples intérêts à définir une politique de gouvernance des données pour les solutions décisionnelles :

– Une meilleure compréhension des données : nommer les données correctement, savoir d'où elles viennent, comment les utiliser permettra de prendre de meilleures décisions.
– Améliorer la qualité des données : cela permettra de rendre les rapports plus fiables, d'accroître l'utilisation de votre solution, la confiance des utilisateurs...
– Obtenir une cartographie de vos données : ici vous éviterez les sources de données redondantes, le dédoublement des efforts de développements comme ceux de maintenance, vous améliorerez aussi l'utilisation et la confiance des utilisateurs, la montée en compétence des développeurs...
– Être en conformité : pour certains jeux de données, une bonne gouvernance n'est pas une option. Elle peut être réglementaire. C'est par exemple le cas pour les données bancaires, personnelles, médicales, gouvernementales...
– Avoir un code de conduite et des pratiques appropriées : des règles de gouvernance claires permettront aux utilisateurs et aux développeurs de connaître les règles de conduite, ce qu'il est possible de faire ou non, ce qui est légal ou non. Cet aspect est particulièrement vrai si votre solution de *reporting* est en self-service.

3. Qualité de données

La qualité de données est le nerf de la guerre dans de nombreuses organisations. Il arrive qu'il y ait des process et des équipes dédiées. Si ce n'est pas le cas, voici une manière très efficiente de mettre en place une politique de qualité des données. Ce sont quelques étapes simples permettant d'être mettre le doigt sur les problèmes réels tout en évitant de passer du temps sur les erreurs qui ne sont pas signifiantes pour le business.

Le sauvetage d'un jeu de données peut sur de nombreux points se comparer au sauvetage en plongée... et puis l'analogie est un peu moins austère !

Admettons que l'un des plongeurs de la palanquée soit manquant à l'appel. Le sauvetage va se dérouler en plusieurs étapes.

3.1 Se rendre compte du problème

Tant qu'on ne s'aperçoit pas que le plongeur est manquant, on n'a aucune chance de le secourir.

De la même manière, tant qu'on n'a pas connaissance d'un problème de qualité de données... il n'y a aucune chance de l'améliorer. La technique la plus facile est de définir la "bonne qualité". Il y a plusieurs raisons à cela.

Premièrement, il est particulièrement difficile de deviner les bugs potentiels avant de les avoir constatés. Il faut être à la fois très imaginatif et réaliste. Il est donc beaucoup plus facile de déterminer le scénario parfait et de regarder pourquoi les données ne correspondent pas à ce scénario nominal. Il faudra parfois redéfinir la "bonne qualité".

Ensuite, si la qualité de données présente des enjeux importants, cela évitera aux acteurs de se focaliser sur les problèmes. Dans les organisations, on a souvent tendance à chercher les responsables. Il arrive donc que lorsque les gens ont les premiers volumes de bugs, les conversations deviennent très politiques. Se focaliser sur la bonne qualité et le moyen d'obtenir que plus de données correspondent aux critères facilitera grandement la conversation. Dans les cas les plus politiques, il peut être utile de ne pas montrer les volumes lors des conversations (voire de traiter seulement un échantillon de données).

La méthode des thermomètres décrite dans le chapitre Activités de recueil des besoins vous sera utile pour cette étape.

3.2 Alerter les secours

L'équipe de sauvetage déterminera ici si les secours doivent être alertés.

Avant même de mettre en place une solution, il faudra sans doute alerter les parties prenantes (surtout en production). Qui doit être au courant ? Est-ce que le problème peut compromettre le projet ? Quel est l'impact en production ? Il arrive que certains rapports soient mis hors ligne si le bug est trop important. Cela évitera les rapports erronés.

3.3 Définir la stratégie

Vient la question cruciale : doit-on sauver la personne ? Si oui, comment ? Mais quelle horreur !!! Pourtant cette question est primordiale. Le corps git, inconscient à 100 mètres de profondeur. Une grosse tempête approche. Vous n'avez pas de bouteille d'air pleine sur le bateau. Est-ce vraiment une bonne idée de tenter un sauvetage pour un corps que vous ne pourrez pas atteindre parce qu'il est trop profond ? De mettre en péril l'équipe, car ils n'ont pas assez d'air ? De mettre en danger le reste de la palanquée sur un bateau en pleine tempête ?

S'il est établi qu'il faut sauver la victime : comment le faire ? Qui plonge ? Avec quel matériel ? Où est l'oxygène ? Comment organise-t-on les recherches ? Quel type de recherche ?

De la même manière, un bug identifié ne doit pas forcément être corrigé. Définir une stratégie est une étape capitale. Il faut alors déterminer si ce bug est prioritaire en termes d'impact et de volume de données. Ici il faudra connaître les volumes, mais aussi l'utilisation faite par les utilisateurs de ce jeu de données. Un bug représentant 2 % du total des données ne sera sûrement pas traité pour établir un prévisionnel. Il sera prioritaire s'il s'agit d'une utilisation légale ou l'erreur vaut un million de dollars par tuple.

Plusieurs stratégies se présentent alors pour gérer un bug :

- Rejeter l'erreur : supprimer le tuple du jeu de données. Cela peut se faire en filtrant, en créant une table séparée avec les rejets...
- Accepter l'erreur : elle est là. On fait avec.
- Corriger l'erreur : on répare le bug. On va chercher à en comprendre la source et à appliquer un patch.
- Améliorer l'erreur : si le bug ne peut pas être corrigé, il est possible de trouver des alternatives. Cela peut être une source de données moins fiable. Cela peut être un champ dont une indication peut être dérivée...
- Appliquer une valeur par défaut : "erreur", "inconnu"... Cela peut sauver de nombreux rapports facilement, notamment lors d'une mauvaise gestion des valeurs nulles.

3.4 Appliquer la stratégie

Vient maintenant l'étape du sauvetage à proprement parler. Tous les sauveteurs sont d'accord sur la stratégie et vont l'appliquer.

Pour la qualité de données, on peut maintenant remédier au bug. On s'est assuré qu'il était prioritaire, qu'on avait besoin de le sauver, de la stratégie et de l'effort à fournir.

Passer par les étapes précédentes évitera aux développeurs de passer trop de temps sur des petits bugs sans importance. Cela peut vite être inefficace, coûter une fortune et démotiver les équipes.

3.5 Le devoir de surveillance

La victime a été sauvée ou non. Il faut alors surveiller pendant plusieurs jours que tout se passe bien : au niveau corporel et mental, pour la victime et les sauveteurs.

Pour la qualité de données, il arrive que le bug réapparaisse, ait des effets secondaires... Même avec l'utilisation des tests unitaires, d'intégration... Les systèmes que décisionnels sont maintenant complexes et basés sur des sources changeant régulièrement, il peut être judicieux de créer un système de surveillance tout au long du cycle de vie du jeu de données. La plupart des outils du marché disposent de systèmes d'alertes automatiques. Il sera alors facile de les placer sur les thermomètres pour éviter toute surchauffe.

3.6 Remarques

Deux remarques importantes sur le sujet.

Un rapport permet toujours de visualiser deux processus en même temps. Le processus métier sur lequel vos données portent et le processus technique qui permet de collecter les données.

Lorsqu'un rapport montre des erreurs cela peut venir du processus fonctionnel qui ne marche pas comme espéré. Par exemple : peu de ventes, stock manquant, état "en attente" n'évoluant pas...

Cela peut aussi venir du processus technique : les chargements de données, les bugs des systèmes sources, les traitements, la latence des données. Il y a plein de raisons pour lesquelles votre visualisation ne reflète pas fidèlement le processus fonctionnel.

Il peut être utile de séparer les problèmes de qualité en fonction de leur origine.

Aussi, la définition de "bonne qualité" peut être différente selon l'usage. Il est possible qu'un prévisionnel pessimiste soit plus restrictif qu'un prévisionnel optimiste. De ce point de vue, le gestionnaire sera moins enclin à inclure les données douteuses.

4. Architecture

Voici un autre domaine qui mériterait un livre à lui seul. Loin d'être exhaustif, ce chapitre décrira les axes à suivre lors des choix d'architecture. Il faudra néanmoins prendre le temps de réfléchir aux options choisies, car elles influenceront fortement les capacités et l'agilité de la solution. Il est également très difficile et coûteux de revenir sur des choix architecturaux. Les choix architecturaux sont également très dépendants de l'existant (et de sa dette).

Dans l'idéal, une "bonne" architecture adéquate doit se conformer à plusieurs critères.

Elle doit tout d'abord autoriser une grande variété d'utilisations, qui peuvent être des rapports utilisés par le top management, des visualisations prédéfinies (*scorecards, dashboards...*), des utilisations analytiques et prédictives, des requêtes ad hoc, des cubes OLAP et du self-service... Toutes les utilisations ne seront pas forcément implémentées dès de départ, mais la possibilité de répondre à des utilisations futures est importante.

La qualité et la granularité des données doivent être maîtrisées. Pour être utilisable, la plateforme doit gérer la qualité de données : cela influencera le type de décisions qu'il est possible de supporter. La granularité est également un critère important pour l'utilisabilité de la plateforme. Si elle est trop grossière, il sera impossible d'obtenir des détails et des informations opérationnelles. Si elle est trop fine, les traitements risquent d'être longs et coûteux.

L'agilité et la maintenabilité. Ici les couches matérialisées ou non devront être définie précisément pour autoriser l'agilité et la maintenance du système. Il s'agit ici d'un compromis entre trop de couches (peu de maintenance) ou trop peu de couches (peu d'agilité).

L'orientation business. Pour être utilisable par les acteurs fonctionnels, il est important que l'ergonomie soit orientée vers les utilisateurs et que la complexité sous-jacente soit masquée.

Enfin, l'architecture doit faciliter la gouvernance des données. Cela va de l'assistance à la création de données à la centralisation de la sécurité.

Dans tous les cas, il est important de faire proposer un guide de normes et de bonnes pratiques afin de s'assurer que la solution reste sous contrôle.

Parmi les critères de décision, il est important de prendre en compte :

- La fréquence de rafraîchissement des données. Les utilisateurs (humains et systèmes) ont-ils besoin d'avoir des données rafraîchies mensuellement, quotidiennement, à chaque heure ou minute... La fréquence peut avoir une incidence sur la technologie choisie, l'architecture, mais aussi les coûts et l'optimisation nécessaires.
- Il faudra également que l'architecture prévoie des composants gérant l'intégration des données, le nettoyage, la gestion des règles métiers, la couche sémantique, la sécurité, l'interopérabilité la ou les présentation(s).

– Il faudra également prévoir des process de mise en production, de maintenance, de montées de versions et de fin de vie des composants...

Tous ces paramètres doivent être étudiés sous trois angles : matériel, logiciel et réseau. Un vaste programme donc !

5. Les outils du marché

Il existe bien des outils sur le marché pour prendre en charge le processus de recueil des besoins dans son intégralité. Cependant peut-il exister des outils et des *frameworks* qui peuvent servir à la formalisation ? Je passe ici sur les outils de bureautique (Excel, Word, PowerPoint) qui peuvent servir à capturer l'information, mais ne donnent aucune directive sur le contenu.

5.1 Outils de gestion de brainstorming

Un peu plus évolués que les outils bureautiques, il est possible d'utiliser des outils facilitant la collaboration et le brainstorming. Certains proposent des options payantes, d'autres sont complètement gratuits, intégrant des sources externes (Facebook, YouTube, Google Drive...). Il existe pléthore d'outils et globalement tous les outils collaboratifs peuvent faciliter le recueil des besoins.

En voici quelques-uns supportant les process de maïeutique :

– bubbl.us rentre dans la catégorie des outils de *mind mapping* (offre de base gratuite - offre complète payante).
– Coggle : cet outil est beaucoup plus évolué et permet d'élaborer des cartes mentales complexes.
– Freeplane : il propose plusieurs styles de cartes pour supporter tous les process d'élicitations. Il facilite également l'organisation et le regroupement des informations.
– Lucidchart : un classique. Très abouti, il offre de nombreux modèles pour démarrer et il est capable d'intégrer d'autres outils (notamment Jira), les sources peuvent être multiples (Dropbox, YouTube...).

– MindMap : c'est l'extension de Chrome qui s'intègre donc à la suite Google. Il est possible d'ajouter des dessins faits à la main.

Dans un souci d'impartialité, il existe 58 autres outils répertoriés par le site Volere (https://www.volere.org/requirements-tools/), aucun n'est dédié spécifiquement aux projets décisionnels et à leurs spécificités.

Bibliographie

T.E. Bell, T.A. Thayer, Software Requirements: Are They Really a Problem?. Proc. ICSE-2: 2nd International Conference on Software Engineering, San Francisco, 1976, 61-68

L'INGENIERIE DES BESOINS : L'APPROCHE L'ECRITOIRE Colette Rolland CRI Université de Paris 1 - Sorbonne

F.P. Brooks, No Silver Bullet: Essence and Accidents of Software Engineering. IEEE Computer, Vol. 20 No. 4, p. 10-19, 1987

R.R. Lutz, Analyzing Software Requirements Errors in Safety-Critical, Embedded Systems. Proceedings RE'93 – First International Symposium on Requirements Engineering, San Diego, IEEE, 1993, 126-133

The Standish Group, Chaos. Standish Group Internal Report, https://www.standishgroup.com/sample_research_files/CHAOSReport 2015-Final.pdf

European Software Institute, European User survey analysis. Report USV_EUR 2.1, ESPITI Project, 1996

N. Prat, Goal formalization and classification for requirements engineering. Proceedings of the Third International Workshop on Requirements Engineering: Foundations of Software Quality REFSQ'97, Barcelona, p. 145-156, 1997

L'environnement du système : le monde du sujet et le monde de l'usage - Jarke 1993

Jones, Capers. Applied Software Measurement: Assuring Productivity and Quality. New York: McGraw-Hill, 1991

Edward J, Coutts I, McLeod S (2000) Support for system evolution though separating business and technology issues in a banking system. In: Proceedings of international conference on software maintenance, 11-14 October, p p .271-276

Alex Van Lamsweerde (2000 - Requirement engineering in the year 2000: A research perspective. In: proceeding of the 22nd International Conference on Software Engineering, (ICSE'2000):Limerick, Ireland, Invited Paper, ACM Press, p. 5-19)

https://www.franceinter.fr/emissions/la-tete-au-carre/la-tete-au-carre-01-juin-2016

Boehm, Barry W. and Philip N. Papaccio. "Understanding and Controlling Software Costs," IEEE Transactions on Software Engineering, v. 14, no. 10, October 1988, p. 1462-1477

Standish Group – CHAOS Report – www.projectsmart.co.uk/white-papers/chaos-report.pdf

Gallup – The Cost of Bad Project Management – www.gallup.com/businessjournal/152429/cost-bad-management.aspx#1

Geneca – Up to 75% of Business and IT Executives Anticipate Their Software Projects Will Fail – www.geneca.com/75-business-executives-anticipate-software-projects-fail/

Karl E. Wiegers – Inspecting Requirements – StickyMinds.com Weekly Column, 30 July 2001

Barry W. Boehm and Philip N Papaccio – Understanding and Controlling Software Costs – IEEE Transactions on Software Engineering, Vol. 14, No. 10, p. 1462-1477

PMI – Requirements Management: A Core Competency for Project and Program Success – https://www.pmi.org/~/media/PDF/Knowledge%20Center/

PMI-Pulse-Requirements-Management-In-Depth-Report.ashx

Timothy G. Olson – Successful Strategies to Improve Your Requirements – NDIA 2005 Systems Engineering Conference

IRMA International – Effort Estimation Mode for Each Phase of Software Development Life Cycle – https://www.irma-international.org/chapter/effort-estimation-model-each-phase/46269/

University of Southern California – Phase Distribution of Software Development Effort – https://dl.acm.org/doi/pdf/10.1145/1414004.1414016

Bubenko, J., Stirna, J. (1997) EKD User Guide, ELEKTRA, project, Research report

Loucopoulos, P., Kavakli, V., Prekas, N., Rolland, C., Grosz, G. and Nurcan, S. (1997) Using the EKD Approach: The Modelling Component, ELEKTRA project, Athena Deliverable, March 1997

SMART Requirements Mike Mannion, Barry Keepence Sottware Engineering Research Group. Napier University Department of Mechanical, Manufaeting and Sottware Engineering.
10 Colinton Road, Edinburgh EH10 5DT, United Kingdom

How well do experienced software developers predict software change? Mikael Lindvall, Kristian Sandahl 1998/10/1

Mastering the Requirements Process: Getting Requirements Right- Third Edition - Suzanne Robertson - James Robertson

Engineering and Managing Software Requirements - Aybuke Aurum - Claes Wohlin - Editions Springer

Intentional Perspectives on Information Systems Engineering - Selmin Nurcan - Camille Salinesi - Carine Souveyet - Jolita Ralyté

The Data Warehouse Toolkit: The Definitive Guide to Dimensional Modelling - Ralph Kimball and Margy Ross Edition Willey

Value-Based Software Engineering - Stefan Biffl - Aybuke Aurum - Barry Boehm - Hakan Erdogmus - Paul Grundbücher - Editions Springer

PMBok - Fifth edition - Project management institute

Modélisation des systèmes d'information décisionnels - Emmanuel Ferragu - Editions Vuibert

Reporting and Business Intelligence - Standard Requirements - A practical tool for a self-assessment. Gerardus Blokdyk Editions : 5STARCooks

L'avenir de la décision: connaitre et agir en complexité - ESSEC pour Coursera - Edgar Morin - Laurent Bibard

https://www.coursera.org/learn/wharton-corruption?

"The Data Governance Survey 2017". www.ciowatercooler.co.uk. 2017-03-15. Retrieved 2017-03-15

IMF Working Paper - Does 'Grease Money' Speed Up the Wheels of Commerce? - Prepared bt Daniel Kaufmann and Shang-Jing Wei - Authorized for distribution by Vito Tanzi March 2000

Scuba School International - Diver Stress & Rescue class

Edwards J., Coutts I., Mc Leod S. (2000) Support for system evolution through separating business and technology issues in a banking systems development. In : Proceedings of 2nd international symposium on requirements engineering, York, England, IEEE CS Press, p. 68-80

Requirements Engineering: Processes and Technique - Gerald Kotonya et Ian Sommerville -John Wiley & Sons

Kilmann Organizational Conflict Instrument: (koci) Ralph H. Kilmann Kilmann Diagnostics

Coursera :"Learning How to Learn: Powerful mental tools to help you master tough subjects" https://www.coursera.org/learn/learning-how-to-learn?=

A

B

C

E

F

G

H

I

K

L

M

N

O

P

Q

R

S

W